Synchronisierung von Modellen mit schwach strukturierten, natürlich-sprachlichen Dokumenten

Von der Fakultät für Elektrotechnik und Informatik
der Gottfried Wilhelm Leibniz Universität Hannover
zur Erlangung des akademischen Grades

Doktor-Ingenieur
(abgekürzt: Dr.-Ing.)

genehmigte Dissertation

von M. Sc. Sebastian Meyer
geboren am 23.11.1982 in Hannover

2013

1. Referent: Prof. Dr. Kurt Schneider
2. Referent: Prof. Dr. Gabriele von Voigt
Tag der Promotion: 18. Dezember 2012

© 2013 Sebastian Meyer. Alle Rechte vorbehalten.
ISBN 978-1-291-25445-7

Zusammenfassung

Modelle sind ein wichtiger Bestandteil der modernen Softwareentwicklung. Sie dienen dazu komplexe Sachverhalte darzustellen und diese begreifbar zu machen. Dabei können Modelle z. B. als Stellvertreter von realen Problemen und Systemen dienen. Ebenso können Modelle eingesetzt werden, um Lösungen und Konstruktionen in einer allgemein anerkannten Form formal darzustellen.

Aufgrund der Eigenschaften von Modellen, sowohl Probleme als auch Lösungen darzustellen, sowie ihrer Formalität, werden sie in allen Phasen der Softwareentwicklung benutzt. Hierbei unterscheidet man zwischen explizit und implizit definierten Modellen. Als explizit definierte Modelle (kurz: *explizite Modelle*) werden solche Modelle bezeichnet, die auf Basis eines Metamodells definiert werden. Ein Beispiel hierfür sind Klassendiagramme der UML oder Use Case Modelle, die mit EMF-Mitteln erzeugt wurden. Impliziert definierte Modelle (kurz: *implizite Modelle*) sind durch natürlich-sprachlichen Text und Dokumentstrukturen wie Tabellen beschrieben.

Oftmals entstehen implizite Modelle jedoch aus expliziten. So verwendet man beispielsweise bei der Erstellung von Anforderungsspezifikationen spezielle Tools, für die verschiedenen enthaltenen Modelle. Diese Tools erstellen ihrerseits explizite Modelle. Während der Integration werden alle Teile der Anforderungsspezifikation in ein gemeinsames Dokument zusammengebracht. Hierbei werden aus den Modellen z. B. einfache Tabellen im Dokument, das explizite Modell wird nun durch Dokumentstrukturen ausgedrückt. Es ist also in ein implizit definiertes Modell umgewandelt worden. Dieses implizite Modell kann nun nicht mehr mit Modellierungswerkzeugen erfasst und verändert werden, da es nicht mehr dem ursprünglichen Metamodell entspricht.

Implizite Modelle haben den Nachteil, dass sie zwar einen Sachverhalt ebenfalls abstrahieren können, jedoch nicht mehr maschinenverwertbar sind, wie dies bei explizit definierten Modellen der Fall ist. Aus Sicht des Menschen, der ein Dokument liest, macht es keinen Unterschied ob ein enthaltenes Modell explizit oder implizit definiert ist, da er über den Kontext verfügt, der nötig ist, um die in einem impliziten Modell enthaltenen Informationen semantisch korrekt zu erfassen.

In dieser Dissertation wird ein Prozess zur Synchronisierung von impliziten und expliziten Modellen vorgestellt. Hierzu werden Verfahren zum Transformieren von einer Modellart in die andere vorgestellt und bewertet. Das Verfahren zur Dokumentextraktion wird zusätzlich um ein Verfahren zur Reintegration der extrahierten Modelle in das ursprüngliche Dokument ergänzt. Ein wichtiger Punkt bei der Reintegration ist die Erhaltung der ursprünglichen Dokumentcharakteristik.

So entsteht ein geschlossener Prozess, in dem Dokumente nicht mehr nur als Endstufe einer Zusammenführung von einzelnen Teilen dienen, sondern lediglich als andere Darstellungsart auf die in das Dokument überführten Modelle. Dies erlaubt es, die Modelle auch nach der Zusammenführung in einem Dokument wieder mit Tools zu bearbeiten, die für spezielle Modelle besser geeignet sind als ein Textverarbeitungsprogramm.

Durch die Anwendung dieses Prozesses können Verfahren wie Konsistenzprüfung und -sicherung, sowie dem Synchronhalten von Modellen und Dokumenten schnell und kostengünstig erfolgen. Ebenso ist durch diesen Prozess möglich, ein Dokument zuerst in einem Dokumenteneditor zu erstellen und hinterher enthaltene, implizit definierte Modelle zu extrahieren.

Abstract

Models are an important part of modern software development. Their purpose is to show complex issues and to make them understandable. Models can e.g. serve as a substitute for real problems or systems. Models can also be used to present solutions and constructions in a commonly accepted formal way.

Because of the capacity of models to present problems as well as solutions and because of their formality, models are used in all phases of software development. In this respect, we decide between explicit and implicit defined models. The term explicit defined models (short: *explicit models*) denotes models, which are defined based on a metamodel. An example for this type of models are UML class diagrams or Use Case diagrams, which are constructed using EMF methods. Implicit defined models (short: *implicit models*) are described by natural language and document structures like tables.

Many times implicit models emerge from explicit ones. For example, special tools are used to create software requirements specifications (SRS) for the contained models. These tools create explicit models on their part. During the integration, all parts of the SRS are combined into a consolidated document. In this step models are e.g. transformed into tables, the explicit model is then described through document structures. It is transformed into an implicit model, which can no longer be captured and edited by modelling tools, since it no longer adheres to the original metamodel.

One disadvantage of implicit models is, that though they also abstract an issue, they cannot be handled automatically, as it is the case with explicit models. From the point of view of a human reader of a document, there is no difference whether a contained model is explicitly or implicitly defined, because the context to semantically correct interpret the meaning of an implicit model would be known.

This thesis describes a process to synchronize implicit an explicit models. Therefore techniques to transform models from on type to another will be presented and evaluated. The technique to extract information from documents will be enhanced with a method to reintegrate extracted models into the original document. An important part of the reintegration is the preservation of the original document characteristic.

This leads to a complete process, in which documents are no longer only the result of the combination of different parts but just another view of the models that are contained in the document. This allows to edit the models even after the combination in a document through tools, which are better suited for a special model than a word processor.

By utilizing this process, methods like consistency checking and consistency assurance or synchronizing models and documents can be carried out first and cost-efficient. Furthermore, the process makes it possible to start a document into a word processor and extract contained implicit models afterwards.

Abstract

Models are an important part of modern software development. Their purpose is to show complex issues and to make them understandable. Models can e.g. serve as a substitute for real problems or systems. Models can also be used to present solutions and constructions in a commonly accepted formal way.

Because of the capacity of models to present problems as well as solutions and because of their formality, models are used in all phases of software development. In this respect, we decide between explicit and implicit defined models. The term explicit defined models (short: *explicit models*) denotes models, which are defined based on a metamodel. An example for this type of models are UML class diagrams or Use Case diagrams, which are constructed using EMF methods. Implicit defined models (short: *implicit models*) are described by natural language and document structures like tables.

Many times implicit models emerge from explicit ones. For example, special tools are used to create software requirements specifications (SRS) for the contained models. These tools create explicit models on their part. During the integration, all parts of the SRS are combined into a consolidated document. In this step models are e.g. transformed into tables, the explicit model is then described through document structures. It is transformed into an implicit model, which can no longer be captured and edited by modelling tools, since it no longer adheres to the original metamodel.

One disadvantage of implicit models is, that though they also abstract an issue, they cannot be handled automatically, as it is the case with explicit models. From the point of view of a human reader of a document, there is no difference whether a contained model is explicitly or implicitly defined, because the context to semantically correct interpret the meaning of an implicit model would be known.

This thesis describes a process to synchronize implicit an explicit models. Therefore techniques to transform models from on type to another will be presented and evaluated. The technique to extract information from documents will be enhanced with a method to reintegrate extracted models into the original document. An important part of the reintegration is the preservation of the original document characteristic.

This leads to a complete process, in which documents are no longer only the result of the combination of different parts but just another view of the models that are contained in the document. This allows to edit the models even after the combination in a document through tools, which are better suited for a special model than a word processor.

By utilizing this process, methods like consistency checking and consistency assurance or synchronizing models and documents can be carried out first and cost-efficient. Furthermore, the process makes it possible to start a document into a word processor and extract contained implicit models afterwards.

Inhaltsverzeichnis

1 **Einleitung** 11
   1.1 Motivation 11
   1.2 Zielsetzung 13
   1.3 Ergebnisse 15
   1.4 Aufbau der Arbeit 15

2 **Grundlagen** 17
   2.1 Modelle im Software Engineering 17
      2.1.1 Begriffsbildung: Modell 17
      2.1.2 Modellgetriebene Softwareentwicklung 19
      2.1.3 Metamodellierung 21
      2.1.4 Modelle im Kontext der vorliegenden Arbeit 25
      2.1.5 Verwendung der Metamodellierung im Kontext der Arbeit 28
      2.1.6 Modelle und strukturierter Text 29
      2.1.7 Strukturelle und semantische Modelläquivalenz 30
      2.1.8 Die konsolidierte Modellform 33
   2.2 Transformationen unter Berücksichtigung der Metamodellierung 35
      2.2.1 Charakterisierung von Transformationen 37
      2.2.2 Unterschiedliche Arten der Transformation 40
      2.2.3 Transformationsvorschriften und -sprachen 41
      2.2.4 TransformationCore – Eine beispielhafte M2M-Sprache 44
   2.3 Strukturierte, ausgezeichnete Dokumente 47
      2.3.1 Eingebettete Strukturen in strukturierten Dokumenten 47

3 **Ein kanonisches Dokumentenmodell** 53
   3.1 Eigenschaften eines Dokumentenmodells 53
      3.1.1 Abundante und präterierte Elemente im Dokumentenmodell 54
   3.2 Elemente strukturierter Dokumente 55
      3.2.1 Auswahl der relevanten Elemente 55
   3.3 Beschreibung des Modells 58
      3.3.1 Modellierung struktureller Elemente 58
      3.3.2 Modellierung inhaltliche Elemente 61

4 **Synchronisation von impliziten und expliziten Modellen** . 65
   4.1 Ein Prozess zur Verarbeitung von Modellen aus Dokumenten 65
      4.1.1 Berücksichtigung der Intention des Erstellers 67
      4.1.2 Überführung von Dokumenten in das Dokumentenmodell 69
      4.1.3 Überführung von Dokumentmodell-Instanzen in strukturierte Dokumente 71
      4.1.4 Unterschiedliche Kodierungen äquivalenter Inhalte und Strukturen 72
   4.2 Transformationen im Rahmen des Prozesses 81
      4.2.1 Wahl der Transformationssprache 82
      4.2.2 Vorverarbeitung der Transformationsbeschreibung 83

5 Umwandlung von Artefakten in Instanzen des Dokumentmodells 95

- 5.1 Modell-basierte Editoren 95
- 5.2 Umwandlung von Modellartefakten in Dokumentmodell-Instanzen 101
  - 5.2.1 Eigenschaften Werkzeug-spezifischer Exporte 102
  - 5.2.2 Erzeugung von impliziten Modellen aus internen Modellen 104
- 5.3 Bidirektivität bei der Transformation 107
  - 5.3.1 Transformationsregeln 108
  - 5.3.2 Zuweisungen 110
- 5.4 Evaluation der vorgestellten Methoden: Use Case Export in HeRA 114
  - 5.4.1 Einordnung von HeRA 114
  - 5.4.2 Vorbereitung 114
  - 5.4.3 Experimentaufbau 117
  - 5.4.4 Export vom internen Modell in Instanzen des Dokumentenmodells 117
  - 5.4.5 Rücktransformation der erzeugten Dokumentmodellinstanzen 118
  - 5.4.6 Rücktransformation bei Konsolidierung der Dokumentinstanz 121
  - 5.4.7 Zusammenfassung 126

6 Transformation von implizit definierten Modellen in explizite 129

- 6.1 Erfolgsmaß bei heuristischen Verfahren 130
- 6.2 Probleme bei bearbeiteten Dokumenten 132
  - 6.2.1 Beispiel 1: Besprechungsprotokolle in e performance 132
  - 6.2.2 Beispiel 2: Use Cases in Anforderungsspezifikationen 135
- 6.3 Klassifizierung der Problemarten 135
  - 6.3.1 Ableitung von Problemklassen auf Basis des verwendeten Prozesses 136
  - 6.3.2 Klassifizierung mittels Open Coding 138
- 6.4 Lösungsstrategien für die Problemklassen 139
  - 6.4.1 False positives / false negatives 140
  - 6.4.2 Klasse 1: Constraints nicht erfüllt 140
  - 6.4.3 Klasse 2: Inhalt ist in mehrere Teilstrukturen zerlegt 145
  - 6.4.4 Klasse 3: Struktur lässt sich an anderer Stelle im Dokument finden 148
  - 6.4.5 Klasse 4: Gefundene Struktur lässt sich in Erwartete transformieren 150
  - 6.4.6 Klassen X: Nicht behebbare Fehler 154
- 6.5 Anwendung: Anforderungsspezifikationen im Softwareprojekt 156
  - 6.5.1 Vorüberlegungen 157
  - 6.5.2 Durchführung 159
  - 6.5.3 Ergebnisse und Interpretation 159
  - 6.5.4 Validität der Messung 165
- 6.6 Zusammenfassung 167

7 Integration expliziter Modelle in existierende Dokumente 169

- 7.1 Round-Trip Engineering ... 170
- 7.2 Durchgängiges Beispiel ... 171
- 7.3 Attributabbildungen bei Transformationen ... 172
  - 7.3.1 Bedeutung von nicht abbildbaren Attributen für die Modelle ... 175
  - 7.3.2 Auswirkungen partieller Attributabbildungen auf die Synchronisation ... 176
- 7.4 Inkrementelle Synchronisation ... 180
  - 7.4.1 Synchronisation mittels Änderungsoperationen ... 183
  - 7.4.2 Sammeln von Tracing-Informationen während der Hintransformation ... 184
  - 7.4.3 Überführung von ΔE in ΔM ... 187
  - 7.4.4 Einfluss von synthetischen Attributen auf die Überführung ... 192
  - 7.4.5 Änderung der Synchronisationsrichtung ... 192
- 7.5 Zusammenfassung ... 194

8 Verwandte Arbeiten ... 195
- 8.1 Strukturierte Dokumente ... 195
  - 8.1.1 Layoutanalyse von Dokumenten ... 195
  - 8.1.2 Logische Strukturierung von Dokumenten ... 196
  - 8.1.3 Strukturen im Rahmen des Information Retrievals ... 196
- 8.2 Transformationssprachen ... 197
- 8.3 Extraktion von Modellen aus Dokumenten ... 198
- 8.4 Methoden zum Round-Trip Engineering ... 199

9 Zusammenfassung und Ausblick ... 203
- 9.1 Zusammenfassung der Ergebnisse ... 203
- 9.2 Kritische Würdigung ... 204
- 9.3 Ausblick ... 205

A. TranformationCore-Listings ... 207
- Use Case nach Dokument Transformation ... 207
- Transformationsvorschrift für OnlinePoker ... 211

B. Ergebnisse der Extraktion ... 215

C. Literatur ... 221

1 Einleitung

1.1 Motivation

Im modernen Software Engineering sind Modelle seit langer Zeit ein wichtiges Hilfsmittel. Sie sind geeignet, um Probleme und komplexe Vorgänge zu abstrahieren. Eine der bekanntesten (grafischen) Modellierungssprachen im Rahmen der Softwareentwicklung ist die Unified Modelling Language (UML) [1]. Diese liegt als ISO-Standard vor, was die Bedeutung der UML sowie der Modellierung insgesamt unterstreicht. Eine wichtige Eigenschaft von Modellierungssprache ist die Tatsache, dass sie sowohl Syntax als auch Semantik definieren. So ist sichergestellt, dass ein Modell, das in einer Modellierungssprache ausgedrückt ist, verstanden werden kann, wenn die Regeln für diese Sprache bekannt sind.

Eine weitere wichtige Eigenschaft von Modellen ist die Möglichkeit, sie maschinell weiterverarbeiten zu können. Dies spiegelt sich bei der Softwareentwicklung zum Beispiel bei der Modellgetriebenen Architektur (engl. Model Driven Architecture, MDA) wieder. Hier werden aus Modellen die inneren Strukturen einer Software (wie z.B. Klassen und Packages) generiert. Im Rahmen der MDA dienen diese Modelle gleichzeitig der Softwareentwicklung und der Dokumentation der Software.

Klassendiagramme sind jedoch nicht die einzige Art von Modellen, die innerhalb eines Softwareentwicklungsprojekts auftreten. Auch in den frühen Phasen wie z.B. dem Requirements Engineering finden Modelle Anwendung. Dadurch, dass die Definition von Modellen vorgibt, welche Informationen in welcher Form im Modell enthalten sein dürfen, kann ein Modell zwischen verschiedenen Editoren ausgetauscht werden, wenn diese jeweils die Regeln des Modells implementieren. Die Schnittstelle zwischen den verschiedenen Editoren wird hierbei durch die Modelldefinition spezifiziert.

Solange alle zu bearbeitenden Modelle in einem definierten Modellformat vorliegen, ist die Interpretation von Modellen durch verschiedene Werkzeuge und somit auch der Austausch untereinander kein größeres Problem. Jedoch werden von jeder Prozessvorschrift für das Erreichen definierter Meilensteine ein oder mehrere Dokumente (z.B. eine Anforderungsspezifikation oder ein Entwurfsdokument) gefordert. Um dies zu erreichen, werden die Modelle üblicherweise in strukturierten Text umgewandelt und in einem Gesamtdokument zusammengefasst.

Natürlich ist die UML nicht die einzige Möglichkeit um Modell darzustellen. Abbildung 1.1 und Abbildung 1.2 zeigen jeweils einen Ausschnitt aus einem Use Case aus einem Softwareprojekt am Fachgebiet Software Engineering der Leibniz Universität Hannover. Use Cases können als textuelle Modelle aufgefasst werden. Knauss beschreibt seinerseits mit HeRA [2] einen Editor, mit

1.1 Motivation

dem sich Use Cases bearbeiten lassen. Abbildung 1.1 stellt den entsprechenden Ausschnitt in HeRA dar. Demgegenüber ist in Abbildung 1.2 der gleiche Ausschnitt in einem Textverarbeitungsprogramm zu sehen. Hierbei wurden die Inhalte des Modells in ausgezeichneten Text und Strukturen wie Tabellen und Aufzählungen übertragen. Während in der Bearbeitung des Modells innerhalb HeRAs das Metamodell für Use Cases beachtet wird, um syntaktisch korrekte Use Cases zu erstellen, geht dieser Zusammenhang zum Metamodell bei der Überführung in strukturierten Text verloren.

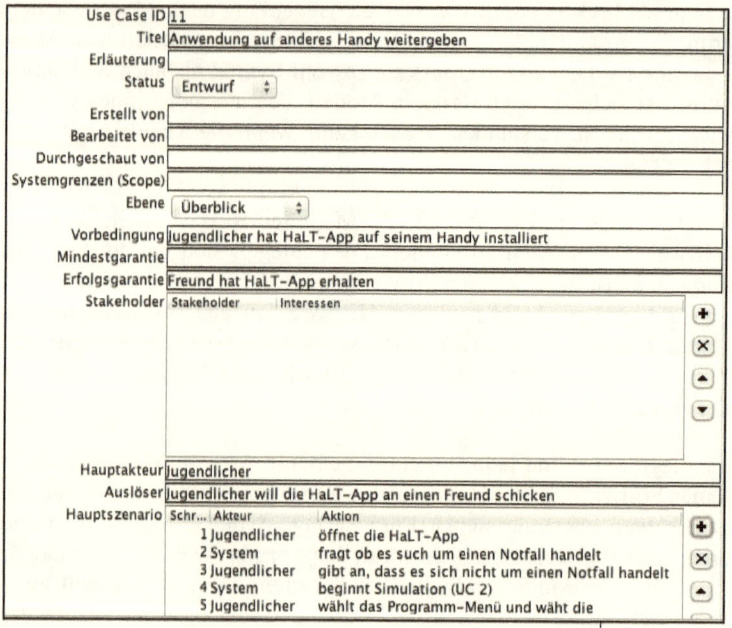

Abbildung 1.1: Ausschnitt eines Use Case in HeRA

Use Case ID	11
Titel	Anwendung auf anderes Handy weitergeben
Beschreibung	
Erstellt von	
Ebene	Überblick
Vorbedingung	Jugendlicher hat HaLT-App auf seinem Handy installiert
Mindestgarantie	
Erfolgsgarantie	Freund hat HaLT-App erhalten
Hauptakteur	Jugendlicher
Auslöser	Jugendlicher will die HaLT-App an einen Freund schicken
Stakeholder	
Hauptszenario	1. **Jugendlicher** öffnet die HaLT-App 2. **System** fragt ob es sich um einen Notfall handelt 3. **Jugendlicher** gibt an, dass es sich nicht um einen Notfall handelt 4. **System** beginnt Simulation (UC 2) 5. **Jugendlicher** wählt das Programm-Menü und

Abbildung 1.2: Entsprechung des Ausschnitts aus Abbildung 1.1 in strukturiertem Text

Während die Richtung vom ursprünglichen Modell in strukturierten Text ohne größere Probleme zu bewerkstelligen ist, treten dann Probleme auf, wenn die im Text codierten Modelle weiterverarbeitet werden sollen. Die Transformation von strukturiertem Text in ein Modell ist üblicherweise nicht oder nur mit großen Einschränkungen möglich.

Um zwischen Modellen, die durch strukturierten Text ausgedrückt sind und solchen, die direkt ein Metamodell instanziieren, zu unterscheiden, werden diese Modellarten durch unterschiedliche Bezeichnungen benannt. Implizite Modelle bezeichnen solche, die durch strukturierten Text dargestellt werden. Explizite Modelle hingegen instanziieren ihr jeweiliges konkretes Metamodell.

1.2 Zielsetzung

Im Rahmen der vorliegenden Dissertation wird ein Verfahren beschrieben, welches die Synchronisierung zwischen expliziten Modellen und impliziten Modellen ermöglicht. Hierfür wird ein Prozess definiert, welcher die einzelnen Teilschritte der Synchronisierung beschreibt. Dieser Prozess ist in Abbildung 1.3 in BPMN mit den wichtigsten Artefakten, die während des Prozesses auftreten, dargestellt.

1.2 Zielsetzung

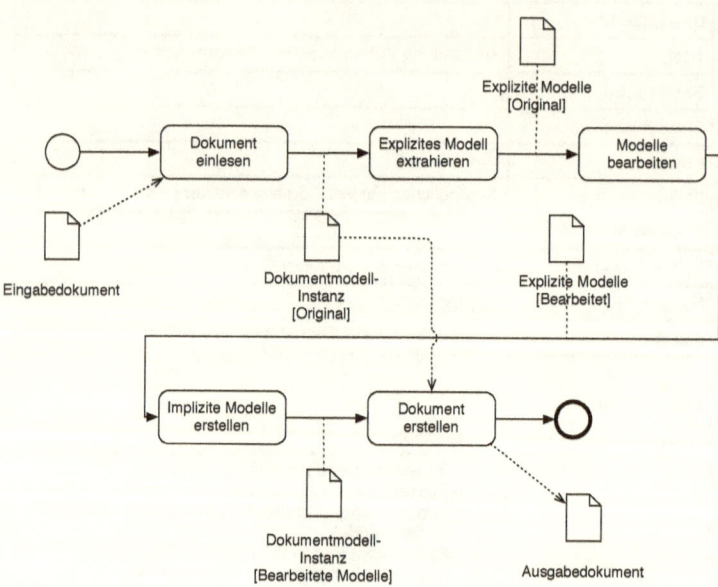

Abbildung 1.3: Skizze des Prozesses zur Synchronisierung von Modellen und strukturiertem Text

Der zu definierende Prozess besteht im wesentlichen aus den Schritten der *Modellextraktion aus strukturiertem Text*, der *Kodierung von Modellen als strukturiertem Text* und der eigentlichen *Synchronisation*, also der Übertragung von Änderungen einer Modellart in die andere. Außerdem beinhaltet er Schritte zum Einlesen und Erzeugen der eigentlichen Modelle.

Wie ebenfalls zu sehen ist, werden die Dokumente innerhalb des Prozesses durch Instanzen eines Dokumentenmodells beschrieben, so dass die einzelnen Teilaktivitäten (außer dem Einlesen und Erstellen des Dokuments) als Model-To-Model Transformationen beschrieben werden können. Abbildung 1.4 skizziert ein kanonisches Dokumentmodell, welches benutzt werden kann, um strukturierten Text formal beschreiben zu können.

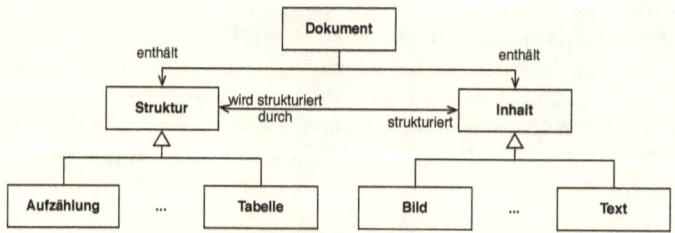

Abbildung 1.4: Skizze des kanonischen Dokumentenmodells

Nachdem dieses Modell definiert ist, kann es als Basis für den Prozess dienen. Dadurch wird dieser unabhängig von Eigenheiten spezieller Dokumentformate und kann durch Modelltransformationen beschrieben werden. Durch die Unterfütterung des Prozesses mit einem definierten Modell, können die einzelnen Prozessschritte leicht erweitert werden.

Um zu zeigen, dass der beschriebene Prozess und das mit ihm verbundene kanonische Dokumentenmodell für das beschriebene Problem der Synchronisierung anwendbar ist, wird ebenfalls eine Implementierung der beschriebenen Verfahren erstellt und diese mit Dokumenten und Modellen des Software Engineerings ausgeführt. Hierbei werden die Grenzen des Ansatzes gezeigt und diskutiert.

1.3 Ergebnisse

Die Ergebnisse der Arbeit sind zum einen ein EMF-basiertes kanonisches Dokumentenmodell, welches es erlaubt Dokumente in einem modellbasierten Kontext zu analysieren und zu manipulieren. Hierzu werden Implementierungen zur Erstellung von Dokumentmodellinstanzen aus Word-Dateien (.doc) und zur Erstellung von Word-Dateien aus Dokumentmodellinstanzen geliefert.

Das zweite Ergebnis der Arbeit ist die Definition eines Prozesses zur Synchronisation von Dokumenten und Modellen. Hier ist vor allem die systematische Untersuchung aller Prozessschritte (Erstellung von Dokumenten aus Modellen, Extraktion von Modellen aus Dokumenten, Integration veränderter Modelle in Dokumente) zu nennen.

1.4 Aufbau der Arbeit

Der Aufbau der Arbeit gestaltet sich wie folgt: Kapitel 2 beschreibt die Grundlagen, der verwendeten Methoden. Insbesondere beschäftigt es sich mit der Definition von Modellen im Software Engineering und deren Transformation.

Kapitel 3 definiert ein kanonisches Dokumentenmodell zur modellbasierten Bearbeitung von Dokumenten mit Hilfe von Modelltransformationen. Auf Basis des definierten Dokumentenmodells wird in Kapitel 4 ein Prozess vorgestellt, der die Synchronisation von Dokumenten und denen in ihnen enthaltenen Modellen beschreibt.

Kapitel 5 beschäftigt sich mit der Erstellung von Dokumenten aus expliziten Modellen und definiert ein Verfahren zur bidirektiven Interpretation von deklarativen Sprachen.

Das Kapitel 6 beschäftigt sich intensiv mit der Extraktion von Modellen aus Dokumenten und der Bedeutung von Bearbeitungen durch menschliche Autoren für diese.

Kapitel 7 führt die Methoden aus den Kapiteln 5 und 6 zusammen und zeigt was darüber hinaus noch nötig ist um eine Synchronisation von Dokumenten und Modellen zu erreichen, die Informationserhaltend ist. Kapitel 8 gibt einen Überblick über verwandte Arbeiten in den angesprochenen Bereichen und

1.4 Aufbau der Arbeit

Kapitel 9 fasst die Arbeit Zusammen und gibt einen Ausblick über weitere Forschung in diesem Bereich.

2 Grundlagen

2.1 Modelle im Software Engineering

Modelle sind heutzutage ein weit verbreitetes Werkzeug des Software Engineering und begleiten alle Phasen der Entwicklung. Eine Art der hier verwendeten Modelle sind die sog. *Prozessmodelle*. Hierbei handelt es sich um Beschreibungen von Prozessen. Es wird angegeben, welche Aktivitäten wann und von wem durchzuführen sind und welche Ergebnisse erstellt werden müssen. Beispiele hierfür sind das V-Modell XT [3], das Spiral-Modell von Boehm [4] und das allgemeine Wasserfall-Modell für Prozesse [5].

Eine andere Art von Modellen, um die es im Rahmen dieser Arbeit gehen soll, sind *konstruktive Modelle*, wie Klassendiagramme. Um solche Modelle zu erstellen, bedient man sich einer Modellnotation wie UML [1] oder SysML [6].

Modelle sind nicht nur im Rahmen des Software Engineerings in der Informatik zu finden. So nutzt z.B. auch die theoretische Informatik Modelle für ihre Zwecke [7], [8] um etwa die Berechenbarkeit von Funktionen nachzuweisen. Da Modelle und der Einsatz von Modellen stark vom Kontext abhängen, in dem sie eingesetzt werden, beschränkt sich diese Arbeit auf Modelle im Kontext des Software Engineerings.

2.1.1 Begriffsbildung: Modell

Modelle an sich sind keine Erfindung des Software Engineerings oder der Informatik. Die grundlegendste Definition zu Modellen hat Herbert Stachowiak 1973 in seinem Buch „Allgemeine Modelltheorie" gegeben. Demzufolge sind Modelle *„Abbilder der Wirklichkeit, die das Abgebildete auf das Notwendige verkürzen"* [9]. Der Modellbegriff des Software Engineerings leitet sich aus diesem grundlegenden Werk ab.

Stachowiak definiert drei Kriterien, die erfüllt sein müssen, damit ein Artefakt als ein Modell bezeichnet werden kann:

- **Abbildungskriterium**
  Ein Modell muss ein Objekt der echten Welt oder ein Phänomen oder dessen Eigenschaften abbilden.
- **Reduzierungskriterium**
  Ein Modell muss nicht alle Eigenschaften des Originals abbilden, sondern nur diejenigen, welche für den Zweck des Modells nützlich sind.
- **Nützlichkeitskriterium**
  Das Modell muss das Original für einen bestimmten Zweck ersetzen können.

Abbildung 2.1 zeigt das Verhältnis von Original und Modell nach der Definition von Stachowiak.

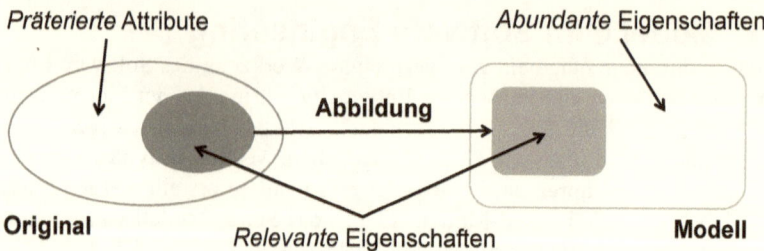

Abbildung 2.1: Verhältnis von Original und Modell nach Stachowiak und Ludewig [10]

Zu sehen ist, dass die Abbildung nur die *relevanten* Eigenschaften des Originals auf das Modell abbildet. Das Nützlichkeitskriterium fordert, dass die abgebildeten relevanten Eigenschaften für den Zweck des Modells geeignet sind. Daher wird die Relevanz einer Eigenschaft je nach Zweck des Modells entschieden. Das Reduzierungskriterium findet sich auf Seiten des Originals in den *präterierten* Attributen. Diese sind für den Zweck des Modells nicht nützlich und werden daher nicht mit abgebildet. Auf der Seite des Modells kommen evtl. neue Eigenschaften hinzu, die jedoch keine urpsrünglichen Eigenschaften des Originals abbilden. Diese werden *abundante* Eigenschaften genannt.

Nimmt man nun Stachowiaks Definition von Modellen als Grundlage für Modelle des Software Engineerings, kann man damit existierende Systeme (Objekte der realen Welt) oder geplante Systeme (Phänomene) beschreiben. Seidewitz beschreibt ein Modell im Software Engineering daher auch als *„Eine Menge von Aussagen über ein System under study (SUS)"* [11]. Auch hier findet man die drei oben beschriebenen Kriterien für ein Modell: Seidewitz nennt die Abbildung von Original auf Modell Interpretation und führt aus, dass eine Interpretation bis zu einem gesetzten Genauigkeitslevel korrekt ist. Dies entspricht dem Reduzierungskriterium nach Stachowiak. Das Nützlichkeitskriterium greift Seidewitz auf, indem er fordert, dass alle Aussagen über das SUS wahr sein müssen. Dies bedeutet konkret, dass das Modell als Stellvertreter für das SUS geeignet ist.

Auch Bèzivin und Gerbè [12] leiten ihre Beschreibung von Modellen im Rahmen der Modellgetriebenen Softwareentwicklung von Stachowiaks Definition ab. Sie fordern, dass ein Modell in der Lage sein soll, anstelle des Originals Fragen zu beantworten (Nützlichkeitskriterium), solange sie aus der Domäne des Originals stammen (Abbildungskriterium). Schließlich postulieren Bèzivin und Gerbè, dass die Essenz der Modellierung nach die Simplifizierung des Originals ist. Sie fordern, dass ein Modell einfacher zu handhaben ist als das

Original, welches durch das Modell repräsentiert wird. Stachowiak beschreibt dies durch das Reduzierungskriterium.

2.1.2 Modellgetriebene Softwareentwicklung

Angestoßen von der immer größeren Verbreitung von Modellen und Modellierungstechniken im Rahmen der Softwareentwicklung, begann die Object Management Group (OMG) 2001 mit der Standardisierung der *Model Driven Architecture* (MDA) [13]. Die Object Management Group ist ein 1989 gegründetes Konsortium zur Förderung herstellerunabhängiger Standards und der einfachen Portierbarkeit von Softwaresysteme. Der aktuelle Fokus der OMG ist die Modellierung.

Die MDA-Initiative ist der Vorschlag der OMG zu einer Vereinheitlichung und Standardisierung der verschiedenen Modellierungsarten. Solch eine Standardisierung ist notwendig, um eine Interoperabilität zwischen Werkzeugen verschiedener Hersteller im Modellierungsumfeld zu gewährleisten. Die beiden Hauptziele bei der Formulierung eines gemeinsamen Standards zur modellgetriebenen Architektur waren *Portabilität* und *Interoperabilität*. Der Kernbeitrag der MDA zur Modellierung unter Beibehaltung dieser beiden Ziele ist die *Meta Object Facility* (MOF) [14]. Diese dient als allgemeines Meta-Metamodell (siehe Abschnitt 2.1.3) für die gesamte MDA. Damit dient die MOF als Grundlage für alle anderen Werkzeuge und Technologien, die im Rahmen des Standards arbeiten. Zusätzlich zu diesem allgemeinen Meta-Metamodell spezifiziert die MOF noch eine Abbildung von den Elementen der MOF auf XML-Dateien. Dieses wird *XML Metadata Interchange* (XMI) [15] genannt. Ziel der XMI-Spezifikation ist es, eine technische Schnittstelle zum Austausch der MOF-basierten Daten zur Verfügung zu haben.

Neben der MOF und der damit verbundenen XMI-Spezifikation, beschreibt die MDA ebenso Transformationen, welche im Rahmen dieser Arbeit genauer in Abschnitt 2.2 beschrieben werden, als Mittel der Wahl, um aus Modellen konkrete Softwaresysteme zu erstellen.

Dem Grundgedanken nach Plattformunabhängigkeit Rechnung tragend, definiert die MDA spezielle Arten von Modellen. Das *Platform Independent Model (PIM)* stellt die Beschreibung der Software unabhängig von einer Zielplattform dar. Um nun aus diesem Modell ein Softwaresystem zu erzeugen, muss zunächst definiert werden, was die Zielplattform ist. Dies geschieht durch das *Platform Description Model (PDM)*, welches die Eigenschaften der Zielplattform beschreibt. Mit Hilfe einer Model-To-Model Transformation wird aus dem PDM und dem PIM das *Platform Specific Model (PSM)*, also ein Modell, welches im Bezug zu einer Plattform definiert ist, generiert. Abbildung 2.2 zeigt diesen Zusammenhang noch einmal. Die verschiedenen Transformationsarten werden später in Abschnitt 2.2 detailliert besprochen.

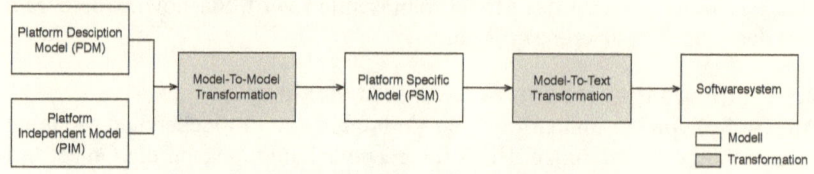

Abbildung 2.2: Zusammenspiel der MDA-Modelle

Der von der OMG vorgeschlagene Standard für die modellgetriebene Architektur ist eine Ausprägung des *Model Driven Software Development* (MDSD), also der modellgetriebenen Softwareentwicklung, wie von Stahl und Völter [16] beschrieben. Ziel der modellgetriebenen Softwareentwicklung ist es, auf Basis von Modellen automatisiert Software zu erstellen. Diese Idee basiert auf der Beobachtung, dass Modelle, begünstigt durch den Einfluss der UML, eine immer größere Rolle in der Spezifikation der zu erstellenden Software haben. Sie dienen zum einen der Dokumentation der Anforderungen und des Entwurfs, zum anderen aber auch als Grundlage der Entwicklung. Spezifiziert man diese Modelle nun formal, wie es die Modellierungstechniken der MDA z.B. auf Basis der Meta Object Facility tun, so können sie direkt automatisiert weiterverwendet werden um Code zu generieren.

Hierbei ist zu beachten, dass die vollständige Generierung eines Softwaresystems auf Basis von Modellen nur sehr schwer zu erreichen ist. Jedoch kann mindestens der immer wiederkehrende, gleich (der *generative*) Teil der Software automatisch auf Basis von Modell und Referenzimplementierung erfolgen.

Spätestens bei der Festlegung auf die Plattform, muss eine technische Realisierung des MDSD-Prozesses geschaffen werden. Eine mögliche Implementierung für die Java Plattform bietet das *Eclipse Modelling Framework* (EMF) [17]. Das EMF definiert das *ECore*-Metamodell als Basis für die Modellierung von Softwaresystemen, welche für die Java Virtual Machine als Plattform gedacht ist. Um kompatibel zu anderen Modellierungsarten wie bspw. der UML zu sein, macht auch das ECore-Metamodell von der MOF Gebrauch. Neben der bereits beschriebenen MOF, welche auch als *complete MOF* (CMOF) bezeichnet wird, hat die OMG noch eine Teilmenge hiervon als *essential MOF* (EMOF) spezifiziert. Diese Teilmenge bildet diejenigen Konzepte der MOF ab, welche sich zum Großteil in objekt-orientierten Sprachen wiederfinden. Ziel hierbei ist es, eine Möglichkeit zu schaffen, einfache Metamodelle zu erstellen, ohne die komplette, und zum Großteil nicht relevante, MOF verstehen oder benutzen zu müssen. Das ECore-Metamodell basiert, da es sich um ein Metamodell zum Einsatz in der Softwareentwicklung handelt, auf der EMOF. Abbildung 2.3 zeigt eine vereinfachte Darstellung des ECore-Metamodells.

Die Beispiele und Implementierungen in dieser Arbeit benutzen das Eclipse Modelling Framework als technologische Basis. Dies bedeutet, dass hierfür das ECore-Metamodell benutzt wird und sie somit zu anderen Technologien und Werkzeugen, die auf der essential MOF aufbauen, kompatibel sind.

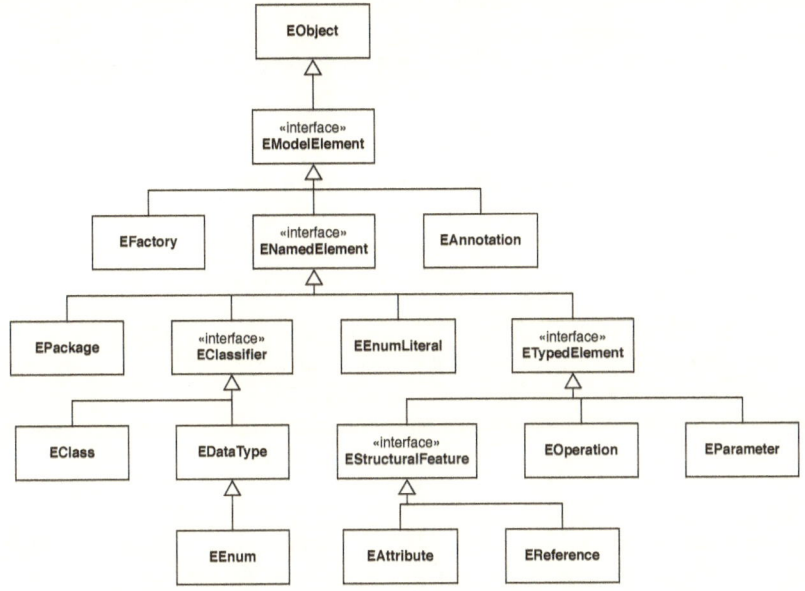

Abbildung 2.3: Vereinfachte Darstellung des ECore-Metamodells

2.1.3 Metamodellierung

Modelle werden durch eine wohldefinierte Sprache beschrieben. Jedoch muss festgelegt werden, welche Struktur (Syntax) und Bedeutung (Semantik) diese Sprache benutzen darf. Ähnlich wie bei der Definition einer Programmiersprache muss auch für Beschreibungen von Modellen geklärt werden, welche Eingaben erlaubt sind, was sie bedeuten und wie sie in Beziehung zueinander stehen. Neben textuellen Modellbeschreibungssprachen finden auch grafische Modellierungsarten Anwendung. Ein bekanntes Beispiel hierfür ist die UML [1].

Um diese Regeln und Beschreibungen im Rahmen der modellgetriebenen Architektur anzugeben, bedient man sich der Metamodellierung. Bei der Metamodellierung werden vier Ebenen (M0 bis M3) der Modellierung unterschieden, welche zusammen die *Vier-Schichten Architektur* der Metamodellierung bilden [18].

Die Modelle befinden sich dabei in der Ebene M1. Sie bilden die Eigenschaften und Beziehungen des repräsentierten Objekts oder Phänomens allgemein ab. Die konkret beschriebenen Objekte, die *Instanzen*, befinden sich in der M0-Ebene und sind den Modellen in der Hierarchie untergeordnet. Die Definition des Modells legt hierbei fest, welche Inhalte die Instanz enthalten darf. Es *beschreibt* die Instanzen auf einer abstrakteren Ebene. Die eigentlichen Inhalte, also die tatsächlichen Abbildungen der Eigenschaften von konkreten Objekten oder Phänomenen, werden durch die Instanzen repräsentiert. Eine Beziehung zwischen verschiedenen M-Ebenen wird *Instanziierung* genannt. Hierbei werden die abstrakteren Beschreibungen der höheren M-Ebene benutzt, um in der niedrigeren M-Ebene mit konkreteren Werten genutzt zu werden.

Eine Beziehung zwischen Elementen auf der gleichen M-Ebene wird *Vererbung* genannt. Hierbei wird, wie bei objektorientierten Programmiersprachen, das Ausgangsobjekt der Vererbung erweitert. Somit verfügt das erbende Element über alle Eigenschaften des Elements, von dem es erbt und zusätzlich über die selbst definierten Eigenschaften für dieses Element.

Ebenso wie die Instanzen auf der M0-Ebene durch die Modelle auf der M1-Ebene abstrakt beschrieben werden, werden auch diese Modelle wiederum abstrakt beschrieben. Modelle werden durch die Elemente der M2-Ebene, die sog. *Metamodelle* abstrakt beschrieben. Die Metamodelle wiederum werden durch die *Meta-Metamodelle* aus der M3-Ebene (der Meta-Metaebene) abstrakt beschrieben.

Da ein weiteres Beschreiben dieser Modelle durch weitere Ebenen nicht sinnvoll ist, werden alle für die Definition von Meta-Metamodellen benötigten Elemente als axiomatisch vorhanden angenommen. Meta-Metamodelle sind dadurch in sich geschlossen

Beispiel

Eine Veranschaulichung der Metamodellierung am Beispiel von UML-Klassendiagrammen findet sich in Abbildung 2.5. Auf der obersten Ebene steht das von der OMG definierte Meta-Metamodell aus der Meta Object Facility (MOF) [14]. Das UML-Metamodell, welches in der Ebene M2 liegt, instanziiert das Meta-Metamodell der MOF. So ist das UML-Konstrukt UML::Class eine direkte Instanz des MOF-Äquivalents MOF::Class.

Die Klasse im Sinne der objektorientierten Programmierung, und damit das eigentliche Modell liegt in M1. Diese Ebene wird bei der Erstellung von UML-Klassendiagrammen benutzt. Alle im Klassendiagramm erstellten Klassen befinden sich in der M1-Ebene der Metamodellierung.

Auf M0 schließlich findet sich die Instanz einer UML-Klasse. Bei dieser Instanz sind dann die durch das Modell vorgegebenen Attribute und Beziehungen der modellierten Klasse mit realen Werten instanziiert. In der UML finden sich Elemente dieser Klasse in einem Objektdiagramm wieder.

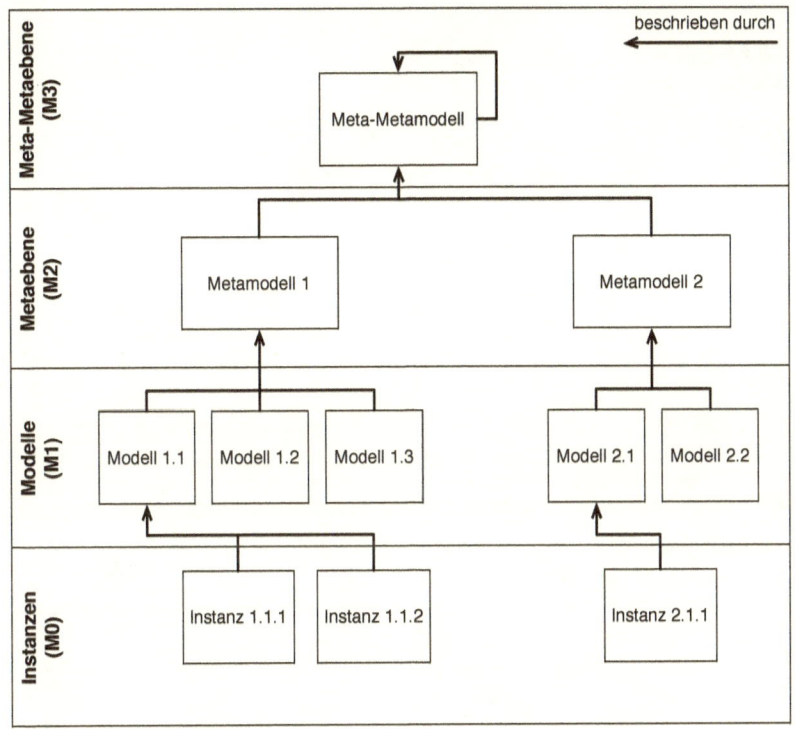

Abbildung 2.4: Schichten der Metamodellierung

Die beschreibende Beziehung zwischen den Objekten der einzelnen Ebenen bietet einen weiteren Vorteil: So lassen sich unterschiedliche Modelle, welche das gleiche Metamodell oder Meta-Metamodell instanziieren, mit dessen Mitteln interpretieren. Ein Editor, welcher die gesamte MOF kennt, kann so prinzipiell alle von der MOF direkt und indirekt abgeleiteten Modelle und Instanzen bearbeiten. Da jedoch die Semantik einzelner Elemente, insbesondere der Modelle und Instanzen, nicht Bestandteil der Vier-Schichten Architektur ist, kann solch ein Editor die entsprechenden Modelle nicht interpretieren. Jedoch ist es ihm zumindest möglich Unterstützung bei der syntaktisch korrekten Erstellung untergeordneter Modelle zu leisten. Ebenso lassen sich Modelle, deren höhere Ebenen kompatibel sind, miteinander kombinieren, wenn auch nur auf der entsprechend abstrakten Ebene.

2.1 Modelle im Software Engineering

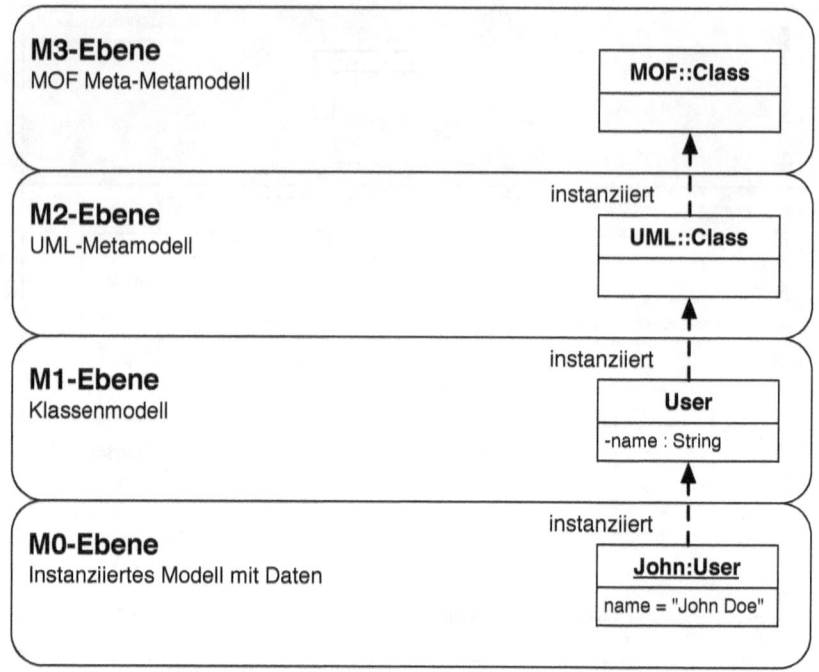

Abbildung 2.5: Beispiel für die Vier-Schichten Architektur der OMG

Neben der Instanziierung in eine tiefere Ebene der Vier-Schichten Architektur, existiert noch die Möglichkeit der Vererbung. Eine Vererbung findet innerhalb der gleichen M-Ebene statt. Diese Möglichkeit dient dazu, vorhandene Elemente zu erweitern. Eine Vererbung innerhalb der gleichen M-Ebene ist in Abbildung 2.6 dargestellt.

Bei der Vererbung ist zu beachten, dass dieser Vererbungsmechanismus von der Meta Object Facility definiert wird. Es handelt sich hierbei nicht um die gleiche Art der Vererbung, wie sie innerhalb der Unified Modelling Language definiert ist. Wie ebenfalls zu sehen ist, können einem vererbtem Element eigene Attribute (*tagged values*) zugeordnet werden. So hätten in obigem Beispiel etwa alle Instanzen von UserClass automatisch das Attribut name vom Typ String

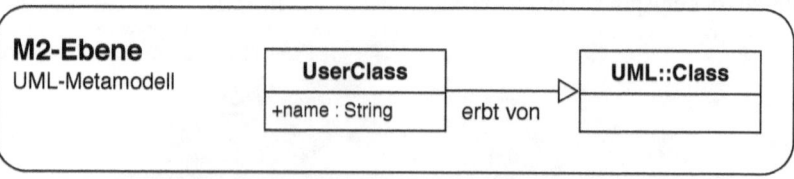

Abbildung 2.6: Vererbung innerhalb der gleichen Metaebene

Eine bekannte Art von Erweiterungen der M2-Ebene sind UML-Profile. Hierbei ist jedoch zu beachten, dass dieser Erweiterungsmechanismus von der UML spezifiziert und somit nicht automatisch zu anderen, auf der MOF aufsetzenden Modellierungsarten, kompatibel ist.

2.1.4 Modelle im Kontext der vorliegenden Arbeit

Um Modelle im Rahmen dieser Arbeit einzuordnen und eine eindeutige Sprachregelung zu treffen, werden im Folgenden sowohl Modelle als auch Instanzen formal definiert. Der Begriff *Modell* bezieht sich im Folgenden auf die technische Ausprägung der Modellierungsart und entfernt sich dadurch etwas von der Definition eines Modells nach Stachowiak in Abschnitt 2.1.1. Die von Stachowiak geprägten informellen Kriterien der Nützlichkeit, Reduzierung und der Abbildung sollen hierbei zusätzlich zu der formalen Definition gelten. Diese Kriterien einzuhalten ist jedoch weiterhin Aufgabe desjenigen, der ein Modell definiert.

Im weiteren Verlauf der Arbeit werden, soweit nicht explizit anders angegeben, UML-Klassendiagramme zur grafischen Darstellung von Modellen verwendet. Zur Darstellung von Instanzen werden UML-Objektdiagramme benutzt.

Wie schon dargestellt, beschreiben Modelle die Elemente und Eigenschaften des Originals und geben vor, welche Inhalte die Instanz enthalten kann und wie diese Inhalte zu einander in Verbindung stehen. Ein grundlegender Beitrag dieser Arbeit ist die Beschreibung eines Prozesses zur Synchronisation von impliziten und expliziten Modellen. Daher sollen Modelle so definiert werden, dass sie mittels einer allgemeinen, objektorientierten Programmiersprache verarbeitet werden können. Song et.al. [19] schlagen eine formale Sprache zur Beschreibung von Transformationen im Rahmen der MDA vor. Die folgenden Definitionen erweitern die dort vorgeschlagenen Definitionen, um sie auf die Bedürfnisse der Schritte und Methoden des späteren Prozesses hin zu optimieren. Im Gegensatz zu der Formalisierung von Song et.al. ist ein Modell nicht in Bezug zu einem Metamodell definiert, da die Nutzung der Begrifflichkeiten der Vier-Schichten Architektur in dieser Arbeit leicht von der von Song et.al. verwendeten abweicht (siehe Abschnitt 2.1.5).

Grundlegende Bausteine jedes Modells sind die Attribute, welche die zu modellierenden Eigenschaften darstellen.

Definition 1 (Modellattribut)

Ein *Modellattribut* (kurz: *Attribut*) a ist definiert als 2-Tupel $a = (name, type)$. Hierbei gibt $name$ den Namen des Modellattributs an, $type$ bestimmt dessen Typ.

Um Beziehungen zwischen einzelnen Modellteilen herzustellen, werden Modellrelationen definiert. Dies sind unidirektional und gerichtet.

> **Definition 2 (Modellrelation)**
>
> Eine *Modellrelation* (kurz: *Relation*) r ist definiert als 4-Tupel $r = (name, source, target, cardinality)$. Wie bei einem Modellattribut, gibt *name* den Namen der Relation an. *source* gibt das Modellelement an, welches Quelle der Relation und *target* das Element, welches Ziel der Relation ist. Der Wert für *cardinality* bestimmt, wie viele Elemente die Relation enthalten kann. Gültige Werte hierfür sind:
>
> - *0..1* für eine optionale Zuweisung,
> - *1* für ein einziges, nicht optionales Element und
> - *** für eine beliebige Anzahl an Elementen.

Attribute und Relationen bilden zusammen die Modellelemente. Ein Modellelement ist eine Zusammenstellung von Attributen und Relationen. Dabei wird zwischen eingehenden und ausgehenden Relationen unterschieden. Das bedeutet, dass jede Relation jeweils bei einem Modellelement als ausgehende und bei einem Modellelement als eingehende Relation referenziert wird.

> **Definition 3 (Modellelement)**
>
> Ein *Modellelement* e ist definiert als $e = (type, A, P, R)$ mit:
>
> - **type**: Typ des Modellelements
> - **A**: Ein Set aller Modellattribute dieses Modellelements
> - **P**: Ein Set von Modellrelationen, die dieses Modellelement als Ziel haben. Es gilt:
>
> $$\forall p \in P : p.target = e$$
> $$\land \, \forall p_i, p_j \in P: p_i \neq p_j \Leftrightarrow p_i.name \neq p_j.name$$
>
> - **R**: Ein Set von Modellrelationen, die dieses Modellelement als Quelle haben. Es gilt:
>
> $$\forall p \in R : p.source = e$$
> $$\land \, \forall r_i, r_j \in R: r_i \neq r_j \Leftrightarrow r_i.name \neq r_j.name$$

Ein Modell ist schließlich eine Menge von Modellelementen.

> **Definition 4 (Modell)**
> Ein *Modell* M ist definiert als $M = (E)$, wobei $E = \{e_1, e_2, ..., e_n\}$ ein Set von Modellelementen ist. Es gilt:
>
> $$\forall e_i, e_j \in E: e_i \neq e_j \Leftrightarrow e_i.name \neq e_j.name$$

Instanzen, welche die Modelle der M1-Ebene instanziieren, bilden das tatsächliche Objekt oder Phänomen ab, welches durch das Modell ausgedrückt werden soll. Eine Instanz muss daher in Bezug zu einem Modell definiert sein. Für die folgenden Definitionen gilt: $type(x)$ gibt den Typ eines Elements an. Für den Vergleich von zwei Typen ist $=_t$ definiert als

$$=_t: Typ \times Typ \mapsto Boolean$$

Wenn die beiden Eingabetypen kompatibel sind (z. B. über die Typ-Hierarchie in objektorientierten Programmiersprachen), ergibt sich *true*, ansonsten *false*.

Definition 5 (Attributinstanz)
Eine *Attributinstanz* b ist in Bezug zu einem Modellattribut a definiert als $b = (a, value)$. Hierbei ist *value* der konkrete Wert der Attributinstanz. Es gilt:

$$type(value) =_t a.type$$

Definition 6 (Relationsinstanz)
Eine *Relationsinstanz* s ist in Bezug auf eine Modellrelation r definiert als $s = (r, children)$. Der Wert für *children* ist eine geordnete Liste mit den konkreten Elementen, die diese Relation enthält. Dabei gilt:

$$|children| = \begin{cases} \max(1), \text{ falls } r.cardinality = 0..1 \\ 1, \text{ falls } r.cardinality = 1 \\ \geq 0, \text{ falls } r.cardinality = * \end{cases}$$

Außerdem gilt für die Typen:
$$\forall c \in s.children: type(c) =_t s.target.type$$

Definition 7 (Elementinstanz)
Eine *Elementinstanz* f ist in Bezug auf ein Modellelement e definiert als $f = (e, A, P, R)$ mit:

- **A**: Die Menge aller Attributinstanzen dieser Elementinstanz. Es gilt:
$$|f.A| = |f.e.A|$$
$$\wedge \, \forall a \in f.A \, \exists b \in f.e.A: a.e = b$$

- **P**: Die Menge aller Relationsinstanzen, die diese Elementinstanz als Ziel haben. Es gilt:
$$\forall p \in P: p.r.target = f$$
$$\wedge \, \forall p_i, p_j \in P: i \neq j \Rightarrow p_i \neq p_j$$
$$\wedge \, \forall p \in P \, \exists q \in p.r.P: p.r = q$$

- **R**: Die Menge aller Relationsinstanzen, die diese Elementinstanz als Quelle haben. Es gilt:

$$\forall r \in R: p.r.source = f$$
$$\wedge\ \forall r_i, r_j \in R: i \neq j \Rightarrow r_i \neq r_j$$
$$\wedge\ \forall r \in R\ \exists s \in r.r.R: r.r = s$$

Definition 8 (Modellinstanz)
Eine *Modellinstanz* (kurz: *Instanz*) i ist in Bezug zu einem Modell m definiert als $i = (m, F)$, wobei $F = \{f_1, f_2, ... f_j\}$ ein Set von Elementinstanzen ist. Hierbei gilt:

$$\forall f_i, f_j \in F: i \neq j \Rightarrow f_i \neq f_j$$
$$\wedge\ \forall f \in F: f.e \in m.E$$

2.1.5 Verwendung der Metamodellierung im Kontext der Arbeit

Vergleicht man die Literatur im Bereich der Metamodellierung und den angrenzenden Bereichen wie MDA oder MDSD, so lassen sich die Elemente der Ebenen M3 und M0 klar definieren. Meta-Metamodelle bezeichnen immer die oberste Ebene aller Modellierungsmethoden. Im Software Engineering gibt es neben der Meta Object Facility kein Meta-Metamodell, welches eine größere Bedeutung erlangt hat. Ebenso klar ist auch die Rolle der Instanzen in der M0-Ebene. Diese beinhalten immer die konkreten Daten, welche das tatsächliche Objekt oder Phänomen hinreichend im Sinne der drei Kriterien von Stachowiak beschreiben.

Nicht eindeutig ist dagegen die Rolle und Bedeutung der M2- und M1-Ebene, also Meta-Modelle und Modelle und deren Beziehungen zueinander. Die Infrastruktur-Spezifikation der UML bringt dieses Problem auf den Punkt: „[...] *a model that is instantiated from a metamodel can in turn be used as a metamodel of another model in a recursive manner*" [20]. Wenn aber ein Modell selbst wiederum Metamodell sein kann, so ist keine eindeutige Einteilung in die Vier-Schichten Architektur möglich. Die UML löst dies für sich, indem zwischen *snapshot instances* und *run-time instances* unterschieden wird. Die Snapshot Instanzen residieren dabei in M1, instanziieren die UML-Metaklasse *Instance* und sind über einen *Classifier* mit der Klassendefinition des Modell, ebenfalls in M1, verbunden. Die run-time Instanzen sind die Instanzen im Sinne der M0-Ebene, die ein Modell instanziieren.

Im Rahmen dieser Arbeit werden die Begriffe wie folgt festgelegt:

- Ein *Meta-Metamodell* ist ein Element der Ebene M3. Konkret handelt es sich um die essential Meta Object Facility (EMOF).
- Ein *Metamodell* ist ein Element der Ebene M2, welches die EMOF instanziiert. Zum Beispiel das ECore-Metamodell oder das UML-Metamodell.

- Ein *Modell* ist ein Element der Ebene M1, welches ein konkretes Metamodell instanziiert. Dies entspricht einem Modell nach Definition 4.
- Eine *Instanz* ist ein Element der Ebene M0. Sie instanziiert das konkrete Modell aus der M1-Ebene und setzt dessen Attribute und Relationen mit den Werten des zu modellierenden Objekts oder Phänomens der realen Welt. Die entspricht einer Instanz nach Definition 8.
- Ein *Modellartefakt* ist entweder ein Modell oder eine Instanz nach obiger Begrifflichkeit. Dem entsprechend ist ein *Meta-Artefakt* das Element der nächst höheren M-Ebene zu einem Modellartefakt. Also ein Metamodell, wenn das Modellartefakt ein Modell ist oder ein Modell, wenn das Modellartefakt eine Instanz bezeichnet. Ein Modellartefakt instanziiert ein enstprechendes Meta-Artefakt.

An den Stellen, wo etablierte Begriffe gebraucht werden (z.B. bei den Transformationen), wird eine Einordnung dieser Begriffe in die oben beschriebene Begriffsbildung vorgenommen. Obwohl es durch diese Definition der Begriffe vorkommen kann, dass die gleichen Sachverhalte in manchen Teilen der Literatur anders benannt werden (insbesondere bei der Klassifizierung von Modellen und Metamodellen), ist solch eine Begriffsbildung von zentraler Bedeutung um einen einheitlichen Sprachgebrauch innerhalb dieser Arbeit zu erreichen.

2.1.6 Modelle und strukturierter Text

Um den Zusammenhang von Modellen und strukturierten Dokumenten darzustellen und beide Arten der Darstellung von Inhalten von einander abzugrenzen, werden im Rahmen dieser Arbeit explizit und implizit definierte Modelle unterschieden.

Ein *explizit definiertes Modell* ist direkt in die Metamodell-Architektur eingebunden. Es instanziiert ein Meta-Artefakt und ist selbst ein Modellartefakt. Explizit definierte Modelle können somit direkt mit den Mitteln der MOF oder von ihr abgeleiteten Frameworks (z.B. EMF) manipuliert werden.

> **Definition 9 (explizit definiertes Modell)**
>
> Ein *explizit definiertes Modell* (*explizites Modell*) ist ein Modellarfakt, das innerhalb der Vier-Schichten Architektur ein Element einer höheren M-Ebene instanziiert.

Im Gegensatz zu den explizit definierten Modellen sind *implizit definierte Modelle* nicht Teil der Vier-Schichten Architektur. Implizit definierte Modelle tragen zwar die Bedeutung eines expliziten Modells in sich, werden jedoch durch strukturierten Text ausgedrückt. So ist z.B. eine Tabelle in einem Textdokument, welches einen Use Case darstellt, das implizite Modell eines Use Cases. Das zugehörige explizite Modell des Use Cases, wäre ein, welches durch ein passendes Use Case Meta-Artefakt spezifiziert ist.

2.1 Modelle im Software Engineering

> **Definition 10 (implizit definiertes Modell)**
>
> Ein *implizit definiertes Modell* (*implizites Modell*) ist die Darstellung einer Modellinstanz durch strukturierten Text. Hierbei sind die Elemente des Modells durch Dokumentstrukturen abgebildet und die Werte der Modellinstanz durch inhaltliche Element im strukturierten Dokument dargestellt.

Neben der formalen Definition von Modellen und der Einordnung in die Vier-Schichten Architektur muss auch der Umgang von Menschen mit Modellen berücksichtigt werden. Daher spielt die *Darstellung* eines Modells ebenso eine Rolle bei der Benutzung von Modellierungsmethoden. Bekannte Beispiele der Darstellung sind z. B. die grafische Darstellung mittels Kästen und Pfeilen bei UML-Klassendiagrammen oder die Darstellung von Use Cases als Tabellen.

Dabei zeigt die Darstellung nicht unbedingt alle in einem Modell enthaltenen Informationen. So stellt ein Use Case Diagramm zwar eine Menge von Use Cases dar, jedoch werden nur die Titel der Use Cases und ihre Beziehungen zu einander im Diagramm aufgeführt. Eine Darstellung von Modellen dient dazu, die Modelle für Menschen verständlicher zu machen. Für die Benutzung im Rahmen der maschinellen MDA hat sie keine Bedeutung. Diese Art ein Modell darzustellen wird im Folgenden *Modellrepräsentation* genannt.

> **Definition 11 (Repräsentation eines Modells)**
>
> Die *Repräsentation eines Modells* (*Modellrepräsentation*) ist die Darstellung eines Modellartefakts als Grafik oder Textform. Dabei müssen nicht alle in einem Modellartefakt enthaltenen Elemente in der Repräsentation vollständig dargestellt sein.

2.1.7 Strukturelle und semantische Modelläquivalenz

Um Algorithmen auf Modellen und Instanzen zu definieren, muss definiert werden, unter welchen Bedingungen zwei Instanzen als äquivalent gelten. Die einfachste Art eine Äquivalenz zwischen zwei Instanzen zu definieren, ist es die Struktur als Vergleich heranzuziehen. Diese Äquivalenz wird *strukturelle Äquivalenz* genannt.

> **Definition 12 (strukturelle Äquivalenz)**
>
> Eine *strukturelle Äquivalenz* $=_i$ zwischen zwei Instanzen liegt dann vor, wenn alle Attribute und Relationen aller Elemente mit den gleichen Werten belegt sind.

Es kann vorkommen, dass zwei Instanzen eines Modells den gleichen Sachverhalt ausdrücken, ohne dass sie strukturell äquivalent sind. Abbildung 2.7 demonstriert dies am Beispiel einer Instanz eines Modells für Text. Hier ist ein Absatz modelliert, der den Text „**Auslöser**" in Fettschrift enthält.

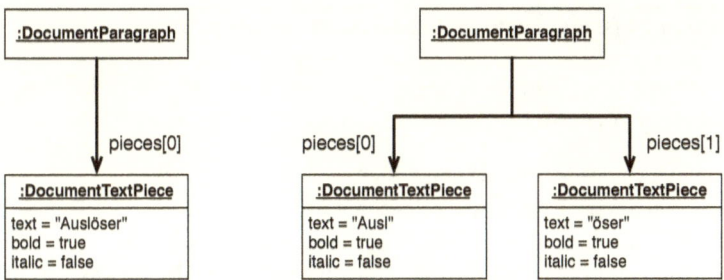

Abbildung 2.7: Strukturell nicht äquivalente Modelle des gleichen Sachverhalts

Beide Instanzen sind syntaktisch korrekt und führen, unter der Annahme, dass die Instanzen des Modellelements DocumentTextPiece als Konkatenation des Inhalts ihres Attributes text dargestellt werden, zu der gleichen Modellrepräsentation. Beide Instanzen drücken also das Gleiche aus, sind jedoch strukturell nicht äquivalent. Die Art der Äquivalenz zwischen zwei Instanzen wird *semantische Äquivalenz* genannt.

Definition 13 (semantische Äquivalenz)

Eine *semantische Äquivalenz* $=_s$ zwischen zwei Dokumentmodellen liegt dann vor, wenn der ausgedrückte Inhalt nach Anwendung einer Elementvereinigung, unter Berücksichtigung der semantischen Bedeutung der einzelnen Elementattribute, identisch ist. Modelle, die strukturell äquivalent sind, sind auch semantisch äquivalent.

Um zu überprüfen ob eine semantische Identität zwischen zwei Modellen vorliegt, muss zunächst definiert werden, welchen semantischen Beitrag ein Attribut oder eine Relation zu einem Modellelement leistet. Im Folgenden wird Definition 3 für ein Modellelement erweitert, um semantische Beiträge der einzelnen Attribute zu berücksichtigen.

2.1 Modelle im Software Engineering

Definition 14 (semantisch attributiertes Modellelement)

Ein *semantisch attributiertes Modellelement* e ist definiert als $e = (e, A_s, A_i, P, R_s, R_i)$ mit:

- **type**: Typ des Modellelements
- A_s: Ein Set der semantisch relevanten Modellattribute
- A_i: Ein Set der semantisch nicht relevanten Modellattribute
- **P**: Ein Set von Modellrelationen, die dieses Modellelement als Ziel haben. Es gilt:
$$\forall p \in P: p.target = e$$
$$\land \forall p_i, p_j \in P: p_i \neq p_j \Leftrightarrow p_i.name \neq p_j.name$$
- R_s: Ein Set von Modellrelationen, die dieses Modellelement als Quelle haben und semantisch relevant sind.
- R_i: Ein Set von Modellrelationen, die dieses Modellelement als Quelle haben und semantisch nicht relevant sind. Es gilt:
$$\forall r \in R_s \cup R_i: r.source = e$$
$$\land \forall r_i, r_j \in R_s \cup R_i: r_i \neq r_j \Leftrightarrow r_i.name \neq r_j.name$$

Außerdem gilt:
$$A_s \cap A_i = \emptyset \land R_s \cap R_i = \emptyset$$

Verglichen mit einem Modellelement nach Definition 3, sind die Sets der Attribute und ausgehenden Modellrelationen in disjunkte Teilmengen zerlegt.

Zusätzlich zu der Einteilung der Attribute und Quellrelationen in semantisch relevant und semantisch nicht relevant, muss festgelegt werden, wann eine Menge von Werten semantisch äquivalent sind. Dies geschieht für jedes Attribut eines Modellelements einzeln durch die Definition der *semantischen Äquivalenzfunktion* für das entsprechende Attribut. Diese bestimmt den semantischen Wert eines Attributs für die gesamte eingegebene Elementmenge. Das Ergebnis der semantischen Äquivalenzfunktion wird zur Überprüfung auf semantische Äquivalenz herangezogen.

Definition 15 (Semantische Äquivalenzfunktion)

Die *semantische Äquivalenzfunktion* f_a für ein Attribut a einer Menge $E = (e_1, \ldots, e_n)$ von Elementinstanzen mit $\forall e_i \in E: e_i.e.type =_t type(T)$ ist definiert als:

$$f_a: T \times \ldots \times T \mapsto T$$

wobei T ein Wert vom Typ des Attributs a ist. Falls sich der Eingabewert nicht semantisch zusammenfassen lassen, liefert die semantische Äquivalenzfunktion einen Fehler.

Um zwei Mengen von Elementinstanzen $I_1 = \{e_1, e_2, ..., e_n\}$ und $I_2 = \{g_1, g_2, ..., g_m\}$ auf semantische Äquivalenz zu überprüfen, zerlegt man diese zunächst in Teilgruppen, so dass gilt $I_1 = \{E_1, E_2, ... E_i\}$, mit $E_1 = \{e_1, ..., e_a\}, E_2 = \{e_{a+1}, ..., e_b\}, ..., E_i = \{e_c, ..., e_n\}\}$ (analog für $I_2 = \{G_1, G_2, ..., G_j\}$).

Für jede Teilgruppe E_j gilt: $\forall e_a, e_b \in E_j : e_a \neq e_b \Rightarrow e_a.e = e_b.e$, jede Teilgruppe enthält also nur Elementeinstanzen des gleichen Typs. Außerdem muss die Menge der Teilgruppen von I_1 und der von I_2 gleich sein.

Dann muss für ein Paar (E_a, G_a) gelten, dass alle semantisch relevanten Attribute nach Anwendung der semantischen Äquivalenzfunktion gleich sind:

$$\forall a \in E_a.A_s, \forall b \in G_a.A_s : a.a = b.a \Leftrightarrow f_{a.a}(E_a) = f_{b.a}(G_a)$$

Ebenso muss rekursiv für alle ausgehende Assoziationen von E_a und G_a die semantische Äquivalenz $=_s$ gelten.

Eine semantische Äquivalenz zweier Instanzen I_1 und I_2 liegt also dann vor, wenn die semantisch bedeutenden Relationen beider Element sowie das Ergebnis der semantischen Äquivalenzfunktion für die semantisch relevanten Attribute gleich sind.

Die Gleichheit der semantisch nicht relevanten Attribute und Relationen spielt keine Rolle zur Bestimmung der semantischen Äquivalenz.

2.1.8 Die konsolidierte Modellform

Wie gezeigt, kann eine semantische Äquivalenz vorliegen, ohne dass ebenfalls eine strukturelle Äquivalenz vorliegt. Abhängig von der Art der zugrundeliegenden Modelle, kann bei semantischer Äquivalenz eine strukturelle Äquivalenz herbeigeführt werden, indem man sich der *konsolidierten Modellform* bedient.

Ein konsolidiertes Modell führt gleiche Elemente auf gleicher Ebene der Modellinstanz mit Hilfe der semantischen Äquivalenzfunktion in ein neues Modellelement des gleichen Typs zusammen. Dabei wird der Wert für die semantisch relevanten Attribute des neu zu erstellenden Modellelements durch das Ergebnis der semantischen Äquivalenzfunktion angegeben. Für die anderen Elementattribute wird ein Standardwert des Meta-Artefakts angenommen.

> **Definition 16 (Konsolidierte Modellform)**
>
> Die *konsolidierte Modellform* ist die minimale Modellinstanz, die man erhält, wenn man semantisch äquivalente Modellelemente auf gleicher Ebene zusammen führt.
>
> Die Werte der Attribute der zusammengeführten Modellelemente entsprechen der Rückgabe der semantischen Modelläquivalenz für semantisch relevante Attribute. Semantisch nicht relevante Attribute bekommen den vom Modell vorgesehenen Standardwert zugewiesen.

Grundlage der konsolidierten Modellform ist die semantische Äquivalenz von Modellelementen. Ein Aufruf der Konsolidierungsfunktion setzt sich rekursiv für die Unterelemente fort. Für jede Assoziation des aktuell untersuchten Elements werden die enthaltenen Werte paarweise auf semantische Äquivalenz verglichen. Listing 1 zeigt den Pseudocode für die Konsolidierungsfunktion.

```
consolidate(elements)
  if (|element|> 1) {
    loop (0...|elements|-1) {
      if (canConsolidate(elements[index],
          elements[index+1])
        //Füge beide Elemente zu einem
        //neuen zusammen
        elements[index] =
          consolidateElements(elements[index],
                              elements[index+1])
        elements.remove(index+1);
        restart_loop
     }
   }
  }

  forall element in element {
     forall child in element.R {
         consolidate(child.children)
     }
  }
```

Listing 1: Pseudocode zur Erzeugung der konsolidierten Modellform

Wenn für zwei Elemente eine semantische Äquivalenz vorliegt, so werden beide zu einem neuen Element zusammengefasst. Die Werte für die einzelnen Attributinstanzen sind dabei der Rückgabewert der semantischen Äquivalenzfunktion für dieses Attribut. Das neue Element ersetzt die beiden Elementinstanzen, die sich semantisch zusammenfassen lassen. Dies wird solange durchgeführt, bis sich keine Elementinstanzen mehr zusammenfassen lassen.

Anschließend wird die Konsolidierungsfunktion rekursiv auf jeder ausgehenden Relation aufgerufen. Nach dem Ende der Rekursion, liegt die Modellinstanz in konsolidierter Modellform vor.

2.2 Transformationen unter Berücksichtigung der Metamodellierung

Miller und Mukerji definieren eine (Modell-)Transformation als *Prozess der Konvertierung eines Modells in ein anderes Modell des gleichen Systems* [21]. Tratt sowie Kleppe, Warmer und Bast betrachten eine Transformation als *einen Automatismus um ein Modell, welches in einer Ausgangssprache definiert ist, in ein anderes Modell in der Zielsprache zu wandeln* [22], [23].

Beide Definitionen stimmen darin überein, dass eine Transformation als ein Vorgang aufgefasst werden kann. Während Miller und Mukerji davon ausgehen, dass eine Transformation im gleichen System stattfindet, sagen Kleppe, Warmer und Bast hierüber nichts aus. Sie erlauben weiterhin, dass Quell- und Zielsprache der Modelle nicht identisch sein müssen. Dies ist kein Widerspruch, da ein System mehrere Sprachen beinhalten kann. Ein System dient somit als technologischer Rahmen, in dem Transformationen durchgeführt werden können. Mens und van Gorp [24] ziehen weiterhin noch in Betracht, dass mehrere Modelle als Ein- oder Ausgabe einer Transformation dienen können.

Um im Weiteren zu verstehen, wie Transformationen konzeptionell funktionieren und weder mit der in dieser Arbeit verwendeten Begrifflichkeit und der Literatur in Konflikt zu stehen, ist der englische Begriff *Model* gleichzusetzen mit dem in dieser Arbeit geprägten Begriff *Modellartefakt*.

Da ein wichtiger Punkt des in dieser Arbeit vorgestellten Prozesses auch die Integration von Artefakten ist, die nicht als Modellartefakte vorliegen, muss weiterhin betrachtet werden, dass Transformationen entweder als Eingabe oder als Ausgabe auch solche Artefakte wie z.B. Text bedienen können. Fälle, die sowohl als Eingabe als auch als Ausgabe kein Modellartefakt erhalten, werden im Kontext dieser Arbeit nicht als Transformation angesehen.

Dies führt zu der folgenden Definition für Transformationen allgemein:

Definition 17 (Transformation)

Eine *Transformation* ist der automatisierte Vorgang eine oder mehrere Eingaben, basierend auf einer oder mehrerer Transformationsbeschreibungen, in eine oder mehrere Ausgaben zu wandeln.

Dabei muss entweder die Eingabe, die Ausgabe oder sowohl Eingabe als auch Ausgabe mindestens ein Modellartefakt enthalten.

2.2 Transformationen unter Berücksichtigung der Metamodellierung

Abbildung 2.8 zeigt den Ablauf einer Model-To-Model Transformation nach Mens und van Gorp [24]. Die Transformation der Eingabe in das gewünschte Modellartefakt wird durch einen Interpreter durchgeführt.

Um eine Transformation durchführen zu können, muss der Interpreter die Transformationsvorschriften (siehe 2.2.3) für den konkreten Fall erhalten, auf dessen Basis dann die tatsächliche Transformation durchgeführt wird. Die Transformationsvorschrift wiederum basiert auf den jeweiligen Meta-Artefakten von Quelle und Ziel. Allgemein lässt sich festhalten, dass bei einer Model-To-Model Transformation Modellartefakte ineinander transformiert werden, während die Transformationsvorschrift auf Grundlage der jeweiligen Meta-Artefakte angegeben ist.

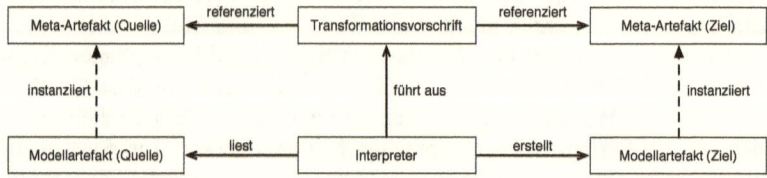

Abbildung 2.8: Skizze einer Model-To-Model Transformation

Durch die Konfiguration mit einer Transformationsvorschrift ist der Interpreter generisch, was die eigentliche Transformation angeht. Da bei der Durchführung der Transformation jedoch die jeweiligen Modellartefakte der Quelle oder des Ziels vom Interpreter gelesen oder geschrieben werden müssen, kann ein Interpreter nur für solche Modellartefakte genutzt werden, für die er technisch implementiert ist. Kurtev, Bézivin und Aksit prägen hierfür den Begriff *technological space (TS)* [25]. Da dieser Begriff in der Domäne der Modelltransformation weite Verbreitung findet, wird im Folgenden der englische Begriff verwendet.

Definition 18 (Technological Space nach Kurtev, Bézivin und Aksit)

Ein *technological space* (TS) ist ein Arbeitskontext mit einer Menge zugehöriger Konzepte, kontextuellen Wissen, Tools, benötigten Fähigkeiten und Möglichkeiten.

Betrachtet man nun eine Transformation, so operiert der Interpreter innerhalb eines solchen technological spaces. Dies bedeutet, dass eine Transformation nur innerhalb dieses begrenzten Raumes stattfinden kann. Soll nun eine Transformation zwischen Modellartefakten stattfinden, die in unterschiedlichen TS liegen, so muss erst eine Konvertierung eines Modellartefakts von dessen TS in den TS des anderen Modells stattfinden. Dieses Vorgehen ist in Abbildung 2.9 dargestellt und wird im Folgenden anhand eines Beispiel erklärt.

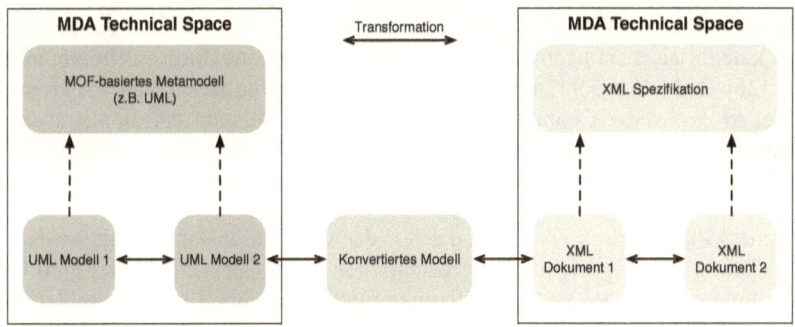

Abbildung 2.9: Transformationen in Bezug zum Technical Space

Beispiel

Im Folgenden wird an einem Beispiel nach Mens und Van Gorp der Zusammenhang zwischen technological space und Transformationen erläutert. Hierbei soll ein XML-Dokument, welches eine Klassenbeschreibung darstellt in ein UML-Klassendiagramm konvertiert werden. Die XML-Beschreibung liegt dabei innerhalb des technological space für XML, ein Klassendiagramm hingegen innerhalb des TS der MDA. Die Transformation der XML-Datei in ein UML konformes Modell kann in jedem der beiden TS geschehen.

Falls die Transformation im XML TS durchgeführt wird, wird XSLT benutzt werden, um die Eingabe in ein XML zu transformieren, welches der XMI Spezifikation der OMG genügt. Diese XMI-Ausgabe liegt immer noch im XML TS, da es sich auf technologischer Ebene um ein XML Dokument handelt. Um sie im Rahmen des MDA TS weiter zu verarbeiten, benötigt man einen Parser, der XMI-Dateien lesen und als entsprechende UML-Modell darstellen kann. Dies ist die Konvertierung vom XML TS in den MDA TS.

Möchte man die Transformation innerhalb des MDA technological space durchführen, so muss zunächst die Eingabe in diesen konvertiert werden. Dazu kann bspw. ein XML-Metaartefakt auf Basis der MOF erstellt werden. Anschließend kann aus der ursprünglichen XML-Eingabe ein Modellartefakt dieses Mete-Artefakts instanziiert werden. Dieses befindet sich nun im MDA TS, so dass die Transformation in das Ziel-Modell in diesem TS stattfinden kann.

2.2.1 Charakterisierung von Transformationen

Wie bereits beschrieben, sind Modelle als solche unterschiedlich in ihrer Ausprägung. Dies trifft sowohl auf den modellierten Inhalt als auch auf die modellierte Abstraktion zu. Eine Model-To-Model Transformation ist prinzipiell geeignet jedes Modell in ein anderes umzuformen. Um nun Transformationssprachen einordnen zu können, ist eine allgemeingültige Klassifikation nötig.

Visser gibt einen Überblick über verschiedene Arten von Transformationen und kategorisiert sie nach den Paradigmen, mit dem sie die Eingabe verarbeiten [26]. Jedoch beschränkt er sich auf die Transformation von Programmcode, so dass diese Charakterisierung nicht exakt passend ist, da nur an abstrakte Syntaxbäume angepasste Paradigmen und Transformationssprachen berücksichtig werden.

Czarnecki und Helsen erweitern die Art der von Visser durchgeführten Kategorisierung auf allgemeine Transformationen [27]. Auch hier findet eine Unterteilung anhand der von einer Transformationsmethode bereitgestellten Eigenschaften bereit. Diese wird mit Hilfe von hierarchischen Feature Diagrammen [28] durchgeführt. Dadurch lässt sich eine Einordnung verschiedener Transformationsarten auf Basis der unterstützten Features vornehmen. Die Eignung dieser Einordnung für einen konkreten Fall hängt direkt vom Aufbau der Hierarchie ab.

Um diese Einschränkung zu abzumildern führen Mens und Van Gorp im Gegensatz zur hierarchischen Klassifikation eine multi-dimensionale Taxonomie vor [24]. Hierbei findet die Beziehung der in der Transformation involvierten Modellartefakte und Meta-Artefakte zu einander Berücksichtigung, weshalb diese Klassifikation für die vorliegende Arbeit gut geeignet ist.

Wie oben beschrieben, findet eine Transformation immer innerhalb eines technological space statt. Basierend auf den Klassifizierungen von Mens und Van Gorp, kann eine Transformation charakterisiert werden, wenn man die Quelle und das Ziel in Beziehung zu einander setzt. Abbildung 2.10 zeigt die verschiedenen Arten der Transformation. Wichtig ist hierbei das Verhältnis Modellartefakt zu Meta-Artefakt, also die unterschiedlichen M-Ebenen.

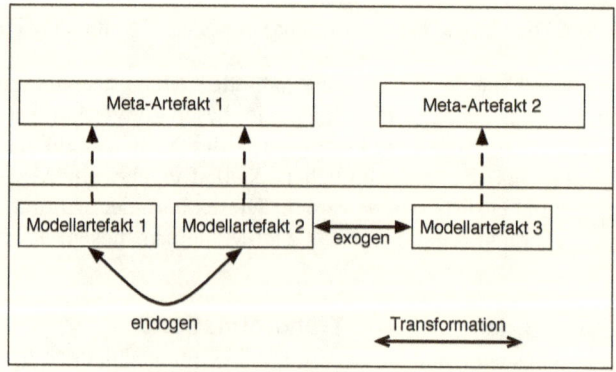

Abbildung 2.10: Endogene und Exogene Transformationen

Betrachtet man die Meta-Artefakte von Quelle und Ziel, so kann eine Transformation entweder ein Modellartefakt in ein anderes Modellartefakt des gleichen Meta-Artefakts transformieren oder in ein Modellartefakt eines anderen

Meta-Artefakts. Findet die Transformation innerhalb des gleichen Meta-Artefakts statt, so spricht man von einer *endogenen Transformation*, findet sie zwischen verschiedenen Meta-Artefakten statt, so handelt es sich um eine *exogene Transformation*.

Eine weitere Unterscheidung bietet die Abstraktheit der Quell- und Zielmodellartefakte. So kann eine Transformation entweder zwischen Elementen der gleichen M-Ebene oder zwischen Elementen in unterschiedlichen M-Ebenen stattfinden. Liegen sowohl Quelle als auch Ziel in der gleichen M-Ebene, so handelt es sich um eine *horizontale Transformation*. Im Falle von Elementen in unterschiedlichen M-Ebenen spricht man von einer *vertikalen Transformation*. Beides ist am Beispiel von Modellen und Instanzen in Abbildung 2.11 dargestellt.

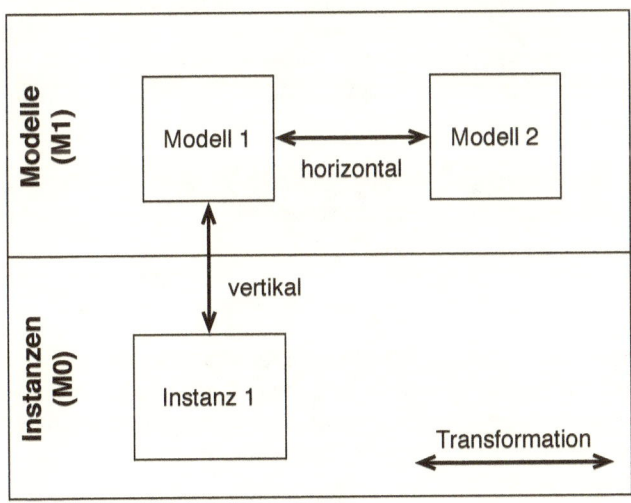

Abbildung 2.11: Horizontale und Vertikale Transformation

Schließlich lassen sich Tranformationen noch in Bezug zu ihrer Ausgabe kategorisieren. Wenn eine Transformation ein neues Modellartefakt als Ausgabe erzeugt, so spricht man von einer *out-place* Transformation. Verändert die Transformation hingegen nur das Eingabemodell, so handelt es sich um eine *in-place* Transformation.

2.2 Transformationen unter Berücksichtigung der Metamodellierung

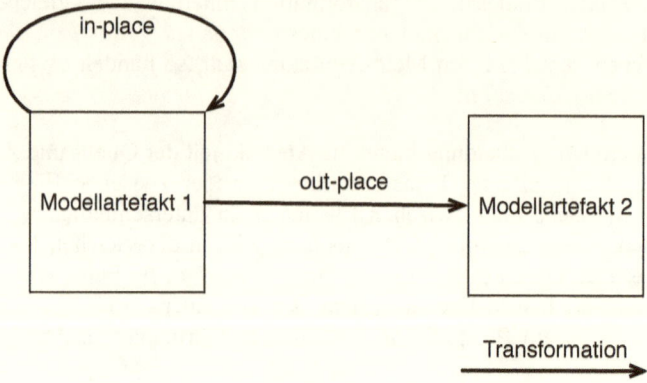

Abbildung 2.12: In-Place und Out-Place Transformationen

Tabelle 1 zeigt Beispiele aus dem Software Engineering für die verschieden charakterisierten Transformationsarten. Diese Tabelle ist von Mens und van Gorp entnommen.

	horizontal	vertikal
exogen	Migration der Programmiersprache	Generierung von Code
endogen	Refactoring	Formale Verfeinerungen

Tabelle 1: Beispiele von Transformationscharakterisierungen

2.2.2 Unterschiedliche Arten der Transformation

Abhängig davon, welche Ein- und Ausgaben einer Transformation zugeordnet sind, lassen diese sich in verschiedene Transformationsarten unterscheiden. Nach Definition 17, muss eine Transformation mindestens auf einer Seite ein Modellartefakt besitzen.

Eine Transformation, die als Eingabe kein Modell oder keine Instanz besitzt, jedoch eines als Ausgabe erzeugt, wird *To-Model* Transformation genannt. Diese Art von Transformation kann genutzt werden, um ein Klassendiagramm aus Quellcode zu erzeugen (Reverse Engineering).

Definition 19 (To-Model Transformation)

Eine *To-Model* Transformation ist eine Transformation, die ein Modellartefakt erzeugt.

Eine Transformation, welche als Eingabe ein Modellartefakt besitzt, als Ausgabe jedoch nicht, wird *From-Model* Transformation genannt.

> **Definition 20 (From-Model Transformation)**
>
> Eine *From-Model* Transformation, ist eine Transformation, deren Eingabe ein Modellartefakt ist.

Die beiden verbreitetsten Varianten dieser Transformation sind *Model-To-Text* und *Model-To-Model* Transformationen. Prinzipiell können aber auch andere Ergebnisse wie beispielsweise Bilder entstehen. Jedoch spielen Model-To-Text und Model-To-Model Transformationen jeweils eine tragende Rolle in der modellgetriebenen Softwareentwicklung, so dass sie jeweils noch einzeln kategorisiert werden.

Eine Model-To-Text Transformation, als Spezialisierung der From-Model Transformation, findet sich in der Codegenerierung. Mit ihrer Hilfe wird aus Klassendiagrammen Quellcode erzeugt.

> **Definition 21 (Model-To-Text Transformation)**
>
> Eine *Model-To-Text (M2T)* Transformation ist eine Transformation, dessen Eingabe ein Modellartefakt und dessen Ausgabe Text ist.

Eine weitere spezielle Art der oben beschriebenen Transformationen ist die Model-To-Model Transformation. Da eine Model-To-Model Transformation sowohl als Eingabe als auch als Ausgabe Modelle oder Instanzen besitzt, ist sie nach obigen Definitionen sowohl eine From-Model als auch eine To-Model Transformation. Model-To-Model Transformationen finden sich in der MDA an vielen Stellen, wenn Modelle oder Instanzen in einander umgewandelt werden müssen. Ein Beispiel hierfür ist die Umwandlung von PIM in PSM. Auch im Rahmen des in dieser Arbeit vorgestellten Prozesses spielen sie eine wichtige Rolle.

> **Definition 22 (Model-To-Model Transformation)**
>
> Eine *Model-To-Model (M2M)* Transformation ist eine Transformation, deren Eingabe und Ausgabe jeweils ein Modellartefakt ist.

2.2.3 Transformationsvorschriften und -sprachen

Ein Interpreter benötigt eine Transformationsvorschrift um die eigentliche Transformation durchführen zu können. Diese gibt zunächst an, welche Eingaben der Interpreter lesen und welche Ausgaben er erstellen muss und wie diese mit den entsprechenden, höheren Ebenen (Modellen oder Metamodellen) in Zusammenhang stehen. Dies führt zur Definition für Transformationsvorschriften:

> **Definition 23 (Transformationsvorschrift)**
>
> Eine *Transformationsvorschrift* enthält Angaben zu Quellen und Zielen der Transformation sowie dessen Beziehungen in die nächsthöhere M-Ebene. Außerdem enthält sie eine Menge von Regeln, welche die Abbildung von Elementen der Quelle in Elemente des Ziels angibt.
>
> Eine Transformationsvorschrift muss von einem Interpreter ausgewertet werden, um eine Transformation durchzuführen.

Nach dieser enthält eine Transformationsvorschrift noch Regeln, welche die eigentliche Transformation beschreiben. Definition 24 gibt eine Definition für Transformationsregeln an. Diese ist von Kleppe, Warmer und Bast übernommen [23].

> **Definition 24 (Transformationsregel nach Kleppe, Warmer und Bast)**
>
> Eine *Transformationsregel* gibt an, wie ein oder mehrere Elemente eines Eingangselements auf ein oder mehrere Elemente des Ausgangselements abgebildet werden.

Die Transformationenregeln können dabei auf verschiedene Arten angegeben werden. Üblich sind textuelle Beschreibungen in einer spezifischen Sprache. Für Transformationen, wie etwa der Abbildung von XML-Elemente in einer XSL-Transformation, finden sich auch graphische Editoren. Ebenso werden Triple-Graph-Grammatiken meistens graphisch dargestellt.

Basierend auf der Taxonomie von Mens und Van Gorp [24], sowie auf der Klassifikation von Czarnecki und Helsen [27], lassen sich textuelle Regeln bzw. die Sprachen in denen diese angegeben sind, auf Basis der verwendeten Sprachparadigmen einteilen.

Direkte Manipulation
Die direkte Manipulation von Modellen bedient sich einer schon vorhandenen allgemeinen Programmiersprache, für die eine Bibliothek zur Manipulation der verwendeten Modellierungsmethodik zur Verfügung steht. Für Modelle und Instanzen, welche auf dem ECore-Metamodell basieren, und somit das Eclipse Modelling Framework benutzen, eignet sich z.B. Java für die direkte Manipulation.

Der Vorteil, die Regeln einer Transformation auf diese Art zu spezifizieren ist, dass eine schon existierende Sprache benutzt wird. Dies verkürzt die Einarbeitungszeit für einen Entwickler, da keine neue Sprache oder Entwicklungsumgebung erlernt werden muss. Gleichzeitig kann jede mögliche Transformation durchgeführt werden, da die Programmiersprache keinerlei Einschränkungen der Programmierkonstrukte vorsieht.

Ein Nachteil bei dieser Art der Regelbeschreibung ist, dass keine speziellen Sprachkonstrukte für die Transformation vorgesehen sind. Dies kann bei größeren Transformationen zu unnötig komplizierten Regeln führen, die schlecht zu warten sind.

Operationale / Imperative Sprachen

Operationale oder imperative Sprachen (z.B. beschrieben von Sprinkle et.al. [29]) legen den Fokus auf die Beschreibung, *wie* die Transformation durchgeführt werden soll.

Imperative Sprachen folgende dabei dem gleichen Paradigma wie Programmiersprachen (z.B. Java oder C++). Im Unterschied zu diesen allgemeinen Sprachen bieten sie nur eine eingeschränkte Syntax, die auf den Zweck des Transformierens ausgelegt ist. Dadurch werden sie im Vergleich zu diesen kompakter, sind jedoch nur für den ausgelegten Zweck nützlich.

Im Gegensatz zu deklarativen Sprachen bieten sie volle Kontrolle über den Kontrollfluss während der Transformation. Dies ist notwendig, wenn eine Ordnung der transformierten Elemente garantiert werden muss, was durch deklarative Sprachen nicht möglich ist.

Der Nachteil hierbei ist, dass die bei deklarativen Sprachen implizit vorhandenen Methoden zum Durchlaufen der Elemente der Quelle und zur Erzeugung von Elementen des Ziels hier explizit angegeben werden müssen.

Deklarative / Relationale Sprachen

Deklarative oder relationale Sprachen geben an, *was* transformiert werden soll. Dabei werden die Beziehungen zwischen Quelle und Ziel durch die Angabe von Relationen festgelegt.

Der Vorteil ist, dass keine Aussage darüber getroffen werden muss, wie die Transformation durchgeführt wird. Dadurch sind deklarative Sprachen meist sehr kompakt. Um eine feingranularere Kontrolle über die Transformationen zu bekommen, lassen sich die zu transformierenden Elemente für eine Regel durch Einschränkungen (z.B. in OCL [30]) auswählen. In vielen Fällen sind deklarative Sprachen bidirektional, da sich die Relationen umkehren lassen. Dies ist ein Vorteil gegenüber der direkten Manipulation oder operationalen Sprachen, in denen dies meist nur sehr eingeschränkt oder gar nicht möglich ist.

Der Nachteil dieser Art von Sprachen ist, dass, außer dem Anwenden von Constraints, keine Möglichkeit besteht, gezielt auf den Transformationsprozess einzuwirken. Dies führt im schlimmsten Fall dazu, dass eine gewünschte Transformation nicht durchgeführt werden kann. Akehurst und Kent stellen in [31] ein Beispiel für eine deklarative Regelbeschreibung vor.

Hybride Sprachen
Hybride Sprachen kombinieren deklarative und imperative Sprachanteile. Je nach Sprache ist eins der beiden Paradigmen im Vordergrund und wird hauptsächlich benutzt. Falls nötig können jedoch auch Methoden des jeweils anderen Paradigmas benutzt werden.

Graph-basierte Sprachen
Da Modelle oftmals als Graph implementiert werden können, bieten Graph-basierte Sprachen ebenfalls Unterstützung für die Transformation. Sie basieren darauf, das die Transformationsbeschreibung durch Graphtransformationen durchgeführt werden kann. Eine der bekanntesten Arten der graph-basierten Transformationsbeschreibungen sind die Triple Graph Grammars (TGG), wie Schürr sie beschreibt [32]. Triple Graph Grammars werden in Kapitel 8 bei den verwandten Arbeiten genauer beschrieben.

2.2.4 TransformationCore – Eine beispielhafte M2M-Sprache
Innerhalb dieser Arbeit wird mit TransformationCore (TC) eine eigene M2M-Sprache verwendet. Diese besteht aus einer domänenspezifischen Sprache zur Beschreibung der Transformation und einem Interpreter um diese Beschreibungen auszuführen. Als techological space für TransformationCore wurde das Eclipse Modelling Framework gewählt. TC arbeitet mit allen Modellen zusammen, die auf Basis des ECore-Metamodells erstellt wurden.

Im Vergleich mit etablierten Sprachen wir ATL [33] oder QVT [34], bietet TranslationCore nur geringe Möglichkeiten, jedoch hat sie zwei, für diese Arbeit wesentliche, Vorteile:

- Sie ist direkt für den Zweck der Arbeit entworfen worden. Dies bedeutet, dass bewusst mächtigere Sprachkonstrukte, die jedoch im Rahmen dieser Arbeit nicht benötigt werden, weggelassen wurden. Dies macht das Nachvollziehen der gezeigten Beispiele einfacher.
- Da sie vollständig selbst entwickelt wurde, können sämtliche Erweiterungen schnell und selbst durchgeführt werden. Dies ist bei einer komplexen Implementierung wie ATL nur sehr umständlich möglich.

TransformationCore ist als eine deklarative, regelbasierte Sprache entworfen. Sie unterstützt sowohl horizontale wie auch vertikale Transformationen. Ebenso werden endogene und exogene Transformationen unterstützt. Eine Transformation ist immer out-place. Die komplette Grammatik, im Form der EBNF-Notierung [35] von XText, ist in Listing 3 zu sehen.

Listing 2 zeigt eine einfache Transformation. Ausgangspunkt ist hier ein Use Case Modell. Diese besitzt ein `UseCaseSet`, welches die einzelnen `Use-Case`-Elemente enthält. Ziel ist ein Dokumentenmodell, welches in Kapitel 3 vorgestellt wird. Das gezeigte Beispiel erzeugt zunächst eine Instanz der Klasse `Document` pro `UseCaseSet`, die eine Überschrift (`DocumentHea-`

ding) und dann für jedes hierin enthaltene `UseCase`-Element eine Tabelle erhält. In dieser wird anschließend eine Zeile mit zwei Zellen erzeugt, die links den Text „Use Case Id" und rechts den Wert des Attributs `id` des Use Cases enthält.

```
sourceModel "models/UseCase.ecore" targetModel "mo-
dels/DocumentModel.ecore"
transform "models/usecaseset.xmi" to "models/out.xmi"

UseCaseSet -> Document {
  content <- DocumentHeading {
    level <- 2
    text <- "Use Cases"
    subContent <- #useCases
  }
  content <- DocumentParagraph
}

UseCase -> DocumentParagraph

UseCase -> DocumentTable {
  rows <- DocumentTableRow {
    cells <- DocumentTableCell {
      subContent <- DocumentParagraph {
        pieces <- DocumentTextPiece {
          text <- "Use Case Id"
        }
      }
    }
    cells <- DocumentTableCell {
      subContent <- DocumentParagraph {
        pieces <- DocumentTextPiece {
          text <- id
        }
      }
    }
  }
}
```

Listing 2: Beispiel einer einfachen Transformation

Eine Transformationsbeschreibung in TransformationCore besteht immer erst aus den Metainformationen, Quell- und Ziel-Modell, gefolgt von Quell- und Zielinstanzen. Danach werden die Regeln angegeben. Eine Regel gibt an, für welches Element in der Quellinstanz sie zuständig ist und wie dieses Element auf die Elemente der Zielinstanz abgebildet wird. Für die einzelnen Elemente in der Zielinstanz wird wiederum angegeben, wie sie mit Werten belegt werden. Diese Werte können Konstanten oder wiederum neue Klassen sein. Ebenso kann ein Regelaufruf durchgeführt werden. In diesem Fall wird das Attribut der Quellinstanz mit dem angebenden Namen auf Basis der Regeln für dessen Typ transformiert. Um eine Einschränkung bei der Auswahl der zu verarbeitenden Elemente zu ermöglichen, bietet TranslationCore einen einfachen Mechanismus, einen Parameter an Regeln anzuhängen. Hierbei werden nur diejenigen Regeln betrachtet, die den aktuell eingestellten Parameter entsprechen.

2.2 Transformationen unter Berücksichtigung der Metamodellierung

Die Einstellung des aktuellen Parameters findet beim Aufruf einer Regel als Unterelement einer Transformation statt.

```
Transformation:
  files=FileConfiguration
  patterns+=StructuralPattern*
  rules+=Rule+;

StructuralPattern:
  "pattern" name=ID "(" (parameterName+=ID ("," parameterName+=ID)*)? ")"
  "->" classValue=NewClassValue;

FileConfiguration:
  "sourceModel" sourceModel=STRING "targetModel" targetModel=STRING
  "transform" inputFile=STRING "to" outputFile=STRING;

Rule:
  inputModel=ID ("[" parameter=ID "]")? "->" classValue=NewClassValue;

NewClassValue:
  className=ID "{" attributes+=AttributeTransformation* "}";

AttributeTransformation:
  useParent="_parent."? attribute=ID "<-"
    (value=PatternCall   | value=NewClassValue   |
     value=Constant      | value=RuleCall        | value=AccessFieldRule)
    ("+" (concatValue+=Constant | concatValue+=AccessFieldRule))*;

PatternCall:
  pattern=[StructuralPattern|ID] "("
    ((parameters+=RuleCall | parameters+=AccessFieldRule |
      parameters+=Constant) ("," (parameters+=RuleCall |
      parameters+=AccessFieldRule | parameters+=Constant))*)? ")";

Constant:
        BooleanConstant | StringConstant | IntegerConstant;

StringConstant:
        value=STRING;

IntegerConstant:
        value=INT;

BooleanConstant:
        trueValue="true" | falseValue="false";

RuleCall:
        "#" value=ID ("." subValue+=ID)* ("[" parameter=ID "]")?;

AccessFieldRule:
        association=ID ("." properties+=ID)*;
```

Listing 3: Grammatik von TransformationCore

2.3 Strukturierte, ausgezeichnete Dokumente

Der Terminus *Dokument* bezeichnet allgemein eine Sammlung von Informationen in schriftlicher Form. Andere Formen der Informationssammlung werden üblicherweise entsprechend Ihrer Aufzeichnungsform als Präfix an das Wort „Dokument" vorangestellt (z.B. Video-Dokument, Audio-Dokument).

Im Rahmen dieser Arbeit soll für den Terminus Dokument die folgende Definition gelten:

> **Definition 25 (Dokument)**
>
> Ein *Dokument* ist eine Datei, deren Inhalt aus Text besteht. Für die Ansicht und Bearbeitung des Textes wird ein Editor benötigt, welcher den Inhalt der Datei für Menschen lesbar darstellt.

Üblicherweise werden jedoch nicht nur rein textuelle Dokumente erstellt. Sieht man sich beispielsweise eine Anforderungsspezifikation oder ein Entwurfsdokument an, so stellt man schnell fest, dass zusätzlich zu den reinen Textinformationen weitere Arten von Inhalt enthalten sind. Dies sind z.B. Bilder um UML-Diagramme darzustellen oder Verlinkungen auf andere Teile des Dokuments oder externe Quelle. Zusätzlich finden sich in diesen Arten von Dokumenten auch Strukturierungsinformationen wie Überschriften oder Tabellen. Solche Dokumentarten werden im Folgenden *strukturierte Dokumente* genannt.

> **Definition 26 (Strukturiertes Dokument)**
>
> Ein *strukturiertes Dokument* ist ein Dokument, welches zusätzlich zu den Inhalten Informationen darüber enthält, wie die enthaltenen Inhalten in Relation zu einander stehen und wie sie formatiert sind.

2.3.1 Eingebettete Strukturen in strukturierten Dokumenten

Nach obiger Definition, beinhaltet ein strukturiertes Dokument Informationen darüber, wie die Inhalte zu einander angeordnet sind. Die Anordnung der Dokumentinhalte lässt sich aufteilen in die *physische* und die *logische* Struktur.

Die *physische Struktur* eines Dokuments gibt an, wo sich ein Element im Dokument befindet. Dabei wird der 2D-Raum des dargestellten Dokuments zur Beschreibung herangezogen. Abbildung 2.13 zeigt ein Beispiel für die physische Struktur. Die Elemente sind hier in einem imaginären Raster angeordnet.

2.3 Strukturierte, ausgezeichnete Dokumente

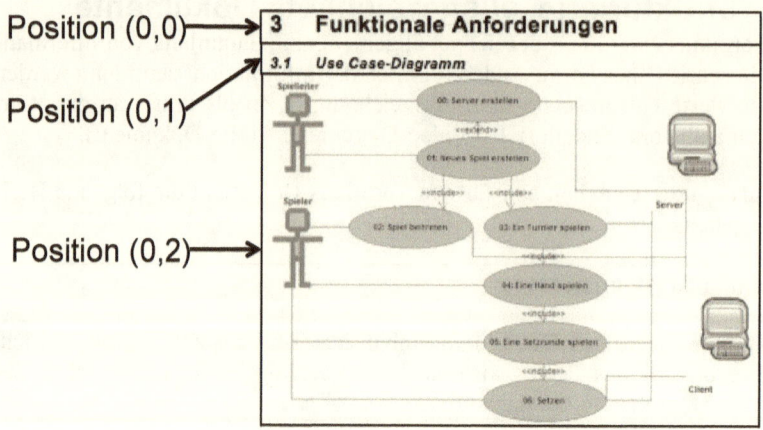

Abbildung 2.13: Physische Struktur eines Dokuments

Um ein strukturiertes Dokument für einen Leser anzuzeigen, genügt üblicherweise die physische Struktur, da es bei diesem Einsatzzweck nur um die korrekte Darstellung geht. Diese Art der Speicherung von Strukturen in einem strukturiertem Dokument findet sich bspw. im Portable Document Format (PDF) [36].

Sollen aber Informationen aus strukturierten Dokumenten extrahiert werden, genügt die reine physische Struktur oftmals nicht. Hier sind neben der physischen Anordnung der Elemente ebenso die Beziehungen untereinander von Bedeutung. Dies wird mit der *logischen Struktur* eines strukturierten Dokuments bezeichnet. Diese ist in Abbildung 2.14 zu sehen.

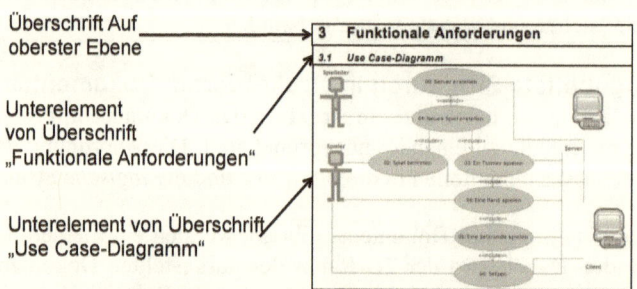

Abbildung 2.14: Logische Struktur eines Dokuments

Wie ebenfalls in Abbildung 2.14 zu sehen, sind die jeweiligen Oberelemente benannt (*Überschrift*). Dies ist die *semantische Einordnung* eines Elements. Um diese Informationen aus einem strukturiertem Dokument zu erhalten, gibt es prinzipiell zwei Möglichkeiten: Zum einen kann auf Grund der Eigenschaften des Elements versucht werden, diese semantische Einordnung zu synthetisieren. Dieses Verfahren ist jedoch bestenfalls heuristisch und kann daher zu

Fehlern führen. Eine bessere Methode ist es, wenn die semantische Einordnung im Dokument selbst vorhanden ist. Viele Dokumentarten (wie z.B. HTML, Latex oder Word) erlauben die Auszeichnung von Dokumentelementen um so deren semantische Einordnung festzulegen. Diese semantische Einordnung hat dann Auswirkungen auf die logische Struktur des strukturierten Dokuments.

3 Ein kanonisches Dokumentenmodell

Um es zu ermöglichen, implizite Modelle strukturiert zu verarbeiten, ist es zunächst notwendig ein Modell für strukturierte Dokumente zu definieren. Ein definiertes Dokumentenmodell kann als zentrales Element für einen Prozess zur Synchronisierung dienen, indem es die Kompatibilität der einzelnen Prozessschritte miteinander ermöglicht. Aus programmiertechnischer Sicht erfüllt ein kanonisches Dokumentenmodell, welches konkrete Dateiformate abstrahiert, das Prinzip des *program to an interface*.

Ein kanonisches Dokumentenmodell erlaubt, auf dessen Basis Verfahren für die Bearbeitung von strukturierten Dokumenten zu definieren. Da das Modell feststeht, steht allen Verfahren die gleiche Referenz zur Verfügung, so dass sie über das kanonische Dokumentenmodell miteinander interagieren können. Instanzen dieses Modells sind unabhängig von den ursprünglichen Eingabeformaten, so dass Besonderheiten eines Formats nur beim Instanziieren und beim nachgelagerten Erstellen von Dateien beachtet werden müssen. Aus Sicht der MDA dient ein kanonisches Dokumentenmodell als PIM, da es keinen konkreten Zusammenhang mehr zum tatsächlichen Dateityp gibt. Erstellt man auf Grundlage einer Dokumentenmodellinstanz ein strukturiertes Dokument, so benötigt man das Wissen darüber, wie welche Elemente abzubilden sind, es findet also eine Transformation in ein PSM statt, aus welchem schließlich die konkrete Datei erstellt wird. Die Plattform wird hier durch die konkreten Dateiformate (.doc, .odf,...) gebildet.

Da strukturierte Dokumente nach Definition 26 durch verschiedene Programme mit unterschiedlichen Fähigkeiten erzeugt werden können, kommt es vor, dass die konkreten Dateiformate, wie z.B. .doc oder .odf, unterschiedliche Eigenschaften unterstützen. Ein Nachteil bei einem allgemeinen Modell ist, dass nicht alle Eigenschaften jedes strukturierten Formats abgebildet werden können. Daher muss bei der Definition eines kanonischen Dokumentenmodells darauf geachtet werden, dass die wesentlichen Eigenschaften aller untersuchten Dokumentenformate enthalten sind. Diese Eigenschaften sind solche, welche von allen untersuchten Dokumentenformaten unterstützt und in den betrachteten Dokumenten benutzt werden.

3.1 Eigenschaften eines Dokumentenmodells

Wie in Abschnitt 2.1 beschrieben, dienen Modelle dazu, ein Abbild eines Originals zu erstellen. Ziel dieser Abbildung ist es, das Original handhabbar zu machen. Im Kontext dieser Arbeit sollen Dokumente als Elemente der realen Welt angenommen werden und dadurch als Original dienen.

Modelle von Dokumenten sind transitiv, wie von Ludewig beschrieben [10]. Da sie nur den Inhalt eines Dokuments enthalten, sind sie ebenfalls deskriptiv. Sobald sie durch Export von Modellartefakten dazu dienen, ein neues Dokument zu erstellen (oder das ursprüngliche zu verändern), dienen sie als Vorschrift für das zu erstellende Modell; sie werden zu präskriptiven Modellen.

3.1.1 Abundante und präterierte Elemente im Dokumentenmodell

Nach der Definition von Stachowiak muss ein Modell nützlich für einen Zweck sein. Das zu definierende Dokumentenmodell ist nützlich für den Zweck strukturierte Dokumente in einer definierten Struktur abzubilden, die zudem programmatisch verarbeitet werden kann. Zusätzlich zur Erfüllung des Nützlichkeitskriteriums, wird von Modellen noch gefordert, dass sich relevante Eigenschaften des Originals auf das Modell abbilden lassen ebenso wie die Reduktion von präterierten Eigenschaften des Originals. Die relevanten Eigenschaften eines Dokuments sind diejenigen, welche die Struktur und den Inhalt eines Dokuments beschreiben. Diese relevanten Attribute des Originals werden in den folgenden Abschnitten besprochen.

Weiterhin ist auch die Visualisierung des Dokuments relevant. Diese ist jedoch nicht direkt Bestandteil des Dokuments, sondern wird aus den vorhandenen Elementen und deren Werten erstellt. Ein Beispiel ist eine Überschrift: Diese enthält nicht direkt Informationen darüber, wie sie bei der Anzeige dargestellt wird, sie enthält lediglich den Text, der dargestellt werden soll und das Level, auf dem sie sich befindet. Die tatsächliche Visualisierung (z.B. Arial, 20pt, fett, 6pt Abstand zum nachfolgenden Text) wird vom Visualisierer (z.B. dem Textverarbeitungsprogramm) zur Anzeigezeit festgelegt. Modelliert man ein strukturiertes Dokument mit einem Dokumentenmodell, so ist die Visualisierung des Dokuments eine Modellrepräsentation nach Definition 11.

> **Definition 27 (Visualisierung eines Dokuments)**
>
> Die *Visualisierung eines Dokuments* ist die Darstellung des der Dokumentenstruktur und dessen Inhalt in einem Anziegeprogramm. Sie basiert auf den im Dokument enthaltenen Elementen, wird jedoch erst zur Anzeigezeit vom Anzeigeprogramm festgelegt.

In einigen Fällen kann es vorkommen, dass die ursprüngliche Dokumentenstruktur durch eine Transformation verändert wird. Will man in diesem Fall die ursprüngliche Visualisierung erhalten, etwa weil die Transformation reversibel sein soll, so müssen hierfür (abundante) Elemente im Modell erstellt werden. Ein Beispiel hierfür kann eine Aufzählung, wie in Abbildung 3.1 dargestellt, sein. In diesem Fall wird die Aufzählung durch die Verwendung von Textelementen erstellt.

* Aufzählungspunkt
* Weiterer Aufzählungspunkt

Abbildung 3.1: Aufzählung als Textelemente

Für die Verarbeitung auf Basis des Dokumentenmodells kann sie nun in ein Aufzählungselement transformiert werden. Unter der Annahme, dass die Visualisierung der ursprünglichen Aufzählung vom Autor des Dokuments so gewünscht war, muss ein Verweis auf die Herkunft der Aufzählung gespeichert werden. Dadurch kann, wenn die Aufzählung wieder als Dokument ausgegeben wird, die gleiche Konstruktion erreicht werden, was im Endeffekt wieder zu der gewünschten Visualisierung führt.

3.2 Elemente strukturierter Dokumente

Um den Möglichkeiten aktueller Textverarbeitungsprogramme genüge zu tun, muss ein kanonisches Dokumentenmodell strukturierte Dokumente nach Definition 26 abbilden können. Um dies zu gewährleisten, werden im Folgenden die Elemente von strukturierten Dokumenten in zwei Kategorien eingeteilt:

- **Strukturelle Elemente**
  Diese Kategorie enthält alle die Elemente, welche das Dokument einteilen. Diese Elemente dienen nicht direkt dem Inhalt, so dass dieser ohne die Struktur auch noch erkennbar wäre.
- **Inhaltliche Elemente**
  Diese Kategorie enthält alle die Elemente, welche den eigentlichen Inhalt des Dokuments bilden. Im Gegensatz zu den strukturellen Elementen sind die inhaltlichen Elemente notwendig, um die Informationen aus dem Dokument zu entnehmen. In diese Kategorie fällt z.B. der Text eines Dokuments.

Bedingt durch diese Trennung der Elemente des Dokumentenmodells gibt es auch solche Elemente, die sich nicht eindeutig einordnen lassen. Aufgrund der Berücksichtigung der Visualisierung müssen z. B. auch Auszeichnungen von Text (fett, kursiv, ...) oder der Text einer Überschrift berücksichtigt werden. Um solche Elemente dennoch in eine der beiden obigen Kategorien einzuordnen, wurde jeweils die primäre Aufgabe der Elemente untersucht. Anhand dieser erfolgte die Einordnung. Die weiteren Eigenschaften wurden dann als Attribute des jeweiligen Modellelements modelliert.

3.2.1 Auswahl der relevanten Elemente

Um zu entscheiden, welche Elemente eines strukturierten Dokuments für ein Dokumentenmodell relevant sind, wurden verschiede Arten von Dokumenten untersucht und die in dem jeweiligen Dokument vorkommenden Elemente betrachtet.

Für diese Untersuchung wurden die folgenden Dokumenttypen untersucht

Anforderungs-, Entwurfs, und Prototypspezifikationen

Dokumente dieser Art wurden aus dem am Fachgebiet Software Engineering durchgeführten studentischen Softwareprojekten entnommen. Ebenso wurden Dokumente aus dem NTH-Forschungsverbund Global Software Engineering (GloSE) untersucht.

Weiterhin wurden beispielhafte Spezifikationen aus dem Internet übernommen, wie bspw. die „Steam-boiler control specification" [37] oder die Spezifikation des Türsteuergeräts [38], um die Auswahl auf Dokumenten auszuweiten, die nicht im direkten Umfeld des Fachgebiets entstanden sind.

Diese Dokumentarten sind besonders für die Untersuchung geeignet, da sie einen Großteil des Softwareentwicklungsprozesses abdecken.

LID-Ergebnisse

Eine weitere Art von Dokumenten sind die Ergebnisse von LIDs [39], also der leichtgewichtigen Sammlung von Erfahrungen zu einem Projekt. Diese sind dem Teilbereich des Wissens- und Erfahrungsmanagements zuzuordnen und daher auch als Software Engineering Dokumente geeignet.

Meeting-Protokolle aus e performance

Im Rahmen des Forschungsprojekts *e performance* ist ein Prozess zur Nutzung von Meetings-Protokollen als eine Quelle für das Wissensmanagement entstanden [40]. Diese Protokolle dienten ebenso als Eingabe für die Untersuchung

Strukturelle Elemente

Zunächst wurde untersucht, welche wesentlichen strukturellen Elemente in den Eingabedokumenten vorkommen. Diese Strukturen sind in Tabelle 2 dargestellt.

Da das Dokumentenmodell unabhängig von konkreten Dokumentformaten definiert werden soll, wurden danach verschiedene Auszeichnungssprachen verglichen um eine Schnittmenge der unterstützten Strukturen zu bilden. Hierzu wurden Word (als Vertreter für aktuelle Textverarbeitungsprogramme), HTML in der Version 5, WikiCode, DocBook und LaTeX untersucht. Word ist als Stellvertreter geeignet, da jedes aktuelle Textverarbeitungsprogramm Worddateien (.doc, .docx) erstellen kann. Für WikiCode wurde das Markup der Wikipedia (MediaWiki) sowie das Markup von Confluence untersucht, um zwei Varianten mit großer Verbreitung zu analysieren. Tabelle 2 zeigt einen Überblick über die vorhandenen Strukturen.

Struktur	Word	HTML 5	WikiCode	DocBook	LaTeX
Überschriften	x	x	x	x	x
Absätze	x	x	x[1]	x	x[1]
Aufzählungen	x	x	x	x	x
Tabellen	x	x	x	x	x
Generierte Verzeichnisse	x			x	x
Umgebungen	x				x
Kopf-/Fußzeilen	x				x

Tabelle 2: Übersicht über strukturelle Elemente unterschiedlicher Auszeichnungssprachen (Stand: 15.05.2012)

Wie zu sehen ist, werden Überschriften, Absätze, Aufzählungen und Tabellen von allen Formaten unterstützt, so dass diese Konzepte in ein gemeinsames Modell abstrahiert werden können.

Generierte Verzeichnisse werden nicht von allen Formaten unterstützt, können jedoch aus den unterstützen Strukturen wiederum generiert werden (z. B. ein Inhaltsverzeichnis aus den Überschriften). Sie werden daher nicht im Dokumentenmodell modelliert.

Umgebungen dienen dazu, bestimmte Eigenschaften eines strukturierten Dokuments innerhalb dieser Umgebung einzustellen. So können z.B. Seitenzahlen innerhalb einer Umgebung auf römische Zahlen eingestellt sein, während sie außerhalb dieser Umgebung durch arabische Ziffern dargestellt werden. Umgebungen fanden sich nur in sehr wenigen untersuchten Dokumenten. Die in diesen Fällen eingestellten Eigenschaften ließen sich durch konkrete Zuweisung von Werten an Modellattribute reproduzieren, so dass Umgebungen nicht in das Dokumentenmodell aufgenommen wurden.

Kopf- und Fußzeilen, werden zwar in einigen Dokumenten benutzt, sind jedoch nicht von allen Dokumentenformaten unterstützt. Um hier eine Kompatibilität zwischen allen Formaten über das Dokumentenmodell zu erreichen, wurden Kopf- und Fußzeilen ebenfalls nicht im Dokumentenmodell modelliert.

Inhaltliche Elemente
Bei der Definition der inhaltlichen Element, wurde wie bei der Definition der strukturellen Elemente vorgegangen. Auch hier wurde untersucht welche inhaltlichen Elemente in den Eingabedokumenten vorhanden sind. Dies sind im Wesentlichen die folgenden vier Elemente:

---

[1] Implizite Defintion

- Text
- Umbrüche
- Verknüpfungen und Ziele von Verknüpfungen
- Bilder

Diese Elemente bilden die inhaltlichen Elemente des Dokumentenmodells. Wie oben beschrieben, wurde hier die Primärfunktion der untersuchten Elemente zur Kategorisierung herangezogen. Texte bilden somit zuerst einmal den Inhalt eines Dokuments. Jedoch ist zu beachten, dass auch die Binnenformatierung der Texte betrachtet werden kann, um die Intention des Autors zu ermitteln. Diese Eigenschaften wurden als Attribute den jeweiligen Modellelementen angefügt.

Ein weiteres Element, welches während der Untersuchung gefunden wurde, sind Formeln. Eine Darstellung von Formeln würde das Dokumentenmodell an dieser Stelle zu sehr in eine Richtung ausarten lassen, so dass sie bewusst nicht modelliert wurden. Prinzipiell lassen sich Formeln jedoch als Bilder, welche die Formel darstellen, abbilden. Eine andere Möglichkeit ist ein Textelement, welches die Formel in einer Formelbeschreibungssprache wie z.B. MathML enthält.

3.3 Beschreibung des Modells

Der zuvor geforderten Einteilung in strukturelle und inhaltliche Elemente trägt das definierte Dokumentenmodell Rechnung. Konkret ist dies durch unterschiedliche Vererbungsbeziehungen innerhalb des Modells realisiert. Das vollständig definierte kanonische Dokumentenmodell ist in Abbildung 3.2 dargestellt. Die beschriebene Einteilung ist durch die beiden Interfaces `DocumentContent` und `ParagraphPiece` gegeben. Im Modell sind die Elemente modelliert, die in Abschnitt 3.2 beschrieben werden.

Um das kanonische Dokumentenmodell richtig einsetzen zu können, werden im Folgenden die einzelnen Elemente des Modells detailliert erklärt. Für jedes Element wird eine Einordnung in den strukturellen oder inhaltlichen Bereich vorgenommen. Anschließend wird die technische Implementierung des Modellelements besprochen.

3.3.1 Modellierung struktureller Elemente

Die strukturellen Elemente des kanonischen Dokumentenmodells leiten sich direkt oder indirekt vom Interface `DocumentContent` ab. Bei strukturellen Elementen, die aus mehreren Modellelementen bestehen (z.B. Tabellen), ist nur die oberste Hierarchieebene des Gesamtelements von `DocumentContent` abgeleitet. Die weiteren Unterelemente sind durch eine Aggregation an ihr jeweiliges Oberelement gebunden.

Jedes Element verfügt dabei über ein Attribut `style` vom Typ `String`. Zweck dieses Attributes ist es, einen Hinweis auf die gewünschte Visualisierung zu speichern. Dieses Element wird vom Visualisierer ausgewertet. Weiterhin verfügt jedes von `DocumentContent` abgeleitete Element über das abundante Attribut `pattern`, ebenfalls vom Typ `String`. Dieses Attribut dient als Referenz, falls eine Struktur nicht aus dem Dokument selbst, sondern durch Transformation entstanden ist. Dies wird in Abschnitt 4.1.4 detaillierter erklärt.

Im Folgenden werden die vier strukturellen Elemente und deren Modellierung durch das kanonische Dokumentenmodell beschrieben.

Überschriften

Eine Überschrift ist durch die Klasse `DocumentHeading` modelliert. Die zwei relevanten Attribute für eine Überschrift sind der Text, der im Dokument angezeigt wird und die Ebene, der sie im strukturierten Dokument zugewiesen ist. Der anzuzeigende Text ist durch das Attribut `text` vom Typ `String`, die Zuordnung zu einer Ebene im Dokument ist durch das Attribut `level` vom Typ `Integer` modelliert.

Die Konsistenz von verwendeten Ebenen durch Überschriften wird im Modell nicht überprüft. So ist es beispielsweise erlaubt, in einem Dokument nur Überschriften auf der zweiten Ebene zu haben, die erste Ebene aber nicht zu besetzen. Grund hierfür ist die Erhaltung des ursprünglichen Dokuments, welches die Absicht des Erstellers enthält. Da diese im Dokument enthaltene Struktur nicht in jedem Fall auch der tatsächlichen Absicht des Erstellers entsprechen muss, sondern es sich hierbei auch um einen Fehler beim Erstellen handeln kann, ist es möglich solch eine Prüfung nach der Instanziierung auf der Modellinstanz durchzuführen.

Die auf eine Überschrift folgenden Strukturen sind ebenso wie die Überschrift selbst einer Ebene im Dokument zugeordnet; der Ebene der Überschrift. Daher enthält eine Überschrift zusätzlich die Relation `subContent`, welche eine geordnete Liste von Strukturelementen enthält, welche der Überschrift untergeordnet sind.

Tabellen

Eine Tabelle ist eine zusammengesetzte Struktur. Sie ist auf oberster Ebene modelliert durch die Klasse `DocumentTable`. Diese Klasse besitzt eine geordnete Liste von den in der Tabelle enthaltenen Zeilen, modelliert durch die Relation `rows`.

Die Zeilen einer Tabelle sind durch die Klasse `DocumentTableRow` modelliert. Eine Tabellenzeile besitzt das Attribut `height` vom Typ `Integer` für die Höhe der gesamten Zeile.

Die einzelnen Zellen einer Tabelle werden schließlich durch die Klasse `DocumentTableRow` abgebildet. Zellen werden einer Tabellenzeile als geordnete Liste durch die Relation `cells` zugeordnet.

Die Breite einer Zelle ist ein relevantes Attribut. Daher ist sie durch das Attribut `width` vom Typ `Integer` modelliert. Ebenso ist die Rotation der Zelle bzw. deren Inhalts relevant, modelliert durch das Attribut `rotation`. Dieses Attribut kann einen der vordefinierten Werte in der Enumeration `TableCellRotationType` annehmen. Durch die Relation `backgroundColor` wird die Speicherung der Hintergrundfarbe in einem Element der Klasse `Color` modelliert.

Innerhalb einer Zelle können wiederum beliebige Strukturen enthalten sein. Dies wird durch die Relation `subContent` modelliert, die eine geordnete Liste der in der Tabellenzelle enthaltenen Strukturen darstellt.

Aufzählungen
Eine Aufzählung ist, ebenso wie eine Tabelle, eine zusammengesetzte Struktur. Sie besteht zum einen aus der Aufzählung selbst, welche die Struktur einer Aufzählung darstellt und zum anderen aus den einzelnen Aufzählungspunkten.

Die Aufzählung selbst wird durch die Klasse `DocumentEnumeration` modelliert. Ein relevantes Attribut für eine Aufzählung ist deren Art. Dies wird durch das Attribut `enumerationType` vom Typ `DocumentEnumerationType` abgebildet. Ebenso ist die Ebene der Aufzählung relevant. Die Ebene der Aufzählung teilt, anders als bei Überschriften, nicht das Dokument ein. Die Ebene modelliert das Attribut `level` vom Typ `Integer`.

Eine Aufzählung kann unterbrochen und an anderer Stelle im Dokument wieder fortgesetzt werden. Dies ist insbesondere für geordnete Aufzählungen relevant, da die Ordnung beim Wiederaufnehmen einer Aufzählung fortgesetzt wird. Hierzu modelliert die Relation `continues`, welche Aufzählung durch die aktuelle fortgesetzt wird. Die Relation `continuedBy` modelliert hingegen, durch welche andere Aufzählung die aktuelle fortgesetzt wird.

Da eine Aufzählung aus mehreren Aufzählungspunkten besteht und diese wiederum verschiedene Strukturen beinhalten können, sind Aufzählungspunkte separat durch die Klasse `DocumentEnumerationItem` modelliert. Die Aufzählung enthält die Relation `enumerationItems`, welche eine geordnete Liste der einzelnen Aufzählungspunkte enthält. Ein Aufzählungspunkt enthält lediglich eine geordnete List der enthaltenen Strukturen, modelliert durch die Relation `content`.

Paragraphen
Paragraphen haben eine Sonderstellung bei den strukturellen Elementen, da sie die einzigen Strukturen sind, welche die konkreten Inhalte des Dokuments

enthalten. Ein Paragraph, welcher durch die Klasse `DocumentParagraph` modelliert wird, dient somit als Container für die eigentlichen Inhalte. Im Gegensatz zu den anderen Strukturen, kann ein Paragraph keine weiteren Strukturen enthalten. Ein Paragraph kann eine Ausrichtung haben, die durch das Attribut `justification` vom Typ `ParagraphJustification-Type` modelliert ist.

Für die Inhalte verfügen Paragraphen über die Relation `pieces`, die eine geordnete Liste der Inhalte, welche der Paragraph beinhaltet, darstellt.

3.3.2 Modellierung inhaltliche Elemente
Die konkreten Inhalte eines strukturierten Dokuments werden durch Klassen modelliert, welche sich vom Interface `ParagraphPiece` ableiten. Ebenso wie das Interface `DocumentContent` sind auch hier wieder die Attribute `style` und `pattern` modelliert.

Text
Textuelle Inhalte werden im kanonischen Dokumentenmodell durch Einheiten von ausgezeichnetem Text durch die Klasse `DocumentTextPiece` modelliert. Durch die Aufteilung kann es vorkommen, dass zusammenhängende Texte möglicherweise in mehrere Einheiten zerlegt werden. Die hiermit verbundenen Probleme und Maßnahmen dagegen werden in Abschnitt 4.1.4 erläutert.

Die zur Auszeichnung von Text relevanten Attribute sind in Abschnitt 3.2 beschrieben. Sie werden durch die Attribute `bold`, `italic`, `underline`, `superscript`, `subscript` und `deleted`, die jeweils vom Typ `Boolean` sind, modelliert. Neben diesen Attributen ist noch die Textfarbe durch die Relation `color` vom Typ `Color` und die Schriftgröße durch das Attribut `size` vom Typ `Integer` modelliert.

Der textuelle Inhalt, der durch dieses Element dargestellt wird, ist durch das Attribut `text` vom Typ `String` modelliert.

Verknüpfungen
Verknüpfungen unterteilen sich in zwei einzelne Elemente: Verknüpfungen, die ein Ziel haben und solche, die ein Ziel sind.

Eine Verknüpfung, welche auf ein Ziel weist, ist durch die Klasse `Hyperlink` modelliert. Das Ziel der Verknüpfung ist durch das Attribut `target` modelliert. Für die Visualisierung relevant ist der angezeigte Text der Verknüpfung. Dieser muss nicht identisch mit dem Ziel sein. Er wird vom Attribut `text`, ebenfalls vom Typ `String`, modelliert.

Ziele von Verknüpfungen werden durch die Klasse `LinkTarget` modelliert. Da bei Verknüpfungen auch externe Ziele berücksichtigt werden sollen, reicht

3.3 Beschreibung des Modells

es nicht, die Klasse `Hyperlink` direkt mit der Klasse `LinkTarget` zu verknüpfen. Daher wird das Ziel einer Verknüpfung durch das Attribut `name` vom Typ `String` modelliert. Um eine Verknüpfung L mit einem Verknüpfungsziel T zu verbinden, muss gelten:

$$L.target = T.name$$

Ein Verknüpfungsziel besitzt keine textuelle Repräsentation im Dokument.

Umbrüche

Umbrüche können sowohl die Struktur als auch den Inhalt eines strukturierten Dokuments prägen, wodurch eine klare Einordnung in eine von beiden Kategorien schwer fällt. Dies liegt daran, dass Umbrüche sowohl als Umbrüche innerhalb von Text als auch zwischen Seiten existieren können.

Da Umbrüche in den untersuchten Dokumenten meistens in unmittelbarem Zusammenhang mit textuellen Inhalten stehen, sind Umbrüche als inhaltliche Elemente eingeordnet.

Für einen Umbruch ist seine Art ein relevantes Attribut. Dieses wird durch das Attribut `breakType` vom Typ `ParagraphBreakType` modelliert.

Bilder

Als letztes inhaltliches Element werden Bilder durch die Klasse `DocumentPicture` modelliert. Die Größe eines Bildes im Dokument ist ein relevantes Attribut. Dieses ist zerlegt in das Attribut `width` für die Breite und `height` für die Höhe des Bildes. Beide Attribute sind vom Typ `Integer`.

Ebenso sind die eigentlichen Bilddaten relevant. Diese sind als ein Array von Bytes durch das Attribut `pictureData` modelliert. Ein abundantes Attribut `type` vom Typ `String` gibt den Dateityp des gespeicherten Bilds an.

Ein kanonisches Dokumentenmodell

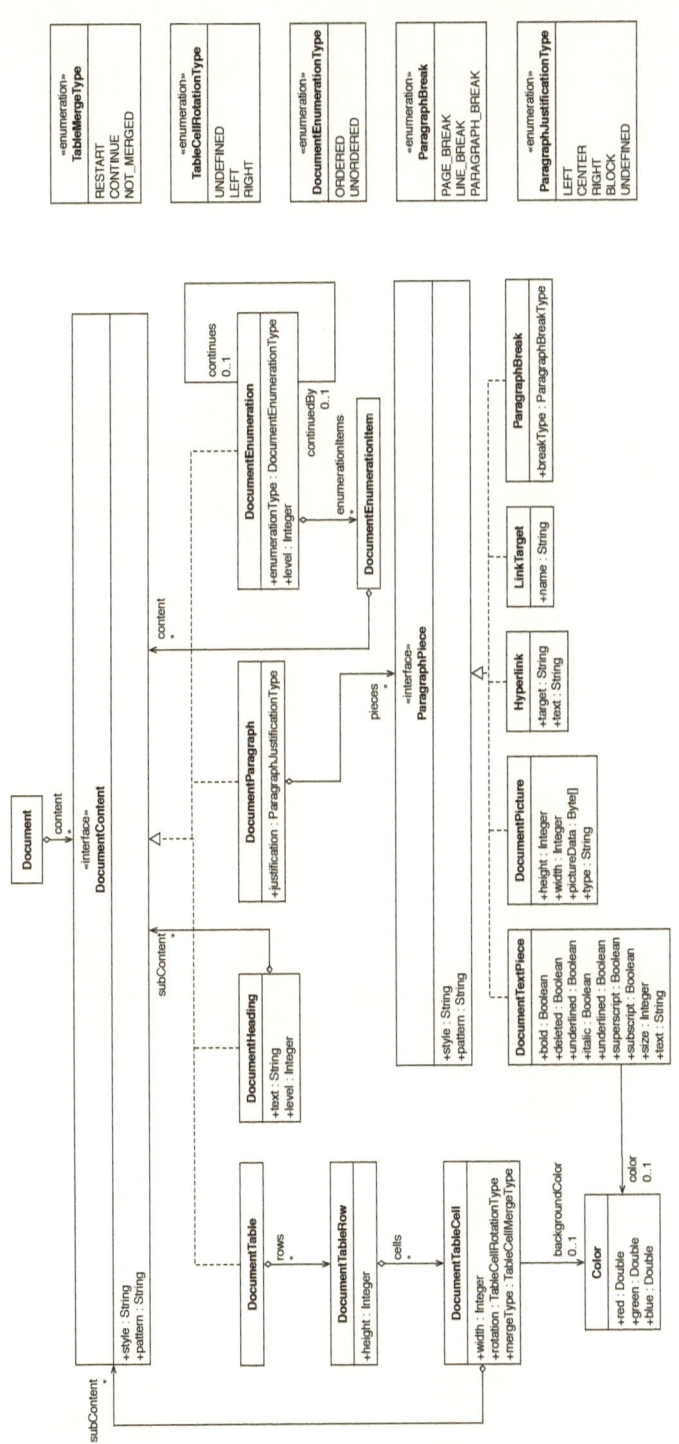

4 Synchronisation von impliziten und expliziten Modellen

Die Synchronisation von impliziten Modellen, die in strukturierten Dokumenten enthalten sind, und expliziten Modellen lässt sich in drei Unterziele einteilen:

1. **Die Extraktion von expliziten Modellen aus strukturierten Dokumenten**

   Strukturierte Dokumente enthalten implizite Modelle. Mit diesem Schritt werden die implizit durch Strukturen beschriebenen Modelle im Dokument gefunden und in explizite Modelle transformiert.

2. **Die Kodierung von expliziten Modellen in strukturierte Dokumente**

   Explizite Modelle, die durch spezialisierte Werkzeuge erstellt wurden, müssen wiederum in Strukturen von strukturierten Dokumenten umgewandelt werden, damit sie in ein Dokument integriert werden können.

3. **Die Integration der Schritte 1 und 2 in schon vorhandene Artefakte**

   Wenn eine Transformation von expliziten in implizite Modelle und eine Rücktransformation von impliziten in explizite Modelle zur Verfügung steht, so muss der Fall betrachtet werden, dass sich ein Modellartefakt ändert. In diesem Fall muss die Änderung in das andere Modellartefakt propagiert werden, so dass beide Modellartefakte wieder den gleichen Inhalt besitzen

Im Folgenden wird ein Prozess definiert, welcher die oben beschriebenen Teile der Synchronisation beinhaltet. Als Basis zur Darstellung von strukturierten Dokumenten wird das in Kapitel 3 definierte Dokumentenmodell genutzt.

4.1 Ein Prozess zur Verarbeitung von Modellen aus Dokumenten

Abbildung 4.1 zeigt eine Artefakt-zentrische Sicht des definierten Prozesses, der die beschriebenen Teilziele zusammenfasst. Den Kern des Prozesses bilden verschiedene Transformationen, in der Abbildung durch Pfeile gekennzeichnet.

Die Synchronisation zwischen impliziten und expliziten Modellen wird zusammen durch Schritte ①, ② und ④ gebildet..

Zusätzlich gibt es den Sonderfall ③, dass ein geändertes Modell wiederum in eine Instanz des Dokumentenmodells überführt werden soll, ohne dass eine Synchronisation mit dem ursprünglichen Dokument stattfinden soll. Die unterschiedlichen Instanzen des Dokumentenmodells M_1 und M_2 unterscheiden sich wie folgt: M_1 ist die Instanz des Dokumentenmodells, die vor der Extraktion der expliziten Modelle im Prozess vorliegt, M_2 ist die Instanz, in die die geänderten expliziten Modelle transformiert werden. Findet eine Synchronisierung statt, so wird M_2 in M_1 integriert. Das neue M_1 ist dann das Ergebnis der Synchronisation. Soll keine Synchronisation stattfinden, so wird M_2 im Folgenden als neues M_1 gesetzt.

Eine besondere Rolle kommt dem Einlesen ⓐ und Erstellen ⓑ von strukturierten Dokumenten zu. Diese beiden Schritte bilden die Schnittstelle des modellbasierten Prozessteils gegenüber konkreten Dokumentformaten. Das Einlesen wird durch eine To-Model Transformation implementiert. Hier wird das eigentliche Dokumentenformat in eine Instanz des Dokumentenmodells überführt. Entsprechend wird beim Erstellen des Dokuments, also der Erzeugung einer Datei, eine From-Model Transformation durchgeführt, welche das entsprechende Dateiformat erzeugt. Diese beiden Schritte sind die einzigen Schritte im Prozess, die sich mit der tatsächlichen Art des Dokument beschäftigen. Im Bezug zur MDA entspricht der Übergang vom Dokument zum Dokumentenmodell dem Übergang vom PSM zu PIM.

Durch das Einlesen ⓐ des Dokuments entsteht eine Instanz des Dokumentenmodells. Diese dient dem folgenden Prozess als Basis. Diese Instanz enthält implizit definierte Modelle, also solche, deren Inhalt durch Dokumentstrukturen ausgedrückt sind. Die nach diesem Schritt vorliegende Instanz des Dokumentenmodells berücksichtigt nicht die Intention des Dokument-Erstellers. Es handelt sich um eine Überführung von Dokumenten in das Dokumentenmodell ohne Interpretation. Abschnitt 4.1.1 beschreibt diesen Teilaspekt detailliert.

Das vorgesehene Vorgehen nach dem Prozessmodell ist nun die Extraktion der implizit definierten Modelle ① und die entsprechende Instanziierung der Meta-Artefakte der expliziten Modelle. Dieses Verfahren ist in Kapitel 6 beschrieben. Die im Dokument enthaltenen Modellinstanzen liegen nun in einer Form vor, die mit entsprechenden spezialisierten Werkzeugen bearbeitet werden kann. Für den Prozess sind die genauen Einzelheiten dieser Bearbeitung nicht relevant, es wird lediglich gefordert, dass nach der Bearbeitung wieder explizite Modelle zur Verfügung stehen, die das ursprünglichen Meta-Artefakt instanziieren.

Ist die Bearbeitung abgeschlossen, so sieht der Prozess vor, dass aus den explizit definierten Modellen wiederum implizite Modelle erzeugt werden ②. Kapitel 5 beschreibt diesen Teilvorgang.

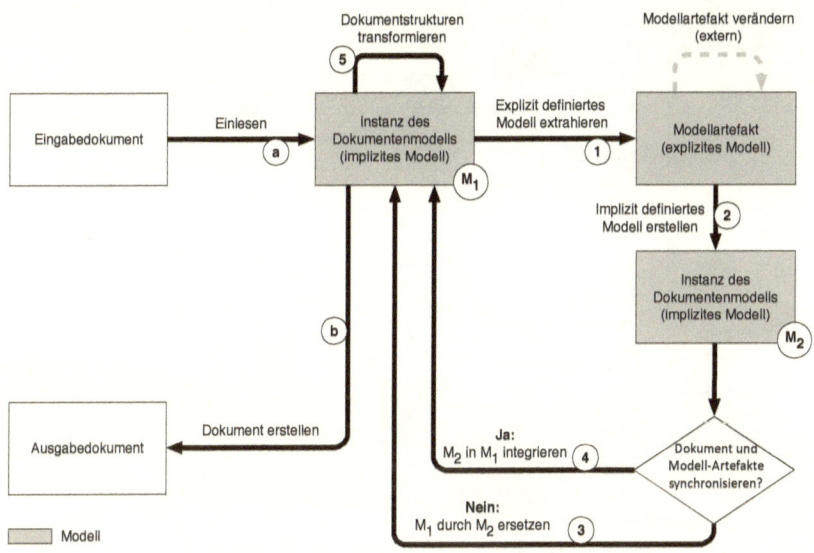

Abbildung 4.1: Der Prozess zum Einlesen, Verändern und Rückschreiben von impliziten und expliziten Modellen

Je nach Ziel des aktuellen Workflow können diese impliziten Modelle, welche durch Instanzen des Dokumentenmodells ausgedrückt sind, entweder in das ursprüngliche Dokument integriert werden (Schritt ④) oder im weiteren Verlauf direkt benutzt werden (Schritt ③), wenn keine Synchronisation stattfinden soll.

Für die neue Instanz M1 kann der Prozess nun wiederholt ausgeführt oder eine Datei erstellt und der Prozess somit beendet werden.

Ein weiterer, optionaler Schritt ist die Erzeugung oder Korrektur semantischer Elemente des Dokumentenmodells in Schritt ⑤. Dieses Verfahren ist in Abschnitt 4.1.4 ausführlich beschrieben.

4.1.1 Berücksichtigung der Intention des Erstellers

Ein Autor benutzt bei der Erstellung bewusst Elemente des strukturierten Dokuments, um seine Absicht zum Ausdruck zu bringen oder zu verstärken. Dies ist die *Intention* des Erstellers. Ein Beispiel hierfür ist in Abbildung 4.2 zu sehen.

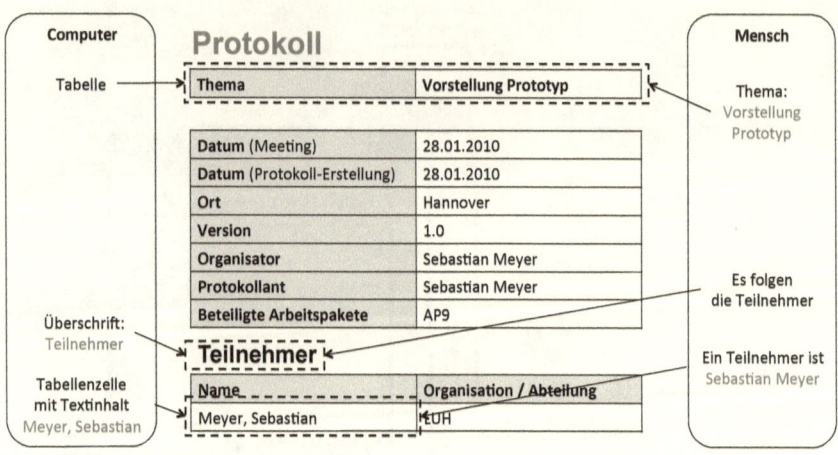

Abbildung 4.2: Verschiedene Sichten auf ein Dokument

Abbildung 4.2 zeigt einen Ausschnitt aus einem Protokoll aus dem e performance Projekt. Hier wurde eine Überschrift benutzt, die den Titel „Teilnehmer" trägt. Dadurch wird die Bedeutung der nachfolgenden Tabelle unterstützt. Dem Leser des Dokuments wird signalisiert, dass nach der Überschrift die Teilnehmerliste folgt. Die Überschrift kann in einigen Fällen auch erst dazu führen, dass die nachfolgende Struktur eine Bedeutung erhält. So kann es sein, dass zwei Tabellen gleicher Art im Dokument vorhanden sind, wobei eine Tabelle die Teilnehmer, eine andere die entschuldigt abwesenden Personen oder eine Verteilerliste darstellt. Ohne eine weitere Anmerkung, wie einer Überschrift zu den Tabellen, ist die Bedeutung der Tabellen nicht klar.

Der menschliche Leser ist in der Lage, die durch die Struktur der Tabelle gegliederte Teilnehmerliste zu verstehen und somit zu erfahren, wer teilgenommen hat und welcher Organisation und Abteilung er angehört. Dies wird durch die Kopfzeile der Tabelle dargestellt. Die Benutzung dieser Stilmittel, um Inhalte auszudrücken, wird im Folgenden *inhaltliche Intention* genannt.

> **Definition 28 (inhaltliche Intention)**
>
> Die *inhaltliche Intention* ist der Inhalt eines Dokuments, welchen der Ersteller zum Ausdruck bringen will. Hierzu werden strukturierende Elemente und Eigenschaften der inhaltlichen Elemente benutzt.

Aus Sicht eines Algorithmus, welcher auf dem Dokument arbeitet, stellt sich die Sache nicht so eindeutig dar. Dieser erkennt nur die Strukturen des Dokuments und dessen Inhalt. Um zum gleichen Schluss wie der Leser eines Dokuments zu gelangen, muss das Wissen über die inhaltliche Intention der verwendeten Elemente für den Algorithmus codiert werden.

Bei der Überführung von Dokumenten in Instanzen des Dokumentenmodells (Schritt ⓐ im Prozess) wird die inhaltliche Intention des Erstellers nicht beachtet. Hier findet eine Übertragung des strukturierten Dokuments auf die Elemente des Dokumentenmodells statt, ohne dass der Inhalt interpretiert wird.

Die Intention des Autors findet bei der Extraktion der Modelle Berücksichtigung. Diese ist in Kapitel 6 genauer beschrieben. Hierbei werden Transformationen auf Basis des Dokumentenmodells angegeben, wie die im Dokument enthaltenen Elemente in das entsprechende Modell zu überführen sind. Bei der Angabe dieser Transformationen wird auf die Form, mit welcher der Autor diese Modelle im Dokument kenntlich macht, Rücksicht genommen.

Eine andere Stelle, bei der die Intention des Autors berücksichtigt wird, ist die Transformation der Dokumentenmodellinstanz in Schritt ⑤. Hierbei wird versucht, heuristisch aus bestimmten Strukturen und Formatierungen auf die eigentlich intendierten Elemente zu schließen. Dieser Vorgang ist in Abschnitt 4.1.4 beschrieben.

Neben der inhaltlichen Intention existiert noch die *strukturelle Intention*. Diese drückt aus, welche Strukturen vom Ersteller beabsichtigt sind. So kann z.B. eine Überschrift durch normalen Text mit den gewünschten Eigenschaften (Schriftgröße, fett,...) dargestellt werden. In der Visualisierung des Dokuments ist dies nicht von einer Überschriftenstruktur zu unterscheiden. Wenn man jedoch das instanziierte Dokumentenmodell betrachtet, so ist die Überschrift nicht als strutkurelles Element der Klasse DocumentHeading in der Instanz enthalten.

Definition 29 (strukturelle Intention)

Die *strukturelle Intention* bezeichnet die Strukturen eines strukturierten Dokuments, welche der Autor des Dokuments ausdrücken will. Hierbei muss die tatsächlich verwendete Struktur (z.B. fetter Text, 24pt Arial) nicht mit der intendierten (Überschrift auf Ebene 1) übereinstimmen.

4.1.2 Überführung von Dokumenten in das Dokumentenmodell

Das Überführen von Dokumenten in das kanonische Dokumentenmodell ist der erste Schritt, um den beschriebenen Prozess zu beginnen. Abbildung 4.3 zeigt den hierzu gehörigen Ausschnitt aus dem Gesamtprozess.

Der Vorgang der Überführung (Schritt ⓐ) in das Dokumentenmodell ist eine To-Model Transformation, wie in Abschnitt 2.2.2 beschrieben. Das Dokument, welches als Eingabe der Transformation dient, ist in einem beliebigen Format für strukturierte Texte gespeichert.

Um eine Überführung von einem Dokumentenformat in eine Instanz des Dokumentenmodells durchzuführen, müssen die in diesem Dokument enthaltenen Strukturen und Inhalte auf die entsprechenden Modellelemente des Dokumentenmodells abgebildet werden. Als Eingabe für diesen Prozessschritt kommen strukturierte Dokumente nach Definition 26 in Frage. Bei diesen Dokumenten ist die Struktur der enthaltenen Daten durch Auszeichnungen vorgegeben. So ist beispielsweise eine Überschrift durch ein entsprechendes Überschriftentag erkennbar. Ist dies der Fall, so kann eine Überführung von Dokument in eine Dokumentenmodellinstanz leicht durchgeführt werden. Strukturierte Dokumente mit Markup, welches die Strukturen beschreibt, sind z.B. Word-Dokumente oder HTML-Dateien (siehe Tabelle 2 auf Seite 57).

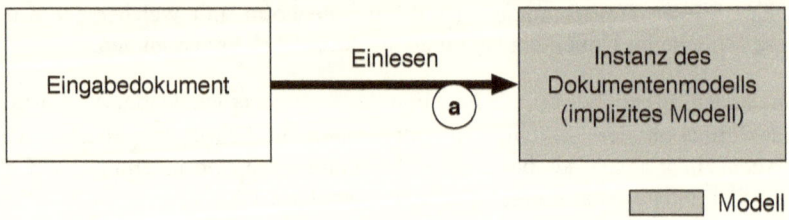

Abbildung 4.3: Prozessschritte zum Überführen von Dokumenten ins allgemeine Dokumentenmodell

Eine andere Art von Dokumenten sind solche, deren Strukturen nicht durch explizites Markup gekennzeichnet sind. Die Visualisierung von strukturierten Dokumenten und solchen, die nicht durch Markups strukturiert werden, sind jeweils äquivalent. Bei der Betrachtung durch einen Menschen erfolgt die Zuordnung von Inhalt zu Strukturen intuitiv, es wird keine spezielle Auszeichnung benötigt.

Betrachtet man bei den nicht durch Markups strukturierten Dokumenten die tatsächlich in der Datei vorhandenen Inhalte, so finden sich hierin nur allgemeine Layoutinformationen. Während eine Überschrift in einem strukturierten Dokument klar durch ein entsprechendes Tag gekennzeichnet ist, findet sich in diesem Fall lediglich Text mit entsprechenden Auszeichnungen (z.B. *blau, 18pt, fett*). In einigen Fällen kann es sogar vorkommen, dass der Inhalt sich über mehrere Datenstrukturen verteilt, die erst in der Visualisierung ein stimmiges Gesamtbild ergeben. Ein in der Informatik verbreitetes Dokumentenformat mit diesen Eigenschaften ist das Portable Document Format (PDF).

Prinzipiell ist das Einlesen von PDFs möglich. Sie sind jedoch keine strukturierten Dokumente nach Definition 26. Um hierzu eine Struktur und damit eine Instanz des kanonischen Dokumentenmodells herzustellen, müsste von Positionierung und Texteigenschaften auf Strukturen geschlossen werden. Wie von Nojoumian und Lethbridge gezeigt, sind normale PDF-Dateien nicht geeignet um zuverlässig automatisiert Strukturen zu extrahieren [41]. Nojoumian und Lethbridge vertrauen bei ihren Experimenten auf eine vorgegebene, starke Struktur in Form von Lesezeichen-Tags, die jedoch zusätzlich in das PDF-Dokument eingefügt werden müssen.

Vorstellbar ist es auch Techniken aus barrierefreien PDFs zu benutzen [42]. Grundlage für die Barrierefreiheit ist eine starke Struktur, welche durch Tags im PDF erzeugt wird. Aus diesen Tags lassen sich wiederum die Strukturen des Dokuments ablesen, so dass getaggte PDFs sich auf Dokumentenmodelleben sehr ähnlich zu anderen stark strukturierten Dokumenten wie beispielsweise Word-Dokumente verhalten. Jedoch sind barrierefreie PDFs bislang noch nicht weit genug verbreitet, so dass sie in dieser Arbeit nicht betrachtet werden.

Beispiel
Im entwickelten Implementierung wird dieser Schritt des Einlesens des Dokuments und der Instanziierung des Dokumentenmodells durch ein Java-Programm, einen sog. *Importer* vorgenommen. Im Rahmen der Arbeit stehen Importer für das binäre Word-Format (*.doc) und für die WikiCode-Dialekte von MediaWiki und Confluence zur Verfügung. Das binäre Word-Format als eine Möglichkeit der Eingabe wurde gewählt, da zum einen Word eine vorherrschende Stellung bei den Textverarbeitungen einnimmt und (dadurch) alle gängigen Textverarbeitungsprogramme Dateien im binären Wordformat verarbeiten können. Eine Erweiterung dieses Schrittes auf beliebige Formate (wie z.B. LaTeX) ist möglich. Hierzu muss lediglich ein neuer Importer für das entsprechende Dateiformat erstellt werden

4.1.3 Überführung von Dokumentmodell-Instanzen in strukturierte Dokumente

Nach der Bearbeitung der extrahierten, expliziten Modelle und deren Instanzen, und der Rückwandlung in implizite Modelle, liegt wiederum eine Instanz des Dokumentenmodells vor. Um den Prozess abzuschließen, muss diese Instanz wieder in ein strukturiertes Dokument transformiert werden.

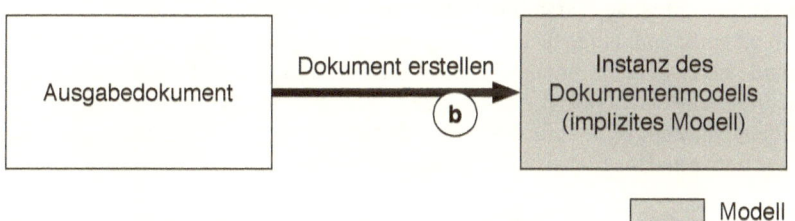

Abbildung 4.4: Prozessschritte zum Erstellen von Dokumenten aus Dokumentmodellinstanzen

Für das Erstellen von Dokumenten auf Basis von Instanzen des Dokumentenmodells wird eine From-Model Transformation durchgeführt, wie in Schritt ⓑ in Abbildung 4.4 zu sehen.

Beispiel
Analog zu der oben beschriebenen Instanziierung, wird für diesen Schritt ein *Exporter* definiert. Im Rahmen der Implementiereung, welche zu dieser Arbeit erstellt wurde, gibt es Exporter für das Word-Dateiformat und für WikiCode.

Diese Exporter basieren auf dem Prinzip des Baumdurchlaufs, um die gewünschte Ausgabe zu erzielen. Ähnliche Verfahren finden sich z.B. auch beim Compilerbau zur Erzeugung des Kompilats [43]. Um diese Aufgabe zu unterstützen, steht im Framework die Klasse `FullDocumentStructure-Walker` zur Verfügung, welche sich um den Durchlauf einer Dokumentenmodellinstanz in der korrekten Reihenfolge kümmert. Die implementierten Exporter sind Unterklassen hiervon.

4.1.4 Unterschiedliche Kodierungen äquivalenter Inhalte und Strukturen

Bei der Erstellung von strukturiertem Text kann es zu Inkonsistenzen bei der Erstellung und Formatierung von Elementen kommen. Dies kann zum Beispiel durch gestalterische Freiheiten passieren oder durch unterschiedliche Handhabung der Elemente durch verschiedene Editoren. Dieses Problem betrifft gleichermaßen inhaltliche und strukturelle Elemente.

Um dieses Problem zu verstehen und zu beheben ist die Unterscheidung von Elementen und Kodierung wesentlich. *Elemente* bezeichnen hierbei die strukturellen oder inhaltlichen Einheiten des Dokuments. Diese sind durch Klassen im Dokumentenmodell repräsentiert. Die *Kodierung* hingegen gibt an, wie diese Elemente in der Instanz des Dokumentenmodells benutzt werden um eine Struktur oder einen Inhalt zu transportieren.

Dabei können bei gleichen Inhalten und Strukturen im Dokument unterschiedliche Kodierungen vorliegen. Dies führt dazu, dass Verfahren, welche auf Basis des Dokumentenmodells definiert sind, jede mögliche Kodierung eines ausgedrückten Inhalts oder einer Struktur überprüfen müssten.

Diese verschiedene Darstellung und damit verbundene Instanziierung im Dokumentenmodell sind für die Angabe von Algorithmen problematisch, da keine verlässlichen Annahmen getroffen werden können. So kann die Annahme, dass das Hauptszenario eines Use Cases immer durch eine geordnete Liste kodiert ist, zum Scheitern des Algorithmus führen, da die Struktur *geordnete Liste* durch andere Elemente in der Instanz kodiert ist.

Zwar kann der Algorithmus nun so erweitert werden, dass er verschiedene bekannte Fälle abfängt, jedoch steigt dadurch seine Komplexität. Dabei bezieht sich die zusätzliche Komplexität jedoch nur auf die Erkennung von Strukturen, was die eigentliche Aufgabe des Algorithmus nicht berührt.

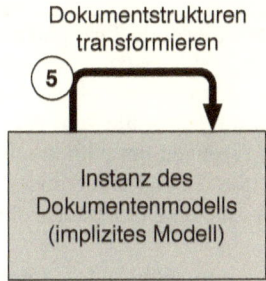

Abbildung 4.5: Prozessschritt zur struktur-korrigierenden Transformation

Definiert man einen Algorithmus, der auf einer Instanz des Dokumentenmodells arbeitet, so entspricht die strukturelle Intention des Autors nach Definition 29 den Strukturen, die von diesem Algorithmus erwartet werden. Die intendierten Strukturen können jedoch durch unterschiedliche Kodierungen erstellt werden. Abbildung 4.6 zeigt zwei unterschiedliche Kodierungen für die intendierte Struktur „Überschrift auf Ebene 1" und deren Visualisierung. Beide Strukturen können exakt gleich visualisiert werden, so dass von ihnen jeweils die gleiche Intention ausgedrückt wird.

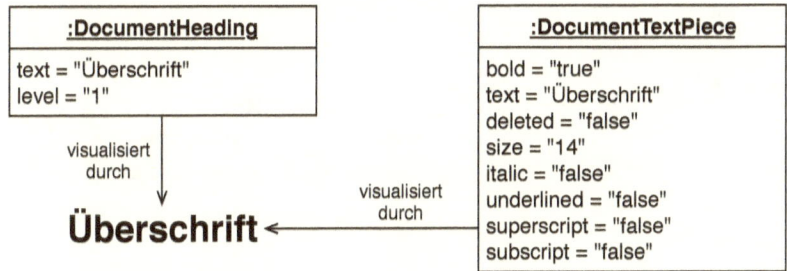

Abbildung 4.6: Unterschiedliche Kodierung der intendierten Struktur "Überschrift auf Ebene 1"

Um dieses Problem zu adressieren, sieht der Prozess in Schritt ⑤ vor, die Strukturen der Dokumentmodellinstanz zu transformieren. In diesem Schritt wird die Kodierung der intendierten Struktur durch die konkreten Elemente der Struktur ersetzt. Abbildung 4.5 zeigt den entsprechenden Schritt. Dadurch wird Algorithmen der oben beschriebene zusätzliche Aufwand zur Kodierungsüberprüfung erspart und gleichzeitig eine verlässliche Instanziierung eines strukturierten Dokuments erzeugt.

Um dies zu erreichen, werden In-Place Transformationen durchgeführt, welche die Instanz verändern. Konzeptionell dienen diese Transformationen dazu, das Dokument unter Berücksichtigung der Intention des Autors zu interpretieren. Diese Transformationen werden im Folgenden *Struktur-korrigierende Transformationen*, genannt.

> **Definition 30 (Struktur-korrigierende Transformation)**
>
> Eine *Struktur-korrigierende Transformation* ist eine In-Place Transformation [27]. Ziel dieser Transformation ist es, die vom Autor gewünschten Strukturen des Dokumentenmodells zu erzeugen um einheitliche Modelle zu erhalten. Als Eingabe dient eine Instanz des Dokumentenmodells mit den vom Autor des Dokuments tatsächlich verwendeten Dokumentstrukturen.

Die Intention eines Autors kann nicht automatisch erkannt werden, so das Struktur-korrigierende Transformationen manuell auf Basis von konkreten Dokumenten erstellt werden müssen. Hierbei ist zu beachten, dass die Transformationen heuristisch arbeiten, also nicht immer exakt die gewünschten Ergebnisse liefern. Zudem werden sie immer auf die ganze Instanz angewendet.

Ähnliche Methoden finden sich auch in aktuellen Textverarbeitungsprogrammen wie Word oder OpenOffice.org. Hier versucht die im Programm hinterlegte Heuristik schon während der Eingabe zu erkennen, welche Strukturen vorliegen. So können z.B. Aufzählungen oder formatierter Text erstellt werden, ohne dazu die eigentlich vom Programm vorgesehenen Methoden zu benutzen.

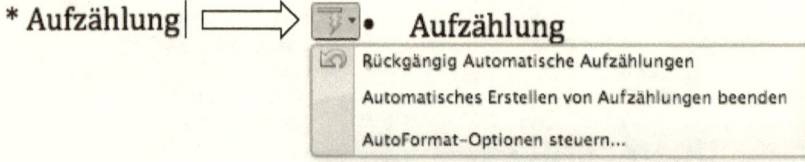

Abbildung 4.7: Automatische Erstellung von Aufzählungen in Word

Abbildung 4.7 zeigt dieses Verhalten am Beispiel von Word. Links ist die eigentliche Eingabe zu sehen, rechts das Ergebnis der Autokorrektur. Wie ebenfalls zu sehen ist, ist auch dieses Verfahren heuristisch, so dass es vom Benutzer korrigier- und deaktivierbar ist.

Unterschiedliche Kodierung inhaltlicher Elemente

Ein typisches Problem bei der Arbeit mit unterschiedlichen Elementen ist eine unterschiedliche Kodierung des gleichen Inhalts. Dies geschieht auf einer, für den Ersteller nicht wahrnehmbaren, Ebene. Da das Dokumentenmodell keine Aussagen über die Atomizität von Elementen trifft, gibt es verschiedene Möglichkeiten, Inhalte gleicher Bedeutung zu modellieren. Nimmt man beispielsweise einen Text, der ein Wort w der Länge n darstellt, so kann dieses Wort unterschiedlich modelliert werden (siehe unten). In jedem Fall wird es durch mindestens eine Instanz der Klasse DocumentTextPiece dargestellt. Das Wort w kann jedoch nicht nur durch eine Instanz sondern durch 2^{n-1}, also exponentiell viele, verschiedene Möglichkeiten der Instanziierung dargestellt werden.

Ein Wort $w = w_1 w_2 \ldots w_n$ kann nach jedem Buchstaben getrennt werden. Dies ist in Abbildung 4.8 zu sehen. An jeder Trennungsmarke ● kann das Wort in einzelne Teilwörter zerlegt werden.

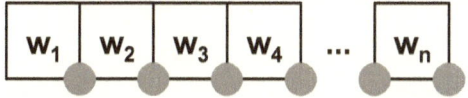

Abbildung 4.8: Trennungsmöglichkeiten für ein Wort w

Somit gibt es für jede Marke genau zwei Zustände: An ihr wird getrennt oder an ihr wird nicht getrennt. Die letzte Marke wird nicht berücksichtigt, da sie nach dem letzten Buchstaben des Wortes liegt. Für ein Wort der Länge n ergeben sich also n-1 Trennungsmarken.

Für ein Wort der Länge 1 gibt es also genau eine Möglichkeit der Zerteilung. Für ein Wort der Länge 2 gibt es zwei Möglichkeiten, da eine Trennungsmarke enthalten sein kann. Für jeden weiteren Buchstaben kommt eine weitere Trennungsmarke hinzu, s<o dass sich die Zahl der Teilungsmöglichkeiten jedes Mal verdoppelt.

Für ein Wort der Länge n gibt es somit

$$p(n) = \underbrace{2 \cdot 2 \cdot \ldots \cdot 2}_{n-1\ mal} = 2^{n-1}$$

Möglichkeiten.

Wie zuvor beschrieben ist es nicht praktikabel, einen Algorithmus so zu konstruieren, dass er alle diese Fälle überprüft. Um diese exponentiell vielen Möglichkeiten der unterschiedlichen Kodierungen auf eine zu beschränken, machen sich Struktur-korrigierende Transformationen von Inhalten die semantische Äquivalenz und die darauf aufbauende konsolidierte Modellform zu nutze.

Für textuelle Inhalte, die durch die Klasse `DocumentTextPiece` modelliert werden, ist die semantische Äquivalenzfunktion für das Attribut `text` die Konkatenation der jeweiligen Werte der einzelnen Eingabeelemente. Für alle anderen Attribute bedeutet die semantische Äquivalenz, dass für den Fall, dass alle Elemente den gleichen Wert haben, dieser zurück gegeben wird. Haben die Elemente unterschiedliche Werte, so können diese nicht zusammengefasst werden ohne dass Informationen verloren gehen. In diesem Fall gibt die Funktion einen Fehler aus um dies anzuzeigen.

Für textuelle Inhalte seien die folgenden semantischen Äquivalenzmethoden definiert:

- Für das Attribut text sei die semantische Äquivalenzfunktion f_{text} definiert als: $f_{text}: S \times \cdots \times S \to S^*$, wobei $f_{text}(x_1, \ldots, x_n) \mapsto x_1 \circ \cdots \circ x_n$, S vom Typ String und $\circ$ der Konkatenationsoperator für Strings ist.

- Für die Attribute $a \in \{$bold, deleted, size, italic, underlined, superscript, subscript$\}$, welche jeweils vom Typ Boolean sind, sei die Äquivalenzfunktion f_a definiert als:

$$f_a(x_1, \ldots, x_n) = \begin{cases} x_0, \text{falls } \forall x \in X: x == x_0 \\ \text{Fehler, sonst} \end{cases}$$

Abbildung 4.9 zeigt ein vereinfachtes Beispiel für eine unterschiedliche Kodierung des textuellen Inhalts „Auslöser".

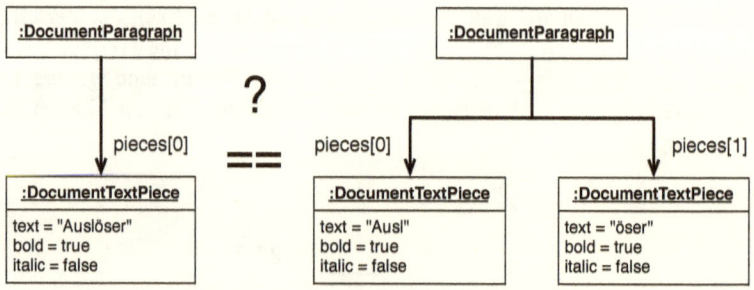

Abbildung 4.9: Strukturell unterschiedliche Codierung des gleichen Inhalts (vereinfacht)

Obwohl die beiden Instanzen strukturell nicht äquivalent sind, ist die inhaltliche Intention die gleiche. In beiden Fällen wird ein Paragraph beschrieben, der den Text „Auslöser" enthält. Die Abbildung zeigt lediglich zwei von $p(|\text{Auslöser}|) = p(8) = 128$ Möglichkeiten der Kodierung durch das Dokumentenmodell. Für dieses Beispiel gilt die folgende Formalisierung:

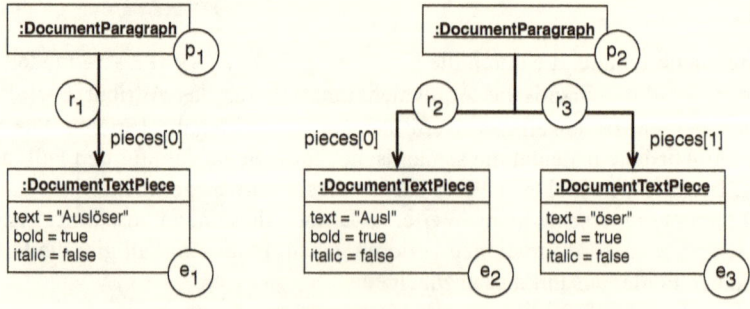

Abbildung 4.10: Beispiel für die semantische Identität (vereinfacht)

Für das Modellelement `DocumentParagraph` sei die Relation `pieces` semantisch relevant. Für das Modellelement `DocumentTextPiece` seien alle in Abbildung 4.10 zu sehenden Attribute (`text`, `bold`, `italic`) semantisch relevant.

Für die jeweiligen Elementinstanzen gilt:

p_1: $(DocumentParagraph, \emptyset, \emptyset, (r_1))$

p_2: $(DocumentParagraph, \emptyset, \emptyset, (r_2))$

e_1: $(DocumentTextPiece, ((text, \text{"Auslöser"}),$
$\qquad (bold, true), (italic, false)), (r_1), \emptyset)$

e_2: $(DocumentTextPiece, ((text, \text{"Ausl"}),$
$\qquad (bold, true), (italic, false)), (r_2), \emptyset)$

e_1: $(DocumentTextPiece, ((text, \text{"öser"}),$
$\qquad (bold, true), (italic, false)), (r_2), \emptyset)$

Für die Relationsinstanzen r_1 und r_2 gilt:

r_1: $(pieces, (e_1))$

r_2: $(pieces, (e_2, e_3))$

Dann gilt für $E_1 = (p_1)$ und $E_2 = (p_2)$ bei der Überprüfung auf semantische Äquivalenz:

$$E_1 =_s E_2 \; gdw.$$
$$p_1.e = p_2.e \wedge (r_1) =_s (r_2, r_3)$$
$$\Leftrightarrow r_1.r = r_2.r \wedge (e_1) =_s (e_2, e_3)$$
$$\Leftrightarrow e_1.e = e_2.e = e_3.e \wedge \forall a \in e_1.A : f_a(e_1.a) = f_a(e_2.a, e_3.a)$$
$$\Leftrightarrow f_{text}(\text{Auslöser}) = f_{text}(\text{Ausl}, \text{öser})$$

$\wedge \; f_{bold}(true) = f_{bold}(true, true) \wedge f_{italic}(false) = f_{italic}(false, false)$
$\Leftrightarrow$ **Auslöser** = **Auslöser** $\wedge \; true = true \wedge false = false$

∎

Wie zu sehen ist, führt das Anwenden der semantischen Äquivalenzfunktion auf die Werte „**Ausl**" und „**öser**" des Elements Attributs `text` zum String „**Auslöser**". Dieser, verglichen mit dem String „**Auslöser**" aus e_1 führt dann zu Gleichheit. Auch für die Werte der anderen Attribute lässt sich Gleichheit feststellen. Somit sind die beiden Modellelemente in Abbildung 4.10 semantisch äquivalent. Damit kann dann die konsolidierte Modellform hergestellt werden. Diese ist in Abbildung 4.11 zu sehen und entspricht der linken Struktur aus Abbildung 4.9.

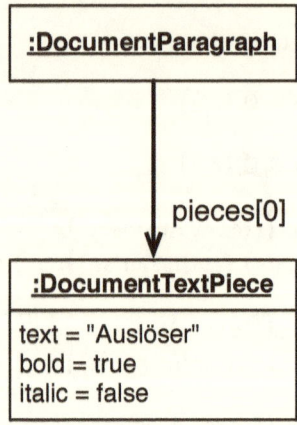

Abbildung 4.11: Konsolidierte Modellform

Unterschiedliche Kodierung strukturierter Elemente

Bei der Erstellung von Inhalten werden die verwendeten Modellelemente automatisch vom jeweiligen Editor erzeugt. Im Gegensatz dazu hat der Ersteller eines Dokuments direkten Einfluss auf die Strukturen, die er benutzt um das Dokument zu gestalten. Dadurch bekommt der Ersteller eines Dokuments die Möglichkeit, eigentlich intendierte Dokumentstrukturen durch andere darzustellen. Er benutzt also eine andere Kodierung für die eigentlichen Strukturen. Neben der bewussten Entscheidung, z.B. aus Gründen der gefälligeren Visualisierung, für eine andere Dokumentstruktur, kann dies auch durch Fehler, z.B. beim Benutzen der Textverarbeitung, geschehen.

Während die Visualisierung in beiden Fällen dazu führt, dass ein Leser das Dokument verstehen kann und üblicherweise auch die intendierten Strukturen erkennt, führt dies bei der Auswertung der Dokumentenmodellinstanz zu Problemen. Diese Probleme treten auf, da in der erstellten Instanz nur die tatsächlichen Strukturen, wie sie im Dokument auftreten vorliegen jedoch nicht die vom Autor ursprünglich intendierten.

Beispiel

Im Folgenden wird dies am Beispiel einer nummerierten Liste beschrieben. Es wird jeweils ein Ausschnitt aus einer Use Case Tabelle gezeigt. Relevant ist jeweils der Bereich rechts der ersten Zelle. In jedem Beispiel ist eine nummerierte Liste kodiert.

Hauptszenario	1. Benutzer drückt Start
	2. System startet

Abbildung 4.12: Nummerierte Liste, ausgedrückt durch Strukturelement

Im Beispiel aus Abbildung 4.12 ist die nummerierte Liste ausgedrückt durch das Strukturelement `DocumentEnumeration` also der Struktur einer Liste. Dabei ist der Typ der Liste als `ORDERED` gesetzt. Dies ist also die direkte und aus Sicht des Dokumentenmodells korrekte Modellierung einer nummerierten Liste. Abbildung 4.13 zeigt die zugehörige Instanz des Dokumentenmodells. Aus Gründen der Übersichtlichkeit sind nur die rechte Tabellenzelle und von dieser nur die für das Beispiel relevanten Attribute dargestellt.

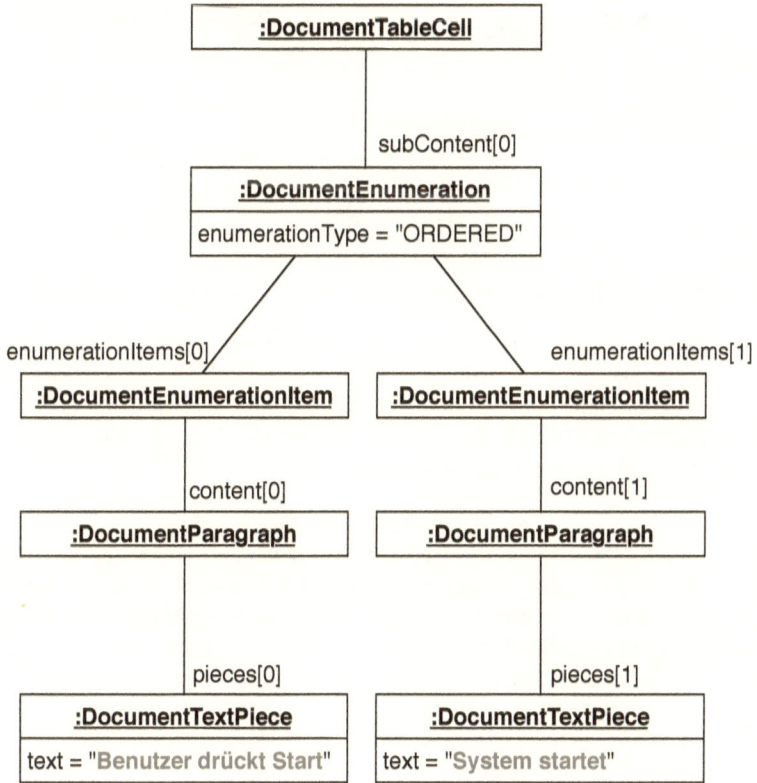

Abbildung 4.13: Vereinfachte Instanz des Dokumentenmodells für Abbildung 4.12

Als zweites Beispiel dient die Darstellung einer geordneten Liste in Abbildung 4.14. Hier wurde die Liste durch Paragraphen kodiert.

Hauptszenario	Schritt 1: Benutzer drückt Start
	Schritt 2: System startet

Abbildung 4.14: Nummerierte Liste, ausgedrückt durch strukturelle Kodierung

In Abbildung 4.15 ist die vereinfachte Modellinstanz der obigen Tabelle dargestellt. Gezeigt ist wiederum nur der Inhalt der rechten Tabellenzelle mit den relevanten Attributen. Wie zu sehen ist, findet sich in diesem Artefakt keine Instanziierung der Klasse `DocumentEnumeration`, da die Aufzählung nur strukturell kodiert ist.

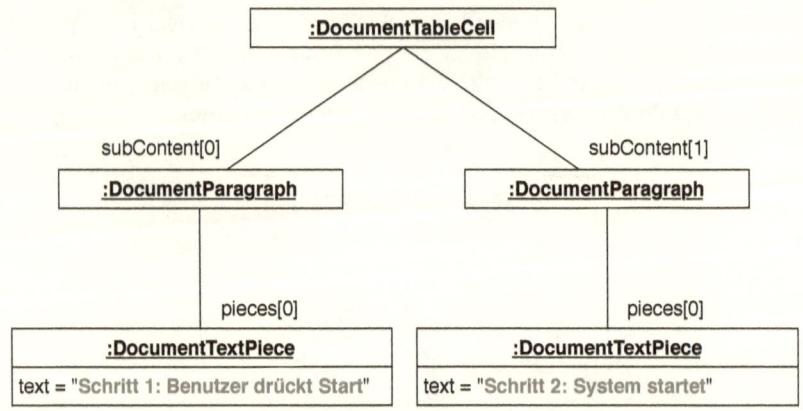

Abbildung 4.15: Vereinfachte Instanz des Dokumentenmodells für Abbildung 4.14

Abstrahiert man nun in den beiden oben beschriebenen Fällen von der tatsächlichen Kodierung auf die gewünschte Struktur, so handelt es sich in allen Fällen um eine nummerierte Aufzählung. Diese muss wie in Abbildung 4.13 gezeigt kodiert werden, um eine eindeutige Identifizierung durch einen Algorithmus in der Modellinstanz zu gewährleisten.

Wie zu sehen ist, würde ein Algorithmus, der eine geordnete Liste an der entsprechenden Stelle im Dokument erwartet, im zweiten Fall scheitern. Obwohl auch in diesem Fall eine geordnete Liste kodiert wurde, ist diese nur dem Betrachter des Dokuments ersichtlich. Auf Ebene der Modellinstanz ist sie nicht semantisch korrekt auffindbar. Um dieses Problem zu lösen, werden *Strukturtransformationen* benötigt.

Definition 31 (Strukturtransformation)

Eine *Strukturtransformation* ist eine in-place Transformation, welche eine Menge von Inhalts- und Strukturelementen in ein oder mehrere Strukturelement transformiert um so eine Struktur herzustellen, welche der Intention der Eingabe entspricht.

Der Einsatz von Strukturtransformationen führt dazu, dass die Instanz des Dokumentenmodells, auf welche die Strukturtransformation angewendet wurde, stark verändert wird. Würde man diese Instanz wieder visualisieren, so würde diese Visualisierung zwar die Intention des Autors korrekt abbilden, jedoch nicht mehr so dargestellt werden, wie ursprünglich vorgesehen. Daher müssen Strukturtransformationen, im Gegensatz zur Korrektur von inhaltlichen Kodierungen, bidirektional arbeiten.

Unter Ausnutzung der Bidirektionalität kann vor der Rückwandlung in ein strukturiertes Dokument oder der Visualisierung der Dokumenteninstanz eine Rücktransformation in die ursprüngliche strukturelle Kodierung erfolgen. Im Rahmen der entwickelten Implementierung wird im Attribut `pattern` des jeweiligen erzeugten Elements vermerkt, mit Hilfe welcher Strukturtransformation es erzeugt wurde.

Im obigen Beispiel kann mit Hilfe einer Strukturtransformation beim Antreffen der `DocumentTableCell`-Instanz die darin enthaltenen Paragraphen in die Aufzählung aus Abbildung 4.13 transformiert werden. Die Transformationsbeschreibung aus Listing 4 transformiert eine Aufzählung in eine Tabellenzelle. Auf die Instanz der Tabellenzelle aus Abbildung 4.15 angewendet, erzeugt die Rücktransformation die gewünschte Aufzählung.

```
DocumentEnumeration -> DocumentTableCell {
        subContent <- #enumerationItems
        enumerationType <- ORDERED
        pattern = "mainScenario.tl"
}

DocumentEnumerationItem -> DocumentParagraph {
        pieces <- #content.pieces
}

DocumentTextPiece ->  DocumentTextPiece {
        text <- "Schritt " +
                _parent . _parent . _index1 + ": "+text
}
DocumentTextPiece<text=" "> -> DocumentTextPiece {
        text <- " "
}
DocumentTextPiece ->  DocumentTextPiece {
        text <- text
}
```

Listing 4: Transformationsbeschreibung

4.2 Transformationen im Rahmen des Prozesses

Nachdem nun das kanonische Dokumentenmodell vorgestellt und ein Prozess zur Synchronisation zwischen impliziten und expliziten Modellen auf dessen Basis definiert wurde, werden im Folgenden Transformationen unter den durch den Prozess festgelegten Rahmenbedingungen genauer beschrieben. Laut dem Prozess gibt es Transformationen in das Dokumentenmodell, Transformationen vom Dokumentenmodell in andere Modelle und Transformationen, deren Eingabe und Ausgabe jeweils das Dokumentenmodell benutzt. Alle Transformationen stehen also immer in Verbindung mit dem Dokumentenmodell. Abgesehen von den Umwandlungen von und in konkrete Dokumente, handelt es sich jeweils um Model-To-Model Transformationen.

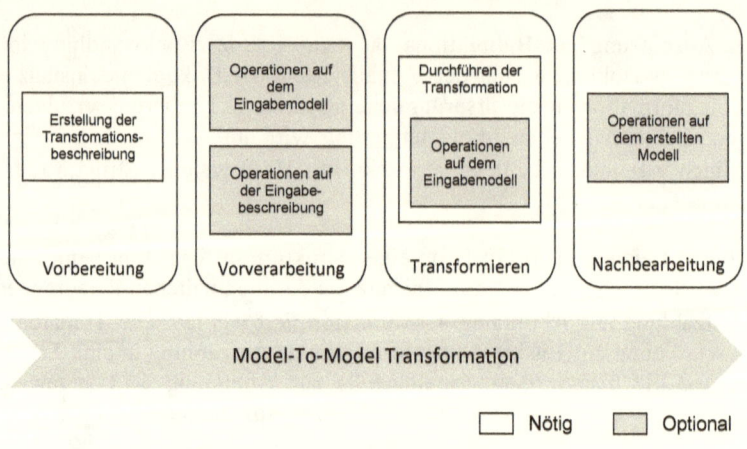

Abbildung 4.16: Phasen einer Model-To-Model Transformation

Die einzelnen Phasen einer Model-To-Model Transformation inklusive der vorbereitenden Erstellung der Transformationsbeschreibung sind in Abbildung 4.16 gezeigt. Notwendig für die Model-To-Model Transformation ist lediglich das Erstellen der Transformationsbeschreibung und das Durchführen der Transformation selbst, alle anderen Schritte sind optional. Die optionalen Schritte können dabei beliebig oft durchgeführt werden. Während der Durchführung einer Transformation können auch Operationen auf dem Eingabemodell durchgeführt werden. Dieser Schritt ist ebenfalls optional, da eine Transformation üblicherweise das Eingabemodell nicht verändert. Solch eine Operation kann etwa das Herstellen einer konkreten Struktur auf Basis der aktuell betrachteten Eingabe durch Struktur-korrigierende Transformation sein. Hierbei wird die lokale Kopie der Eingabe verändert, so dass die Garantie, das Eingabemodellartefakt nach der Transformation unverändert vorzufinden weiterhin gültig ist.

4.2.1 Wahl der Transformationssprache

Wie in Abschnitt 2.2 beschrieben, benötigt es eine Transformation Engine, um eine Transformation durchzuführen. Diese interpretiert eine Transformationsbeschreibung um die eigentliche Transformation der Eingabe in die Ausgabe durchzuführen.

Prinzipiell stehen hierfür zwei Arten der Transformationsbeschreibung und damit verbunden der Transformation Engine zur Auswahl. Zum einen kann die Transformationsbeschreibung in einer domänenspezifischen Sprache (DSL) erstellt werden [44]. In diesem Fall sind die Engine und die Transformationsbeschreibung klar von einander getrennt.

Eine andere Art eine Transformation durchzuführen ist es, eine General Purpose Language (GPL), also eine allgemeine Programmiersprache, zu benutzen. In diesem Fall werden Funktionen benötigt, welche die Eingabe und Ausgabe der Transformation lesen und schreiben können. Bei der Wahl von ECore als Metamodell werden diese Funktionen durch das EMF-API zur Verfügung gestellt [17]. Die Transformation folgt in diesem Fall dem Paradigma der direkten Manipulation.

Im Gegensatz zu einer allgemeinen Programmiersprache kann eine eigens entworfene Transformationssprache speziell an die Domäne der Modelltransformation angepasst werden. Solche domänenspezifischen Sprachen haben im Gegensatz zu den allgemeinen Programmiersprachen den Vorteil, dass sie im Rahmen ihrer Domäne vom Benutzer besser verstanden werden, was wiederum zu höherer Produktivität und geringeren Kosten für die anschließende Wartung führt [45–47]. Der Grund für diesen Vorteil gegenüber einer GPL liegt in der Beschränktheit der DSL auf die zur Definitionszeit festgelegten Konzepte. Dadurch kann es bei der Benutzung einer DSL zur Transformationsbeschreibung zu dem Fall kommen, dass die Mittel der DSL nicht ausreichen um eine gewünschte Transformation beschreiben zu können. In diesem Fall muss die DSL erweitert werden um dies zu erlauben. Ist dies nicht möglich, kann die gewünschte Transformation nicht durchgeführt werden.

Im Gegensatz dazu erlaubt die Verwendung einer allgemeinen Programmiersprache die Transformation beliebig detailliert zu beschreiben. Nachteil dieser direkten Manipulation und der damit verbundenen Nutzung von Programmiersprache und API ist, dass Beschreibung und Engine nicht mehr scharf zu trennen sind, da sich alles in einem Programm befindet. Da eine GPL zudem nicht speziell für die Transformation entworfen wurde, ist es in den meisten Fällen nicht einfach möglich eine Transformation wieder zu verwenden.

Unter der Annahme, dass eine Transformation auf Basis einer deklarativen Programmiersprache umgekehrt werden kann, um eine Rücktransformation der erzeugten Modellartefakte zu ermöglichen, wird im Folgenden immer die Transformationsbeschreibung vom Dokumentenmodell ausgehend angegeben, unabhängig davon welche Richtung der Transformation betrachtet wird. Dass diese Annahme stimmt, wird in Abschnitt 5.4 gezeigt.

Jedoch existieren einige Einschränkungen bei der Umkehrung einer Transformation, so dass die für diese Arbeit entwickelte Implementierung einen kombinierten Ansatz verwendet. Damit ist es möglich an den Stellen, an denen eine DSL nicht mächtig genug ist, stattdessen Java-Code auszuführen.

4.2.2 Vorverarbeitung der Transformationsbeschreibung

Eine Vorverarbeitung der Transformationsbeschreibung vor der eigentlichen Ausführung kann zwei Ziele verfolgen. Zum einen kann eine Vorverarbeitung dazu dienen, dass die Transformationsbeschreibung für die Rücktransformation angepasst wird. Zum anderen kann eine Vorverarbeitung auch dem Ziel dienen, den Ersteller dieser Transformationsbeschreibung zu unterstützen. Diese Art der Vorverarbeitung findet dann während der Eingabe statt, so dass die Ergebnisse dieses Schrittes zur Verfügung stehen, während die Transformationsbeschreibung erstellt wird, spätestens jedoch vor Ausführung der Transformation. Sobald bei der Beschreibung einer Transformation definiert ist, was transformiert werden soll, kann hierzu gezielt Unterstützung angeboten werden.

Im Wesentlichen verfolgt eine Vorverarbeitung während der Eingabe eins der folgenden zwei Ziele:

- Direkte Unterstützung bei der Erstellung der Transformationsbeschreibung durch Vorschläge.
- Finden von Fehlern in der Transformationsbeschreibung und Anbieten von Lösungsvorschlägen.

Beiden Zielen ist gemein, dass die hierfür gewählten Mechanismen auf die Transformationssprache angepasst werden müssen. Als gemeinsame Schnittmenge werden im Folgenden Regeln und Zuweisungen benutzt um zu demonstrieren, wie eine Vorverarbeitung zur Unterstützung des Autors beim Erstellen einer Transformationsbeschreibung benutzt werden kann. Listing 5 zeigt die gekürzte Grammatik von Regeln und Zuweisungen von TransformationCore.

```
Rule:
    inputModel=ID ("[" parameter=ID "]")? "->"
      classValue=NewClassValue;

NewClassValue:
    className=ID ("{"
        attributes+=AttributeTransformation+
      "}")?;

AttributeTransformation:
    attribute=ID "<-" value=Constant
```

Listing 5: Gekürzte Grammatik einer Regel

Verallgemeinert man Regeln und Zuweisungen und abstrahiert von der konkreten Syntax, so lässt sich eine Regel r in einer deklarativen Transformationssprache formal definieren als

$$r = (M_1, M_2, T)$$

Hierbei ist M_1 ein Element des Meta-Artefakts der Eingabe ist und M_2 das zu erstellende Element des Meta-Artefakts der Ausgabe. T ist eine Menge von Zuweisungen für die Umwandlung von Elementen aus M_1 in Elemente aus M_2.

Eine Zuweisung $t \in T$ eines Werts zu einem Attribut oder einer Relation einer erstellten Instanz ist definiert als:

$$t = (M, a, f)$$

M ist hierbei eine Klasse des Zielmodells, a das entsprechende Attribut oder die Relation dieser Klasse, dem etwas zugewiesen werden soll. Der dem Attribut zuzuweisende Wert ist durch die Funktion f angegeben. Nach Hoare muss die Funktion f frei von Seiteneffekten sein [48].

Vorschläge bei der Erstellung der Transformationsbeschreibung
Bei der Erstellung der Transformationsbeschreibung können durch eine Entwicklungsumgebung Vorschläge gemacht werden. Murphy, Kersten und Findlater geben bei ihrer Untersuchung des Nutzungsverhaltens von Entwicklern, die Eclipse benutzen an, dass die Code Completion-Funktion, also das Vorschlagen von kontextabhängigen Schlüsselwörtern, eine der am meisten genutzten Funktionen ist [49]. Eine verwandte Funktion ist der Template-Mechanismus. Bei diesem wird ein eingegebenes Schlüsselwort durch eine hinterlegte Vorlage ersetzt, um so den Aufwand der Eingabe von sich wiederholenden Code-Fragmenten zu vermeiden.

Die Ersetzung von Schlüsselwörtern durch hinterlegte Vorlagen ist bereits Bestandteil von aktuellen Entwicklungsumgebungen. Dieser Mechanismus ist, da kontextfrei, auch auf die Erstellung von Transformationsbeschreibungen anzuwenden. Hingegen ist der Vorschlag von Schlüsselwörtern in einer konkreten Situation für jede Sprache neu zu implementieren. Daher wird im Folgenden dieser Mechanismus für Transformationsbeschreibungen näher untersucht.

Beim Vorschlagen von Schlüsselworten kann zwischen zwei Arten unterschieden werden: Die erste Variante basiert rein auf der Syntax der Sprache. Diese kann direkt aus der Grammatik hergeleitet werden. Diese Art von Vorschlägen kann dazu genutzt werden Schlüsselwörter und Standardwerte vorzuschlagen. Die zweite Variante für die Generierung von Vorschlägen ist es, Vorschläge direkt auf dem aktuellen Kontext anzugeben.

Ein Verfahren, welches auf Basis der Grammatik arbeitet, kann unterstützt durch den Parser erkennen, welche Schlüsselwörter als nächstes erlaubt sind. Ist als nächstes ein Nichtterminal erlaubt, so kann, auf Basis des Typs dieses Nichtterminals versucht werden, einen Standardvorschlag zu ermitteln. So kann für das Nichtterminal `Constant` in der `AttributeTransformation` z.B. der Wert `""` vorgeschlagen werden, da dies ein gültiger String ist und somit die Regel für eine String-Konstante erfüllt ist. Zwar hilft diese Art von Vorschlägen dabei eine syntaktisch korrekte Transformationsbeschreibung zu erstellen, jedoch hilft sie für konkrete Fälle nicht weiter. Für das Nichtterminal `ID` in der `AttributeTransformation` kann etwa kein sinnvoller

Wert vorgeschlagen werden, da die hierfür gültigen Werte erst zur Erstellungszeit der Transformationsbeschreibung bestimmt werden können.

Im Gegensatz dazu kann ein kontextsensitives Verfahren Hilfe für die semantische Korrektheit der Transformationsbeschreibung liefern.

```
UseCaseSet -> Document {
    // (1)
}
```

Listing 6: Regeldefinition

Listing 6 zeigt eine Regeldefinition. Durch die Semantik der Transformationssprache ist bestimmt, dass die Klasse `UseCaseSet` als Eingabe und die Klasse `Document` als Ausgabe der Regel dient. Formal ist die Regel also definiert als $r = (UseCaseSet, Document, \emptyset)$.

Will der Autor nun an Position (1) einen Vorschlag bekommen, so können diese aus der aktuellen Situation bestimmt werden. Im konkreten Fall ist das nächste erlaubte Statement nach Listing 5 eine `AttributeTransformation`, also eine Zuweisung. Durch den Kontext der umschließenden Regel r ist das Attribut M der Zuweisung festgelegt auf `Document`. Die Zuweisung hat also bislang die Form

$$t_1 = (r.M_2, a, f) = (Document, a, f)$$

An Position (1) ist nun nach einem gültigen Wert für a gesucht, der Wert für f bleibt an dieser Stelle unbeachtet. Durch die Definition von Zuweisungen ist gefordert, dass a ein Attribut oder eine Relation der Klasse `Document` sein muss. An dieser Stelle können also alle Attribute oder Relationen von `Document` vorgeschlagen werden. Unter Berücksichtigung der Regel r, in der die Transformation erstellt werden soll, muss für die Vorschlagsmenge P gelten:

$$\forall p \in P: p \in r.M_2.A \lor p \in r.M_2.R$$

Für den Fall, dass der Autor bereits angefangen hat, einen Text einzugeben, muss zusätzlich noch für jedes p der Vorschlagsmenge P gelten, dass dessen Prefix gleich mit dem bereits eingegebenen String ist.

```
UseCaseSet -> Document {
    content <- // (2)
}
```

Listing 7: Regeldefinition

In Position (2) aus Listing 7 werden Vorschläge für die rechte Seite einer Zuweisung angefordert. Die Zuweisung sieht im obigen Fall wie folgt aus:

$$t_2 = (r.M_2, content, f) = (Document, content, f)$$

In diesem Fall muss also ein gültiger Wert für f gefunden werden. Wiederum ist durch die umschließende Regel r bekannt, dass die variablen Werte für f aus der Klasse `UseCaseSet` kommen können. Um eine korrekte Zuweisung zu erhalten, sollen außerdem nur diejenigen Attribute und Relationen von `UseCaseSet` vorgeschlagen werden, die typkompatibel zu `content` sind. Für die Vorschlagsmenge P unter Berücksichtigung des bislang erstellten Teils t der Zuweisung und der umschließenden Regel r muss gelten:

$$\forall p \in P: (p \in r.M_1.A \vee p \in r.M_2.R) \wedge p =_t t.a$$

Anstelle von Attributen des Eingabelements M_1 der Regel könnten auch der Aufruf von anderen, bereits definierten Regeln oder Pattern stehen. Diese Vorschläge sind jedoch jeweils von den konkreten Sprachkonstrukten der Transformationssprache abhängig und lassen sich demnach nicht verallgemeinern.

Problemerkennung bei der Transformationsbeschreibung

Während oder direkt nach der Erstellung der Transformationsbeschreibung kann diese auf Probleme untersucht werden. Diese Vorverarbeitung ähnelt der Analyse von Quellcode durch den Compiler oder statische Code-Analyse (eine Übersicht liefert Louridas in [50]). Hierzu werden zuerst die zu erwartenden Probleme in Kategorien eingeteilt. Dann wird jeder Kategorie ein Schweregrad zugewiesen. Hierbei wird zwischen Warnungen, die möglicherweise zu Problemen führen können und Fehlern, die eine Ausführung der Transformation behindern, unterschieden.

Diese gefundenen Probleme werden von einer IDE gesammelt angezeigt um dem Entwickler eine schnelle Übersicht zu geben. Außerdem werden sie zusätzlich auch an der Stelle im Code angezeigt, an der sie auftreten, falls sie einer Codestelle zuzuordnen sind. Abbildung 4.17 zeigt ein solches Beispiel aus Eclipse. Derselbe Mechanismus kann auch genutzt werden um den Benutzer beim Erstellen einer Transformationsbeschreibung zu unterstützen.

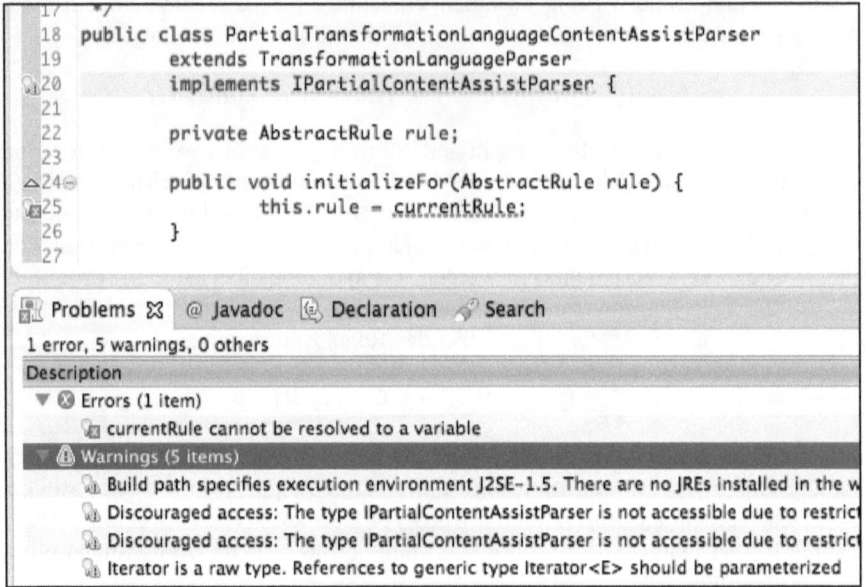

Abbildung 4.17: Anzeige von Fehlern und Warnungen in IDEs

Für Transformationsbeschreibungen in der Syntax von TransformationCore lassen sich Probleme in drei Kategorien einteilen:

- Fehler bei der Definition von Regeln
- Fehler bei der Angabe von Zuweisungen
- Fehler bei Aufrufen von Pattern und anderen Regeln

Eine allgemeine Problemfunktion p lässt sich definieren als

$$p(o, c, message): Objekt \times Funktion \times String \mapsto Boolean$$

Hierbei ist o ein zu überprüfendes Objekt, z.B. eine Zuweisung. c ist eine Methode, die einen Parameter vom Typ von o übergeben bekommt und überprüft ob dieser korrekt ist. $message$ ist ein String, der die Fehlermeldung für den Fall, dass o nicht korrekt ist, enthält. Die Rückgabe von p ist *true,* falls ein Problem festgestellt wurde, ansonsten *false*.

In den folgenden drei Abschnitten werden für jede der drei Kategorien die zu erwartenden Probleme aufgeführt und mögliche Lösungsvorschläge hierfür angegeben.

Fehler bei der Definition von Regeln
Probleme, die bei der Definition einer Regel auftreten können, sind falsche Elemente für M_1 oder M_2.

Ein Lösungsvorschlag, der dem Ersteller in dieser Situation angeboten werden kann, ist das Vorschlagen eines existierenden Elements. Für den Fall, dass M_1 nicht existiert, müssen Elemente aus dem Meta-Artefakt der Eingabe vorgeschlagen werden, für den Fall dass M_2 nicht existiert, entsprechend Elemente aus dem Meta-Artefakt des Ausgabe.

Um die Qualität der Vorschläge zu verbessern, kann eine Metrik definiert werden, die auf Basis des aktuell in der Transformationsbeschreibung angegebenen Elements ähnliche Vorschläge macht. Eine passende Metrik hierfür ist etwa die Levenshtein-Metrik [51], [52], welche die Ähnlichkeit zweier Strings zueinander angibt. Diese Metrik ist insbesondere gut geeignet um Schreibfehler der Elemente wie etwa Binnengroßschreibung oder vertauschte Buchstaben zu korrigieren.

Fehler für Zuweisungen

Um zu überprüfen ob eine Zuweisung $A = (M, a, f)$ fehlerfrei ist, sei die Funktion $c(A)$ definiert wie folgt:

$$c(A): Zuweisung \mapsto Boolean$$

Die Funktion c ist eine Funktion, die in die allgemeine Korrektheitsfunktion p eingesetzt werden kann. Da die Funktion c die Korrektheit einer Zuweisung überprüft, ist ihr Rückgabewert *true* falls die Zuweisung korrekt ist, ansonsten *false*.

Für eine Zuweisung können zwei verschiedene Fehler auftreten:

Der Wert, den die Funktion f liefert, ist nicht kompatibel mit dem Wert des Attributs a

Es muss für eine Zuweisung $A = (M, a, f)$ gelten:

$$c_{type}(A) := type(A.M.a) =_t type(A.f)$$

Für den Fall, dass die obige Bedingung nicht erfüllbar ist, gilt, dass die beiden Typen nicht zueinander kompatibel sind. Somit ist die Zuweisung fehlerhaft.

Das Modellelement M enthält das Attribut oder die Relation a nicht

Für eine Zuweisung $A = (M, a, f)$ muss gelten:

$$c_{attribute}(A) := \exists x \in A.M.A: x.name = A.a.name$$
$$\lor \exists y \in A.M.R: y.name = A.a.name$$

Ist diese Bedingung nicht erfüllt, so gilt, dass das Modellelement M das Attribut a nicht enthält. Somit ist die Zuweisung fehlerhaft.

Somit lassen sich beide Arten von Problemen für Zuweisungen wie folgt mit der allgemeinen Problemfunktion angeben:

$$p_{type}(A) = (A, c_{type}, \text{"Die Typen sind nicht kompatibel"})$$

$$p_{attribute}(A) = (A, c_{attribute}, \text{"Das Attribut existiert nicht"})$$

Lösungsvorschläge für nicht kompatible Typen

Für den Fall, dass die Typen einer Zuweisung nicht kompatibel zu einander sind, muss ein Lösungsvorschlag eine Möglichkeit anbieten, beide Typen zu einander kompatibel zu machen. Um dies zu erreichen muss entweder das Attribut a der Zuweisung oder die Funktion f geändert werden.

Die erste Entscheidung, die bei der Bereitstellung eines Korrekturvorschlags zu treffen ist, ist die, welche der beiden Zuweisungsteile bei einer fehlerhaften Zuweisung korrigiert werden soll. Prinzipiell können für beide Teile Korrekturvorschläge gemacht werden, jedoch führt eine Veränderung des Attributs a zu einer höheren Erfolgsquote des Vorschlags.

Dies ist damit zu erklären, dass der Lösungsraum für diese Vorschläge geringer ist. Die übliche Lösung zur Herstellung von Typkompatibilität in GPLs ist, entweder den Typ von a zu ändern oder das Ergebnis von f in einen passenden Typ zu casten. Ein Ändern des Typs von a würde jedoch zu einer Änderung des Meta-Artefakts führen, dessen Auswirkungen nicht absehbar sind. Die Möglichkeit den Wert von f zu casten, steht nicht zur Verfügung. Daher bleibt als einziger Korrekturvorschlag, alle Attribute und Relationen von M vorzuschlagen, dessen Typ kompatibel zum Wert von f ist. Dies führt implizit zu der Annahme, dass der zuzuweisende Wert, also die Funktion f korrekt ist.

Ein Algorithmus zur Ermittlung der Korrekturvorschläge prüft, welche Attribute und Relationen des Zielmodells vom Typ der Zuweisung sind und schlägt diese vor. Listing 8 zeigt diesen Algorithmus im Pseudocode für eine Zuweisung A:

```
typeFix(A):
  List validAttributes
  forall a in A.M.A and A.M.R:
    if a =_s A.f
      validAttributes.add(a)
  return validAttributes
```

Listing 8: Pseudocode für Korrekturvorschlag bei Typen-Inkompatibilität

Lösungsvorschläge für nicht vorhandene Attribute

Die Verwendung von nicht vorhandenen Attributen und Relationen ist kein spezielles Problem von Zuweisungen, sondern kann überall dort auftreten, wo auf Attribute oder Relationen verwiesen wird. Um für dieses Problem einen Lösungsvorschlag anzubieten gibt es wiederum zwei Möglichkeiten, abhängig davon, wo sich die fehlerhafte Referenz innerhalb einer Zuweisung befindet.

Für den Fall, dass a eine fehlerhafte Referenz enthält, also auf ein Attribut oder eine Relation verweist, die in M nicht enthalten ist, so kann hierbei ähnlich verfahren werden, wie bei nicht-typkompatiblen Zuweisungen. Unter der Annahme, dass die Zuweisung von f korrekt ist, kann der gleiche Algorithmus wie in Listing 8 angewendet werden, um gültige Attribute vorzuschlagen. Führt dieser zu keinem Ergebnis, so kann zusätzlich die Einschränkung weggelassen werden, dass Typkompatibilität hergestellt werden soll. Damit würden alle Attribute des aktuellen Modellelements vorgeschlagen. Nach diesem Korrekturvorschlag wird allerdings immer noch ein Fehler in der Zuweisung vorhanden sein. Jedoch handelt es sich nun um einen Fehler aufgrund von inkompatiblen Typen. Die Übersicht über alle verfügbaren Attribute kann dem Benutzer jedoch helfen, dieses Problem besser zu lösen, da das Bewusstsein für das aktuell transformierte Modellelement gesteigert wird.

Eine andere Art von Korrekturvorschlag ist, eine Expandierung der Zuweisung anzubieten. Hierzu nimmt man an, dass die Zuweisung exakt so beabsichtigt ist, wie sie hingeschrieben wurde, jedoch an der falschen Stelle steht. Dies bedeutet, dass das Attribut nicht im aktuellen Modellelement vorhanden ist, jedoch in einem Modellelement, welches durch eine Abfolge von Zuweisungen der Kinder des aktuellen Elements existiert.

Beispiel

Basierend auf dem allgemeinen Dokumentenmodell aus Kapitel 3, ist in Listing 9 ein Ausschnitte aus einer Transformation gezeigt. Zu sehen ist, dass das aktuelle Modellelement `DocumentTableCell` ist. Diesem wird für das Attribut `text` der Wert *„Use Case Id"* vom Typ `String` zugewiesen.

```
cells <- DocumentTableCell {
     text <- "Use Case Id"
}
```

Listing 9: Beispieltransformation (Ausschnitt)

Das Modellelement `DocumentTableCell` verfügt nicht über dieses Attribut, so dass

$$c_{Attribute}(DocumentTableCell, text, "Use\ Case\ Id")$$

den Wert *false* zurück geben wird. Verfolgt man nun die Assoziationen von DocumentTableCell aus, so kann man feststellen, dass die Assoziation subContent vom Typ DocumentContent ist. Die Klasse DocumentHeading des Dokumentenmodells ist eine Realisierung dieses Interface und verfügt über ein Attribut text. Eine gültige Expandierung wäre damit in Listing 10 zu sehen. Der durch die Expandierung hinzugefügte Teil ist in blau gekennzeichnet.

```
cells <- DocumentTableCell {
        subContent <- DocumentHeading {
        text <- "Use Case Id"
        }
}
```

Listing 10: Expandierte Transformation

Die Expandierung zu DocumentHeading ist jedoch nicht die einzig mögliche. Da nicht eindeutig zu bestimmen ist, welche Expandierung der Transformationsersteller gemeint hat, muss für jede mögliche Expandierung ein Korrekturvorschlag erstellt werden. Das generelle Vorgehen hierzu zeigt der Pseudocode in Listing 11.

```
findExpansions(A)
     List allWays
     elements =
         findElementsInModelWithAttribute(A.a)
     forall e in elements:
         way = findWay(A.M, e)
         if (way != null)
             allWays.add(way)
     return allWays
```

Listing 11: Pseudocode zur Expandierung

Es werden zunächst alle Klassen gesucht, die über das gesuchte Attribut verfügen. Anschließend wird versucht, einen Weg vom aktuellen Element der Transformation hin zu dem entsprechenden Zielelement zu finden. Die Methode findWay ist in Listing 12 gezeigt.

Wendet man den diesen Algorithmus an, um alle Möglichkeiten zur Expandierung zu finden, so kann dies, je nach konkretem Modell, zu mehr Möglichkeiten führen, als der Ersteller überblicken kann. Hierdurch wird die kognitive Last die richtige Möglichkeit auszuwählen, zu hoch. In diesem Fall sind die Korrekturvorschläge nicht mehr hilfreich sondern störend.

```
findWay(currentElement, targetElement)
    visitedElements.add(currentElement)
    if currentElement = targetElement
        // Gefundenen Weg zur
        // Rückgabemenge hinzufügen
        // Rekursion beenden
    forall r in currentElement.R:
        if (!visitedElements.contains(r))
            findWay(r, targetElement)
    return null // Falls kein Weg gefunden wurde
```

Listing 12: Pseudocode um einen Weg zwischen zwei Modellelementen zu finden

Um die Anzahl der gefundenen Pfade zu reduzieren, beschränkt man sich darauf, die kürzesten Pfade zu finden. Dies bedeutet, dass man als zusätzliches Abbruchkriterium, neben dem Erreichen des gesuchten Modellelements, noch das Vorhandensein des gesuchten Attributes hinzufügt. Listing 13 zeigt die veränderte Methode `findWay`.

```
findWay(currentElement, targetElement, targetAttribute)
    visitedElements.add(currentElement)
    if currentElement = targetElement or
       currentElement.A.contains(targetAttribute)
        // Gefundenen Weg zur Rückgabemenge
        // hinzufügen, wenn noch nicht
        // vorhanden
        // Rekursion beenden
    forall r in currentElement.R:
        if (!visitedElements.contains(r))
            findWay(r, targetElement)
```

Listing 13: Beschränkung von findWay (Änderungen gegenüber Listing 12 in *kursiv*)

Im Gegensatz zur ersten Variante muss hier der Name des gesuchten Attributs zusätzlich mit übergeben werden, damit die Rekursion abbrechen kann, wenn das aktuell untersuchte Element über ein Attribut oder eine Relation gleichen Namens verfügt. Bei dieser Variante kann es vorkommen, dass mehrfach der gleiche Weg gefunden wird, da nur die Prefixe aller möglichen Wege gefunden werden. Daher muss die Menge der gefundenen Wege von Duplikaten befreit werden.

Hierdurch findet man nicht mehr jede beliebige Kombination, sondern nur noch die bis zum ersten Auftreten des gesuchten Attributs. Dies verringert die kognitive Last für den Benutzer, da er nicht mehr aus allen möglichen Kombinationen die richtige auswählen muss. Abbildung 4.18 zeigt die beiden beschriebenen Lösungsvorschläge als QuickFix in Eclipse.

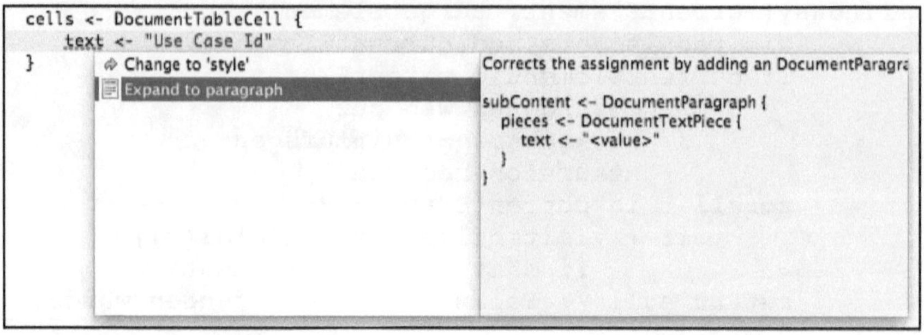

```
cells <- DocumentTableCell {
    text <- "Use Case Id"
}         Change to 'style'              Corrects the assignment by adding an DocumentParagra
          Expand to paragraph
                                         subContent <- DocumentParagraph {
                                             pieces <- DocumentTextPiece {
                                                 text <- "<value>"
                                             }
                                         }
```

Abbildung 4.18: Korrekturvorschläge als QuickFix in Eclipse

5 Umwandlung von Artefakten in Instanzen des Dokumentmodells

Ein abgeschlossenes Dokument – wie beispielsweise eine Anforderungsspezifikation – besteht in den meisten Fällen aus mehreren Artefakten, die zusammen mit natürlich-sprachlichen Teilen in einem Textverarbeitungsprogramm zusammengeführt werden. Diese Artefakte können z. B. Bilder sein, aber auch explizit definierte Modelle. Explizite Modelle und deren Instanzen werden außerhalb des Textverarbeitungsprogramms durch ein spezialisiertes Werkzeug erstellt. Der Vorteil an der Verwendung eines spezialisierten Werkzeugs ist, dass dem jeweiligen Tool das Metamodell des zu bearbeitenden Modells bekannt ist. Hierauf basierend können Verhalten in das Tool integriert werden, in die ein semantische Verständnis dafür codiert werden kann, wie die Modelle im Einzelnen aufgebaut sind und welche Bedeutung einzelne Modellelemente tragen.

Im Folgenden werden zwei Arten von Editoren im Hinblick auf die Erstellung und Nutzung von Modellinstanzen charakterisiert. Danach wird gezeigt, wie sich die so erstellten Artefakte in Dokumentstrukturen übersetzen lassen. Dabei werden die Vor- und Nachteile der Tool-eigenen Exportierungsfunktion dargestellt. Anschließend wird ein Verfahren zum modellbasierten Export in Dokumente vorgestellt und dessen Eigenschaften mit denen der Exportfunktionen der einzelnen Tools verglichen. Weiterhin wird gezeigt, wie sich eine deklarative Sprache nutzen lässt um eine Transformationsbeschreibung bidirektiv zu interpretieren. Abschließend wird dies an einem Anwendungsbeispiel demonstriert.

5.1 Modell-basierte Editoren

Abhängig von den zu bearbeitenden Daten und der internen Struktur eines Editors, unterscheiden sich auch die Möglichkeiten, wie die vom Editor erstellten Artefakte weiterverarbeitet werden können. Um diese Unterschiede zu demonstrieren, zeigen sowohl Abbildung 5.1 wie auch Abbildung 5.2 das Composite-Pattern [53].

5.1 Modell-basierte Editoren

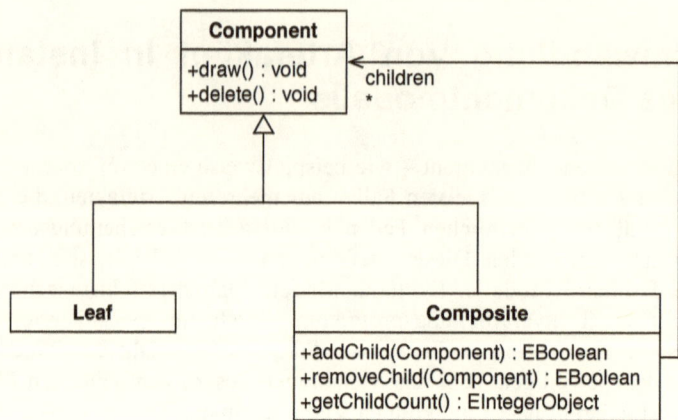

Abbildung 5.1: UML Klassendiagramm des Composite-Pattern mittels Grafikeditor erstellt

Abbildung 5.1 wurde mit einem allgemeinen graphischen Editor erstellt, Abbildung 5.2 mittels eines graphischen Editors für ECore-Klassendiagramme. Die Erklärung für die unterschiedliche visuelle Repräsentation ist in den verwendeten Werkzeugen zu finden. Wichtig ist hierbei, dass in beiden Fällen die Repräsentation eines Modells gezeigt wird, nicht das Modell selbst. Die Unterschiede in der Darstellung spielen jedoch bei der fachlichen Betrachtung keine Rolle mehr. In dieser stellen beide Diagramme jeweils ein UML-Klassendiagramm des Composite-Patterns dar. Beide Modelldarstellungen können durch Code mit gleicher Funktionalität implementiert werden, da sie beide valides UML darstellen.

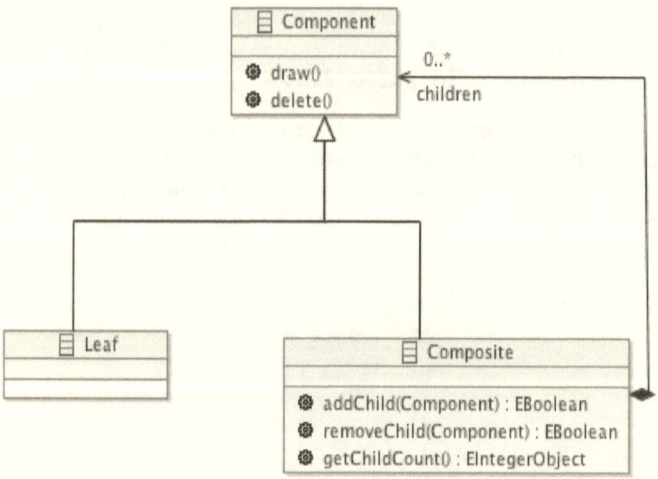

Abbildung 5.2: UML Klassendiagramm des Composite-Pattern als mittels ECore-Editor erstellt

Sollen die oben gezeigten Modelle jedoch automatisiert in einem Software Engineering Prozess weiterverwendet werden, so sind nicht deren Repräsentation relevant, sondern die tatsächlichen Modelldaten. Diese Modelldaten und die durch sie beschriebenen Instanzen dienen in einem Prozess als Eingabe um z.B. aus dem oben gezeigtem Klassendiagramm den entsprechenden Quellcode zu erstellen.

In beiden Fällen benutzen die verwendeten Editoren jeweils ein internes Modell um die modellierten Klassendiagramme zu speichern. Während es sich beim Grafikeditor jedoch um ein generisches Modell zur Darstellung von Grafiken handelt, benutzt der ECore-Editor intern ein Modell, welches das ECore-Metamodell instanziiert. Abbildung 5.3 und Abbildung 5.4 zeigen jeweils eine schematische Darstellung der internen Modelle. In dieser sind aus Gründen der Übersichtlichkeit nicht alle Elemente des Patterns enthalten.

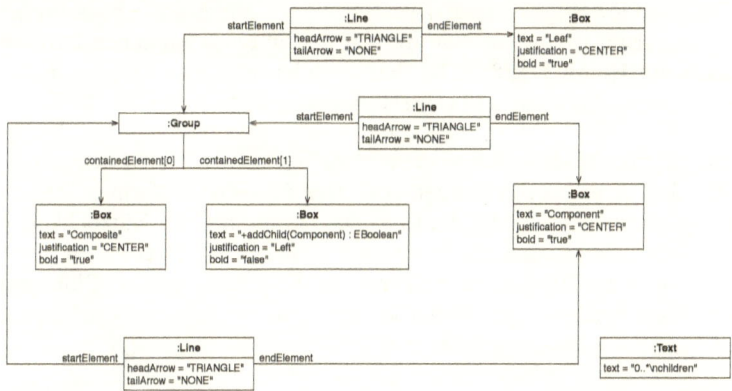

Abbildung 5.3: Schematische Darstellung des internen Modells von Abbildung 5.1

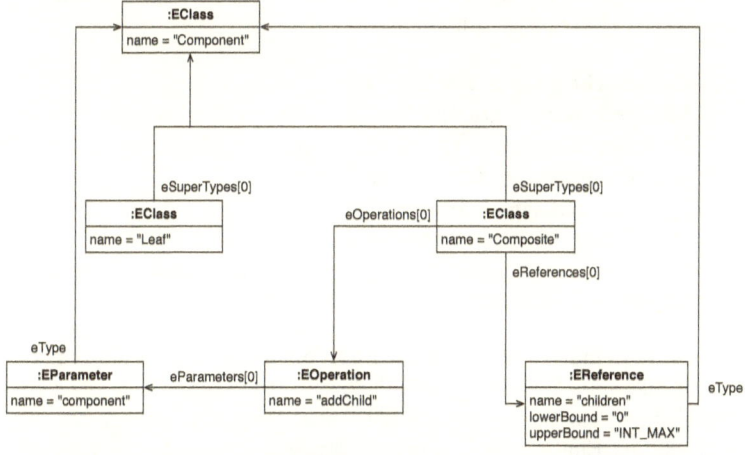

Abbildung 5.4: Schematische Darstellung des internen Modells von Abbildung 5.2

Sieht man sich die in Abbildung 5.3 gezeigte Instanz des internen Modells eines allgemeinen graphischen Editors an, so stellt man fest, dass die im Modell enthaltenen Elemente zwar geeignet sind, eine graphische Repräsentation des Klassendiagramms zu erstellen, zum Zweck der automatisierten Weiterverarbeitung um z.B. Quellcode zu erzeugen, ist sie jedoch nicht geeignet. Hingegen ist die in Abbildung 5.4 gezeigte Modellinstanz gut für die automatisierte Weiterverarbeitung geeignet, da die Modellelemente des internen Modells des ECore-Editors die tatsächliche Semantik des modellierten Klassendiagramms widerspiegeln.

Der Grund für diese verschiedenen internen Modelle sind die verschiedenen Ausrichtungen der Editoren. Der Grafikeditor dient der generischen Erstellung von Grafiken, der ECore-Editor nur der Erstellung von Modellen oder Instanzen, deren Metamodell das ECore-Metamodell ist. Beide internen Modelle sind für ihren jeweiligen Einsatzzweck geeignet. Die beschriebene Problematik tritt nur dann auf, wenn man die auf den internen Modellen basierenden Instanzen mit Hinblick auf ein bestimmtes Ziel (hier dem Ziel der modellbasierten Software Entwicklung) weiterverwenden will.

Um ein internes Modell zu bewerten, muss immer der Zweck betrachtet werden, für den es eingesetzt werden soll. Der Einsatzzweck eines Modells ist unabhängig vom Zweck des Editors. Das Kriterium der Nützlichkeit eines Modells wird nun also aus einem anderen Kontext betrachtet als dies evtl. bei der Erstellung des Editors der Fall war. Im Folgenden soll als Einsatzzweck der erstellten Artefakte die Weiterbenutzung in einem modellbasierten Software Engineering Prozess gelten.

Hat man den Einsatzzweck für die vom Editor erzeugten Modellartefakte, basierend auf dem internen Modell, festgelegt, so kann man die Editoren, welche überhaupt zum Erstellen der gewünschten Modellrepräsentation geeignet sind, in zwei Kategorien einteilen:

- **Generische graphische Editoren**
  Mit generischen graphischen Editoren lässt sich eine gewünschte Modellrepräsentation erzeugen. Das interne Modell ist jedoch für einen gewählten Einsatzzweck nicht geeignet.
- **Modellspezifische Editoren**
  Das interne Modell eines modellspezifischen Editors ist für den gewählten Einsatzzweck direkt geeignet. Auch kann mit solch einem Editor die gewünschte Modellrepräsentation erzeugt werden.

Da bei der Erstellung von Modellen nicht nur graphische Editoren relevant sind, kann die obige Einteilung auf alle Arten von Editoren generalisiert werden. Somit kann ein Editor, unter Berücksichtigung des internen Modells für einen gewählten Einsatzzweck entweder als *generischer Editor* oder als *modellspezifischer Editor* kategorisiert werden.

Das interne Modell eines generischen Editors ist für das gewählte Weiterverarbeitungskriterium nicht geeignet. Der Editor selbst kann jedoch genommen werden um eine Repräsentation des gewünschten Modells zu erzeugen (z.B. das Bild eines Klassendiagrams wie in Abbildung 5.1 gezeigt).

Definition 32 (generischer Editor)

Ein *generischer Editor* ist ein Werkzeug, welches ein internes Modell benutzt, das für einen gewünschten Einsatzzweck nicht direkt weiterverwendet werden kann. Mit einem generischen Editor kann jedoch eine Modellrepräsentation des gewählten (Meta)modells erzeugt werden.

Wenn mit einem Editor nicht nur die passende Modellrepräsentation erzeugt werden kann, sondern das interne Modell für einen gewünschten Einsatzzweck direkt weiterverwendet werden kann, so handelt es sich im einen modellspezifischen Editor.

Definition 33 (modellspezifischer Editor)

Ein *modellspezifischer Editor* ist ein Editor, dessen internes Modell sich für die direkte Weiterverarbeitung des erzeugten Modellartefakts zu einem gewählten Zweck eignet. Außerdem kann mit dem Editor eine Modellrepräsentation des gewählten (Meta)modells erzeugt werden.

Ein modellspezifischer Editor unterscheidet sich von einem generischen Editor nur dadurch, dass sein internes Modell für das gewählte Weiterverarbeitungskriterium direkt geeignet ist. Dabei gilt es zu beachten, dass ein Editor, je nach gewähltem Weiterverarbeitungskriterium, sowohl generischer als auch modellspezifischer Editor sein kann. Neben der direkten Verwertbarkeit des mit einem modellspezifischen Editor erstellten Modellartefakts, bietet diese Art von Editoren noch den Vorteil, dass dieses auf Gültigkeit im Zusammenhang mit dem jeweiligen Meta-Artefakt überprüft werden kann. Tabelle 3 gibt eine Übersicht über den hauptsächlichen Unterschieden zwischen generischen und modellspezifischen Editoren.

Generische Editoren	Modellspezifische Editoren
Keine Prüfung des Modellartefakts während des Modellierens	Prüfung des Modellartefakts während des Modellierens
Eine Weiterverarbeitung des Modellartefakts für ein gewähltes Verarbeitungsziel nicht direkt möglich.	Eine Weiterverarbeitung des Modellartefakts für ein gewähltes Verarbeitungsziel ist direkt möglich.
Möglichkeit, beliebige Repräsentationen von Modellen zu erstellen	Es können nur Repräsentationen unterstützter Modelle erzeugt werden
Erweiterungen der Sprache können direkt umgesetzt werden	Erweiterungen der Sprache benötigen eine Erweiterung des Editors

Tabelle 3: Übersicht über die wesentlichen Unterschiede zwischen generischen und modellspezifischen Editoren

5.1 Modell-basierte Editoren

Im Rahmen dieser Arbeit ist der Zweck der Weiterverarbeitung immer die Benutzung im Zuge eines modellbasierten Software Engineering Prozesses. Für dieses Ziel gilt, dass erzeugte Modellartefakt einem Meta-Artefakt zugehörig sein müssen, damit sie automatisiert im Rahmen eines solchen Prozesses verarbeitet werden können. Betrachtet man nun beide beschriebenen Editorarten, so kann dies von einem modellspezifischen Editor geleistet werden. Die Definition eines modellspezifischen Editors trifft jedoch keine konkrete Aussage über Beschaffenheit des erstellten Modellartefakts. Fordert man zusätzlich, dass das erstellte Modellartefakt nicht nur nützlich für die Weiterverarbeitung ist, sondern auch ein zuvor definiertes Meta-Artefakt instanziiert, so handelt es sich um einen *modell-basierten Editor*.

Definition 34 (Modell-basierte Editoren)

Ein *Modell-basierter Editor* ist ein Editor zur Erstellung von Modellartefakten. Für ein gewähltes Modellartefakt unterstützt er die Erstellung der entsprechenden Repräsentation. Dabei instanziiert das interne Modell des Editors das Meta-Artefakt des zu erstellenden Modellartefakts. Modell-basierte Editoren sind modellspezifische Editoren.

Ein modell-basierter Editor erstellt ein Modellartefakt, welches nicht nur für den gewünschten Zweck der Weiterverarbeitung geeignet ist, sondern auch das entsprechende, zuvor definierte Meta-Artefakt instanziiert. Hieraus ergibt sich der weitere Vorteil, dass das zu erstellende Modellartefakt während der Erstellzeit überprüft werden kann. Fordert man als Meta-Artefakt dasjenige, welches später auch für die Weiterverarbeitung benutzt werden soll, so kann der Editor dafür genutzt werden, ein semantisch und syntaktisch korrektes Modellartefakt zu erstellen, welches sowohl dem Zweck der Weiterverarbeitung als auch dem gewünschten Meta-Artefakt entspricht.

Diese Eigenschaft eines modell-basierten Editors wirkt sich direkt auf die Qualität und die Korrektheit des erstellten Modellartefakts aus. So kann ein modell-basierter Editor das entsprechende, zu erstellende Modellartefakt während oder nach der Erstellung mit Hilfe der in seinem internen Modell verankerten Regeln überprüfen. Solch eine Überprüfung kann z.B. die syntaktische Korrektheit des konstruierten Modellartefakts testen. Ein generischer Editor hingegen erlaubt auch die Konstruktion eines syntaktisch falschen Modellartefakts, da aufgrund des zugrunde liegenden allgemeinen Modells keine Überprüfung auf Korrektheit erfolgen kann.

Ein weiterer Vorteil eines entsprechenden Meta-Artefakts als Basis ist, dass zusätzlich zu den syntaktischen Prüfungen auch semantische Prüfungen auf dem erstellten Modellartefakt durchgeführt werden. Hierzu kann z.B. die Object Constraint Language (OCL) [54] der Object Management Group oder eine für das konkrete Meta-Artefakt adäquate Sprache verwendet werden, welche direkt auf dem erstellten Modellartefakt ausgeführt werden kann. Auch auf dem internen Modell eines generischen Editors können Regeln definiert werden. Da bei einem generischen Editor aus der jeweiligen Instanziierung der Modellelemente jedoch nicht in jedem Fall auf das zu modellierende Objekt rückzuschließen ist, kann in diesem Fall nicht das erstellte Modellartefakt semantisch im Zusammenhang mit seinem entsprechenden Meta-Artefakt überprüft werden sondern lediglich die Semantik der verwendeten generischen Elemente.

5.2 Umwandlung von Modellartefakten in Dokumentmodell-Instanzen

Modell-basierte Werkzeuge sind spezialisierte Werkzeuge, die meistens nur eine oder wenige Arten von Modellartefakten unterstützen. Durch diese Spezialisierung können während der Erstellungszeit bessere Hilfen angeboten werden. Eine Spezialisierung führt automatisch zu einer Beschränkung der von einem Werkzeug unterstützten Arten von Modellartefakten. Daher kommen für ein Gesamtdokument, in dem verschiedene implizite Modelle enthalten sind, die auf unterschiedlichen expliziten Modellen basieren, unterschiedliche Werkzeuge zum Einsatz. Außerdem erfordert das Gesamtdokument häufig noch weitere Elemente wie erklärenden oder verbindenden Text, damit am Ende ein homogenes Dokument entsteht.

Um diese erstellten expliziten Modelle in ein gemeinsames Dokument zu überführen, sieht der in Kapitel 4 vorgestellte Prozess vor, sie zunächst in Instanzen des allgemeinen Dokumentenmodells zu transformieren. Die Transformation von expliziten Modellen in implizite dient dabei vor allem der Integration in andere Dokumente sowie dem Sammeln von heuristischen Regeln für die Rücktransformation (siehe Abschnitt 5.3).

Ziel der Dokumentintegration ist es, die einzelnen Teile eines Dokuments zusammen zu fassen. Hierzu zählen die erstellten Modellartefakte (bzw. deren Kodierung im Dokumentenmodell) und weitere externe Elemente wie z.B. Bilder. Zusätzlich werden häufig noch weitere Dokumentenelemente wie erläuternder Text oder Überschriften eingefügt.

Prinzipiell gibt es zwei Methoden ein Dokument zu erstellen. Zum einen durch Zusammenfügen der einzelnen Artefakte und Ergänzung durch weitere Dokumentelemente wie z.B. erläuternden Text und Überschriften. Zum anderen durch das Einfügen eines Artefakts in ein bereits existierendes Dokument. Für die vorliegende Arbeit ist die Integration der erzeugten Modelle in ein Dokument relevant. In beiden oben beschriebenen Fällen bedeutet deren Integration in ein Dokument, dass sie in einen vorgegebenen Rahmen eingefügt werden müssen. Dieser Rahmen weist ihnen mindestens eine Position im Dokument zu. Meistens werden auch Vorschriften an das Layout gestellt. So sind z.B. Schrifttypen durch die Dokumentenvorlage vorgegeben um ein einheitliches Aussehen des Dokuments sicherzustellen.

5.2.1 Eigenschaften Werkzeug-spezifischer Exporte

Die meisten Werkzeuge, welche zum Erstellen von Modellartefakten benutzt werden, bieten von sich aus eine Exportfunktion an um die entsprechende Repräsentation in einem Format auszugeben, welches in ein Dokument eingefügt werden kann. Abhängig vom erstellten Modellartefakt, kann dessen Repräsentation entweder durch ein Bild oder durch strukturierten Text erfolgen. Diese Exporte können nun zusammen mit weiteren Elementen wie Überschriften oder erläuterndem Text zu einem Gesamtdokument zusammengefasst werden. Abbildung 5.5 zeigt dies am Beispiel einer Seite aus einer Anforderungsspezifikation.

Obwohl die Zusammenstellung der einzelnen, exportierten Repräsentationen zu einem Gesamtdokument möglich ist, führt gerade die Verwendungen vieler unterschiedlicher Tools zu einer Reihe von Nachteilen. Im Folgenden werden die drei größten Nachteile benannt.

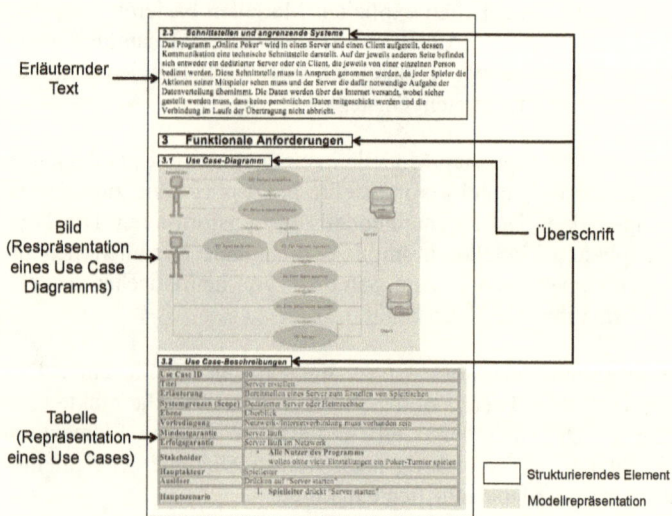

Abbildung 5.5: Integration einzelner Artefakte in einem Gesamtdokument

- **Kein einheitliches Layout**

  Durch die Integration verschiedener Modellartefakte, die mit unterschiedlichen Editoren erstellt wurden, kann es passieren, dass alle exportierten Repräsentationen über ein unterschiedliches Aussehen verfügen. Für das Zusammenfassen in einem gemeinsamen Dokument müssen die unterschiedlichen Formatierungen auf ein einheitliches Layout gebracht werden. Im schlechtesten Fall kann dies (z.B. bei Bildern) nicht mehr nachträglich geschehen.

Ein Vorteil bei der Benutzung des Dokumentenmodells im vorgeschlagenen Prozess ist, dass die endgültige Übersetzung in ein Dokument erst passiert, nachdem alle Teile in die entsprechende Instanz des Dokumentenmodells überführt sind. Da bei der Erstellung des Dokuments eine integrierte Instanz des Dokumentenmodells vorliegt, kann für ein einheitliches Aussehen des Ergebnisses gesorgt werden.

- **Überschreiben von schon vorhandenen Daten**

  Ähnlich wie bei der Generierung in der modellgetriebenen Softwareentwicklung, stellt sich auch beim Export von Modellen das Problem der Integration in bereits vorhandene Daten [16]. Während Code-Generatoren dieses Problem jedoch berücksichtigen, wird es von Exportfunktionen üblicherweise ignoriert. Bereits bestehende Daten werden überschrieben. Dies führt dazu, dass ein erneuter Export eines Modells oder Teilen davon, manuell in das bereits bestehende Dokument eingefügt werden muss, mit dem zuvor beschriebenem Mehraufwand.

  Der Vorteil bei der Anwendung des Exports in eine Dokumentenmodellinstanz liegt darin, dass diese wiederum in den vorgeschlagenen Prozess integriert werden kann, welche die Synchronisation und Integration von Modellartefakten mit dem Dokument vorsieht. Es stehen daher Mechanismen zur Verfügung, die auf das Problem des Überschreibens eingehen.

- **Keine Umwandlung des Exports**

  Exporte sind unidirektional. Die Aufgabe des Exports ist es lediglich die Modellrepräsentation zu erstellen. Ein Import der Ausgabe ist üblicherweise nicht oder nur sehr eingeschränkt vorgesehen. Dies führt dazu, dass eine Änderung des Exports zu einer Inkonsistenz zwischen implizitem und explizitem Modell führt. Es muss, wiederum manuell, Sorge dafür getragen werden, dass das ursprüngliche Modell angepasst wird. Effektiv beschränkt dies die Bearbeitung von Modellen auf die Editoren.

  Der Vorteil beim Export in eine Instanz des Dokumentenmodells ist hier, wie auch beim vorherigen Punkt, das Vorhandensein von Mechanismen um die Bidirektionalität der Transformation von expliziten in implizite Modells zu unterstützen.

Ein Einwand gegen den Export in das Dokumentenmodell und somit gegen die Verwendung des Prozesses ist, dass die aufgezeigten Probleme zwar existieren, bislang jedoch nicht dazu geführt haben, dass die Integration der einzelnen Modellartefakte in ein Gesamtdokument verhindert wird. Daher ist der vorgeschlagene Prozess in diesem Punkt, dem Export der erzeugten Modellartefakte, weniger als ein radikal neuer Weg zu sehen, sondern eher als eine Möglichkeit, die neben der schon existierenden Methode steht. Daher geht Abschnitt

5.2 Umwandlung von Modellartefakten in Dokumentmodell-Instanzen

5.2.2 darauf ein, wie sich Werkzeuge, die nicht in das Dokumentenmodell exportieren, ebenfalls einbinden lassen.

5.2.2 Erzeugung von impliziten Modellen aus internen Modellen

Um das interne Modell eines Editors zur Erzeugung des entsprechenden impliziten Modells zu nutzen, müssen zunächst zwei Fragen geklärt sein:

1. Ist das interne Modell zugreifbar?
2. Ist der Editor ein generischer oder ein modellspezifischer Editor für diesen Zweck?

Abhängig vom verwendeten Editor kann das interne Modell entweder direkt benutzt werden oder muss erst in ein geeignetes Modell transformiert werden. Bei der Verwendung eines generischen Editors muss das interne Modell in jedem Fall in ein explizit definiertes Modell des Zieltyps transformiert werden. Bei modellspezifischen Editoren ist zwar das interne Modell direkt vom Zieltyp, jedoch ist hier nicht immer die Möglichkeit gegeben, direkt auf dieses Modell zuzugreifen.

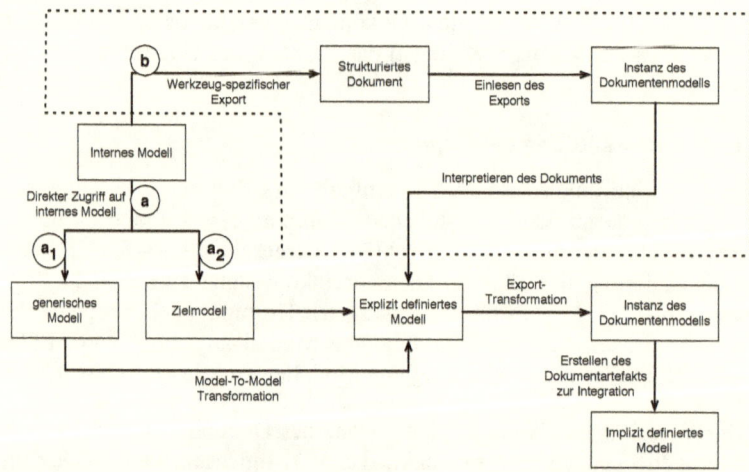

Abbildung 5.6: Erstellung der zu integrierenden Modellartefakte aus dem internen Modell eines Editors

Abbildung 5.6 zeigt verschiedene Wege um vom internen Modell zum impliziert definierten Modell in Form des Dokumentenartefakts zu gelangen. Der untere Pfad ⓐ setzt voraus, dass ein direkter Zugriff auf das interne Modell des Editors verfügbar ist. Abhängig davon, ob das interne Modell des Editors dem Zielmodell entspricht (dies ist bei generischen Editoren nicht der Fall), muss evtl. noch eine Model-To-Model Transformation durchgeführt werden um das explizit definierte Modell zu erhalten. In diesem Fall ist die Variante

a_1 zu wählen. Entspricht das interne Modell dem Zielmodell, so kann die Variante a_2 gewählt werden, in der das interne Modell direkt weiterverwendet werden kann.

Für den Fall, dass kein direkter Zugriff auf das interne Modell erfolgen kann, jedoch ein Export in ein strukturiertes Dokumentenformat verfügbar ist, wird der obere Pfad ⓑ gewählt. Bei diesem wird der Dokumentenexport der Werkzeuges wiederum interpretiert, um so das darin enthaltene explizite Modell herzustellen. Hat man dieses explizite Modell extrahiert, so kann mit dem eigentlichen Export fortgefahren werden. Beide Pfade des Exportvorgangs werden in den nachfolgenden Abschnitten erläutert. Der eigentliche Export des expliziten Modells in eine Instanz des Dokumentmodells kann dann durch Angabe einer Model-To-Model Transformation durchgeführt werden.

Vorbereitung des Exports bei zugreifbarem internem Modell

Wenn das interne Modell des Editors zur Verfügung steht (Pfad ⓐ in Abbildung 5.6), so ist noch zu unterscheiden, ob es sich um einen modellspezifischen oder um einen generischen Editor handelt. Abbildung 5.7 zeigt den Vorgang der Vorbereitung des internen Modells für den Export in beiden Fällen.

Der einfachste und beste Fall für die Generierung von Dokumentartefakten ist es, wenn das interne Modell des Editors direkt zugreifbar ist und dem Zielmodell entspricht. Dies ist bei einem modellspezifischen Editor der Fall. Der Eingangs erwähnte ECore-Diagramm Editor ist ein modell-basierter Editor, so dass das erzeugte Modell dem Zielmodell entspricht, ebenso instanziiert es das gewünschte Metamodell (in diesem Fall das ECore-Metamodell). Dieses explizit definierte Modell kann nun direkt an den Exportprozess übergeben werden um das gewünschte Dokumentenfragment zu erzeugen. In der Abbildung 5.7 ist dieser Pfad durch a_2 markiert.

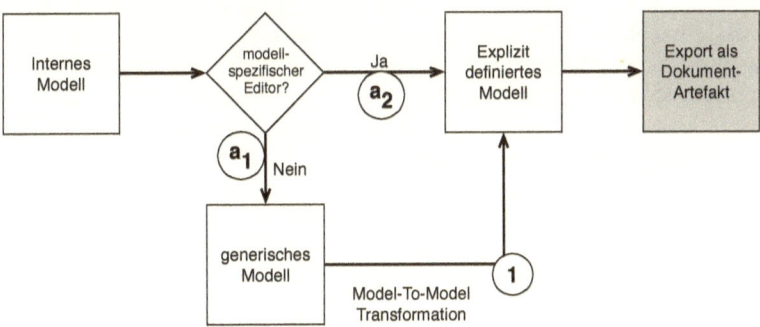

Abbildung 5.7: Vorbereitung des Exports bei Zugriff auf das interne Modell

Handelt es sich hingegen um einen generischen Editor, so muss dessen internes Modell zunächst in das gewünschte explizit definierte Modell umgewandelt werden (Pfad a_1). Da das interne Modell zugreifbar ist, kann dies mittels einer Model-To-Model Transformation geschehen (Schritt ①). Danach steht auch hier wiederum das explizit definierte Modell als Ausgangspunkt für den eigentlichen Export zur Verfügung. Zu beachten ist, dass eine Transformation vom internen Modell in das gewünschte Zielmodell nicht in jedem Fall möglich ist. Für diese Fälle kann mit Hilfe des internen Modells kein Export durchgeführt werden.

Export bei nicht zugreifbarem internem Modell
Der oben beschriebene Weg zur Implementierung einer eigenen Exportfunktion, welche direkt auf dem internen Modell eines Werkzeugs basiert, ist die beste Möglichkeit um wirklich alle Informationen für den Export zur Verfügung zu haben. Jedoch ist es bei vielen Tools nicht möglich, direkt mit den internen Modellen zu agieren. Dies trifft insbesondere auf geschlossene, proprietäre Werkzeuge zu. Weder ist bei diesen Werkzeugen der direkte Zugriff auf das interne Modell zur Laufzeit möglich, noch lassen sich die gespeicherten Daten dergestalt weiterverarbeiten, wie sie für den oben beschriebenen Teilprozess nötig sind. Hierbei spielt es keine weitere Rolle, ob der Editor generisch oder modellspezifisch ist.

Die meisten dieser Tools bieten jedoch eine Möglichkeit des Exports in ein strukturiertes Dokumentenformat an. Dieser genügt in den meisten Fällen um das Ergebnis in ein Gesamtdokument zu integrieren, jedoch mit den zuvor beschriebenen Nachteilen. Um den Export jedoch in den in Abschnitt 4.1 beschriebenen Prozess zu integrieren und die Kontrolle über den Export zu erhalten, ist dieser nicht ausreichend.

Wie in Kapitel 6 beschrieben wird, ist es möglich die in Dokumentenstrukturen enthaltenen, impliziten Modelle wieder in explizite Modelle zu transformieren. Aufbauend auf diesem Verfahren lässt sich eine Methode angeben, auch solche Tools, die nur einen Word-Export enthalten, in den beschriebenen Prozess einzubinden. Hierzu definiert man eine Extraktionsvorschrift, die aus dem Word-Export die benötigten Modellinstanzen transformiert. Diese wiederum lassen sich als Eingabe für den modellbasierten Export verwenden. Diese Vorverarbeitung ist in Abbildung 5.8 dargestellt. Da nicht zwischen den verschiedenen Editorarten unterschieden werden muss, ist der Prozess der Vorverarbeitung linear.

Abbildung 5.8: Vorbereitung des Exports ohne Zugriff auf das interne Modell

Durch diese Vorverarbeitung ist es möglich auch für solche Werkzeuge, deren internes Modell nicht zur Verfügung steht, einen Export über das Dokumentenmodell zu erzeugen und somit in den Prozess zu integrieren. Voraussetzung hierfür ist, dass ein Export in ein strukturiertes Dokumentenformat erfolgt, aus dem das explizit definierte Modell wiederum regeneriert werden kann.

Im Gegensatz zum direkten Zugriff auf das interne Modell hat diese Art der Vorverarbeitung einige Nachteile:

- **Erhöhter Aufwand**

    Es muss zusätzlich zur Erstellung des eigentlichen modellbasierten Exports der Export als strukturiertes Dokument des verwendeten Tools untersucht und eine Extraktionsvorschrift erstellt werden.

- **Mögliche Ungenauigkeiten**

    Es können nur die tatsächlich exportierten Teile des ursprünglichen Modells wieder gewonnen werden. Dies ist ein deutlicher Unterschied zur direkten Verarbeitung des internen Modells, bei der alle Modellelemente zugreifbar sind.

- **Schwankende Modellqualität**

    Die Qualität der erstellen domänenspezifischen Instanz ist abhängig von der Güte und den Grenzen der Modellextraktion. So könnte etwa ein Dokumentenkonstrukt durch den Export erzeugt werden, welches keine eindeutige Extraktion ermöglicht. In diesem Fall treten die gleichen Probleme wie beim Punkt zuvor auf.

- **Anfällig für Änderungen**

    Ändert sich die Ausgabe des Exports, so muss auch die Vorschrift zur Extraktion neu erstellt oder zumindest angepasst werden. Abhängig von der Verwendung des Tools müssen sogar mehrere Versionen dieser Vorschrift parallel existieren um alle in Benutzung befindlichen Versionen der Software zu unterstützen.

Der größte Nachteil bei dieser Art von Vorverarbeitung ist jedoch, dass die Qualität des extrahierten Modells direkt abhängig von den exportierten Dokumentstrukturen ist. Sie ist daher von außen kaum beeinflussbar.

Die so erstellte Modellextraktion kann auch genutzt werden, um Modelle aus bereits existierenden Dokumenten zu extrahieren, die mit dem Werkzeugspezifischen Export erstellt wurden. Hierdurch erhöht sich der Mehrwert, den die zusätzliche Arbeit generiert.

5.3 Bidirektivität bei der Transformation

Um die durch den vorgestellten Prozess definierte Synchronisation zwischen Modell und Dokument zu erreichen, muss für jede Richtung eine Transformation angegeben werden. Bei Verwendung einer deklarativen Sprache ist es jedoch unter Umständen möglich, dieselbe Transformationsbeschreibung für die Umkehrung der Transformation zu benutzen. Hierzu müssen die für die Transformation angegebenen Regeln vom Interpreter umgekehrt durchgeführt werden. Es ist zu beachten, dass die Ausgangssprache der Transformationsbeschreibung nicht geeignet sein muss, die Rücktransformation direkt anzugeben. Ist jedoch der Interpreter in der Lage die Transformationsbeschreibung in beide Richtungen abzuwickeln, so ist die Sprache dennoch als bidirektional anzusehen. Dies setzt jedoch voraus, dass sich jede Anweisung der Transformationssprache umkehren lässt. Im Folgenden wird am Beispiel einer Transformation in TransformationCore gezeigt, was zu tun ist um eine Transformation in einer deklarativen Sprache umzukehren. Diese Methode lässt sich ebenso auf andere deklarative Sprachen anwenden.

5.3.1 Transformationsregeln

Die oberste Ebene einer Transformationsbeschreibung in TransformationCore bilden die Regeln. Eine Regel besitzt ein Eingabeelement, auf welches sie angewendet wird, ein Ausgabeelement, welches sie im Zielmodellartefakt erstellt und eine Menge von Zuweisungen, welche die eigentliche Transformation angeben. Listing 14 zeigt die Transformation eines Modellelements vom Type `UseCaseSet` in eine Instanz der Klasse `Document`.

```
UseCaseSet -> Document {
    content <- DocumentHeading {
        level <- 2
        text <- "Use Case Beschreibungen"
        subContent <- #useCases                //
(1)
    }
    content <- DocumentParagraph
}
```

Listing 14: Regel zur Transformation von UseCaseSet-Instanzen in das Dokumentenmodell

Die in der Regel enthaltenen Zuweisungen beschreiben das zu erstellende Modellelement genauer. In diesem Fall wird eine Überschrift mit dem Text „Use Case Beschreibungen" auf Ebene 2 hinzugefügt. Anschließend werden als Unterstrukturen dieser Überschrift die einzelnen Use Cases in Elemente des Dokumentenmodells transformiert. Schließlich wird noch ein leerer Paragraph in das Dokument eingefügt. Das Ergebnis dieser Regel ist in Abbildung 5.9 gezeigt.

Eine Regel in der Transformationsbeschreibung wird unter zwei Bedingungen ausgeführt:

1. Die Regel bezieht sich auf das Startelement der zu transformierenden Eingabe

2. Die Regel bezieht sich auf den Typ des Attributs oder der Relation, der durch einen Regelaufruf ein Wert zugewiesen wird.

Der erste Fall trifft auf die obige Regel `UseCaseSet -> Document` zu. Der zweite Fall trifft bei Anweisung (1) in obiger Regel auf, bei der das Attribut `useCases` über einen Regelaufruf ausgewertet wird. Da der Typ des Attributs die Klasse `UseCase` ist, werden hierfür alle Regeln ausgeführt, die als Eingabeelement ebenso den Typ `UseCase` erwarten.

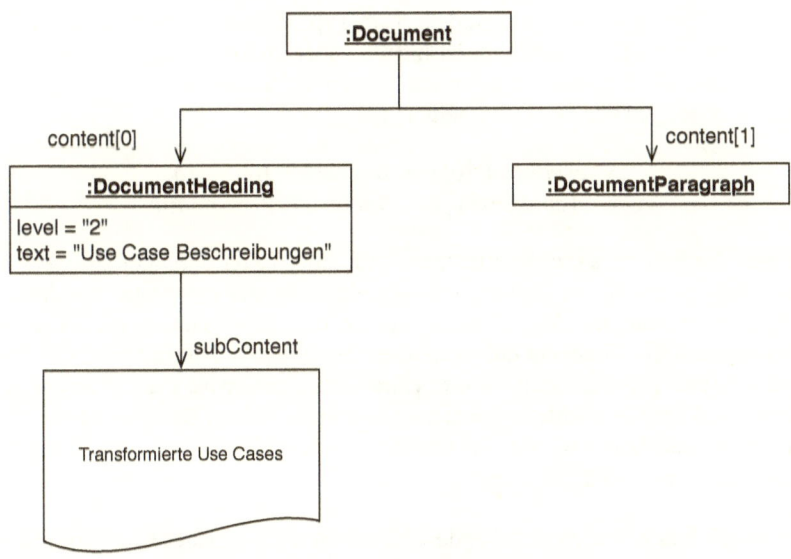

Abbildung 5.9: Von Listing 14 erzeugte Dokumentmodellinstanz

Um eine Regel umzukehren und somit für die Rücktransformation zu nutzen, geht man wie folgt vor:

1. **Regeln finden, die auf das aktuell betrachtete Element passen**
   Würde man im obigen Beispiel die erzeugte Instanz des Dokumentenmodells wieder einlesen, so ist das erste gefundene Element vom Typ `Document`. Sucht man alle Regeln, die eine Instanz der Klasse `Document` erstellen, so findet man wiederum die obige Regel.
2. **Eine Instanz der Eingabeklasse erstellen**
   Um eine Rücktransformation durchzuführen, muss man eine Instanz des Modellelements erstellen, aus dem die gefundene Struktur ursprünglich hervorgegangen ist.

Wendet man diese beiden Schritte auf die obige Regel an, so würde für das gefundene Element vom Typ `Document` wiederum eine Instanz der Klasse `UseCaseSet` erstellt.

5.3.2 Zuweisungen

Hat man eine zum aktuellen Modellelement passende Regel gefunden, wertet man diese weiter aus. Eine Regel besteht aus beliebig vielen Zuweisungen. Abhängig vom Wert der Zuweisung, kann man diese kategorisieren, um eine Strategie zur Rücktransformation anzugeben.

Im obigen Fall wird innerhalb der Regel dem Attribut `content` der erstellten Instanz der Klasse `Document` zweimal eine neue Instanz zugewiesen. Zuerst vom Typ `DocumentHeading`, dann vom Typ `DocumentParagraph`. Die Strategie für die Rückwandlung ist hier, zu überprüfen, ob die entsprechende Instanz, die als Eingabe dient, an der passenden Stelle über die angegebene Struktur verfügt. Hier muss also gelten

$$type(content[0]) = DocumentHeading$$
$$\land\, type(content[1]) = DocumentParagraph$$

Ist dies der Fall, so kann die Rücktransformation weiter durchgeführt werden, ansonsten bricht sie an dieser Stelle ab, da nicht die erwarteten Strukturen vorgefunden wurden. Als nächstes werden die Zuweisungen nacheinander überprüft, ob die Elemente der Strukturen den exakten Transformationen entsprechen und gegebenenfalls Werte extrahiert. Dabei wird die gefundene Instanz als aktuell betrachtetes Element gesetzt. Im obigen Beispiel würde also zuerst die Instanz der Klasse `DocumentHeading` betrachtet, danach die der Klasse `DocumentParagraph`.

Im obigen Fall ist die zu erstellende Überschrift noch genauer spezifiziert: Der Text ist „Use Case Beschreibungen", der Wert für das Attribut `level` ist 2. Die Werte für diese Attribute sind jeweils Konstanten. Sie sind nicht von den Werten im ursprünglichen expliziten Use Case Modell abhängig. Die Strategie für eine Zuweisung von Konstanten an ein Attribut oder Relation ist daher: Der im aktuell betrachteten Modellelement enthaltenen Wert des Attributs oder der Relation muss gleich der Konstante sein.

Der Wert für die Relation `subContent` wird durch den Regelaufruf `#use-Cases` angegeben. Das Ergebnis hiervon ist direkt abhängig von den in der Eingabe enthaltenen Werten für das Attribut `useCases` der `UseCaseSet`-Instanz. Als erstes muss festgestellt werden, welchen Typ das Attribut oder die Relation `useCase` besitzt. Im Beispiel ist dies der Typ `UseCase`. Nun müssen alle Regeln gesucht werden, die ein Element vom Typ `UseCase` erzeugen. Für diese muss die oben beschriebene Strategie für Regeln angewandt werden. Zusätzlich ist zu beachten, dass eine Relation mehrere Elemente beinhalten kann. Daher ist dieser Vorgang für alle Elemente des bezeichneten Attributs zu wiederholen. Im Beispiel für alle Strukturen der Relation `subContent` der betrachteten Überschrift.

Als letztes ist noch die Zuweisung von Attributen der Eingabeinstanz zu einem Attribut der Ausgabeinstanz zu betrachten. Listing 15 zeigt einen Ausschnitt aus der Transformation einer `UseCase`-Instanz. Der Use Case wird in eine Tabelle transformiert. Dann wird für die ID des Use Cases eine neue Zeile mit zwei Tabellenzellen angelegt. In der ersten Zelle steht der Text „Use Case Nr.", in der zweiten der Wert des Attributs `id` der `UseCase`-Instanz

```
UseCase -> DocumentTable {
     rows <- DocumentTableRow {
          cells <- DocumentTableCell {
               subContent <- DocumentParagraph {
                    pieces <- DocumentTextPiece
{
                         text <- "Use Case Nr."
                    }
               }
          }
          cells <- DocumentTableCell {
               subContent <- DocumentParagraph {
                    pieces <- DocumentTextPiece
{
                         text <- id
                    }
               }
          }
     }
}
```

Listing 15: Ausschnitt aus der Transformation einer UseCase-Instanz

Die von dieser Transformation erzeugte Struktur der Tabellenzeile ist in Abbildung 5.10 gezeigt. Der variable Teil ist blau gefärbt.

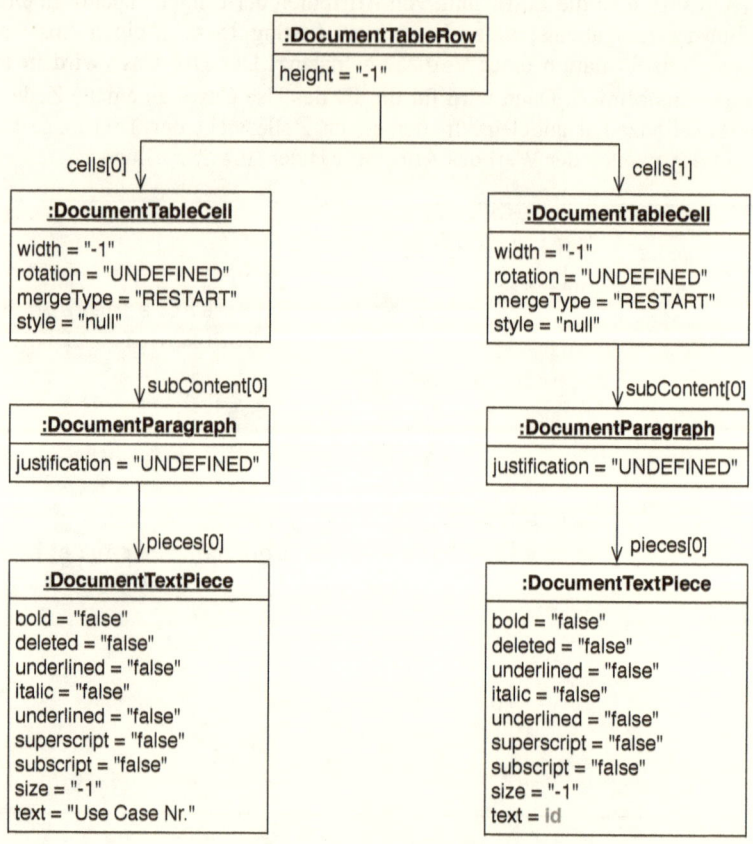

Abbildung 5.10: Von Listing 15 erzeugte Strukturen

Die Zuweisung von Attributen der Eingabeinstanz zu einem Attributs der Ausgabeinstanz bildet die eigentlichen Inhalte des expliziten Modells auf das implizite Modell ab. Um diese Transformation umzukehren, muss der Wert des entsprechenden Attribut der aktuell betrachteten Elementinstanz dem angegebenen Attribut der zuletzt erzeugten Instanz zugewiesen werden. Im obigen Beispiel wird der Wert des Attributs `text` dem Attribut `id` der zuletzt erzeugten Instanz vom Typ `UseCase` zugewiesen. Diese Instanz wurde durch das Anwenden der Strategie zur Rücktransformation der Regel `UseCase -> DocumentTable` erzeugt.

Durch die Einführung von Pattern ist es möglich mehrfach benutzte Transformationen auszulagern und zu parametrisieren. Listing 16 zeigt ein Beispiel, die Variablen sind blau markiert.

```
pattern row2 ( left , right ) -> DocumentTableRow {
    cells <- DocumentTableCell {
        subContent <- DocumentParagraph {
            pieces <- DocumentTextPiece {
                text <- left
            }
        }
    }
    cells <- DocumentTableCell {
        subContent <- right
    }
}
```

Listing 16: Beispiel für ein Pattern

Um die Zuweisung eines Patterns rückgängig zu machen, wird die durch das Pattern beschriebe Transformation in einem Vorverarbeitungsschritt in die Zuweisung eingesetzt. Danach kann die Transformation wie beschrieben rückgängig gemacht werden. Es findet hier eine einfach Ersetzung der Aufrufe des Pattern durch das Pattern selbst statt, so dass die Transformationsbeschreibung nach diesem Vorverarbeitungsschritt frei von Pattern ist.

Tabelle 4 gibt noch einmal einen Überblick über die verschiedenen Strategien, eine Zuweisung umzukehren, unter Berücksichtigung des Werts der Zuweisung

Wert der Zuweisung	Strategie
Elementinstanz	Finden der erstellten Elementinstanz des angegebenen Typs in der Modellinstanz.
Konstante	Überprüfung des Werts des Attributs oder der Relation der aktuell betrachteten Elementinstanz auf Gleichheit mit der angegebenen Konstante.
Attributreferenz	Zuweisung des Werts des Attributs der aktuell betrachteten Elementinstanz an das durch die Attributreferenz bezeichnete Attribut der Modellinstanz
Aufruf einer anderen Regel	Ausführen der Rücktransformation für alle Regeln, die als Eingabe ein Element vom Typ des Attributs oder Relation entgegennehmen, für die der Regelaufruf durchgeführt werden soll.
Aufruf eines Pattern	Einsetzen des Pattern in die Zuweisung. Danach Auswertung wie oben.

Tabelle 4: Umkehrungsregeln für Zuweisungen

5.4 Evaluation der vorgestellten Methoden: Use Case Export in HeRA

Um die in diesem Kapitel vorgestellten Methoden zur Umwandlung von Artefakten in Instanzen des Dokumentenmodells zu bewerten, werden diese im folgenden Abschnitt an einem realen Beispiel angewandt. Dabei wird überprüft wie die Methoden funktionieren, wie die Ergebnisse zu bewerten sind und wo die Grenzen der beschriebenen Methoden liegen. Besondere Aufmerksamkeit wird dabei auf die Bidirektivität gelegt, um zu bewerten in wieweit diese auf Basis der zugrunde liegenden Sprache (TransformationCore) zu realisieren ist und welche Wechselwirkungen mit anderen Methoden wie der Konsolidierung auftreten.

5.4.1 Einordnung von HeRA

HeRA, der Heuristische Requirements Assistant, ist ein Werkzeug zur Bearbeitung von Use Cases. Es ist im Rahmen der Dissertation von Eric Knauss am Fachgebiet Software Engineering entstanden [48]. Neben dem Modul zur Erstellung von Use Cases verfügt HeRA über ein Plugin-System um die Funktionalität zu erweitern. Eine besondere Fähigkeit von HeRA ist es, während der Erstellung von Use Cases heuristisches Feedback zu geben um so die Qualität der erstellten Modellartefakte zu verbessern. Dies ist ein gutes Beispiel dafür, dass spezialisierte Editoren für die Erstellung der Modellartefakte vorzuziehen sind.

HeRA basiert auf einem internen Modell, welches Use Cases darstellt. Für den Zweck der Weitererarbeitung von Use Cases, um sie in Dokumentfragmente zu exportieren, kann HeRA als modellspezifischer Editor kategorisiert werden. Das interne Modell von HeRA ist direkt zugreifbar.

5.4.2 Vorbereitung

Das kanonische Dokumentenmodell befindet sich im technological space des Eclipse Modelling Frameworks, das interne Modell von HeRA hingegen befindet sich im TS von Java. Da die Transformationsbeschreibungen ebenfalls den TS vom EMF benutzen, muss auch das Modell von HeRA zunächst in diesen transformiert werden. Unter Nutzung der Plugin-Schnittstelle von HeRA wurde eine Funktionalität implementiert, die das interne Modell auf ein EMF basiertes abbildet. Als EMF basiertes Modell wurde das Use Case Modell, welches von Daniel Lübke im Rahmen seiner Dissertation vorgeschlagen wurde, benutzt [49]. Diese ist, in seiner für EMF und den Einsatz in HeRA angepassten Version, in Abbildung 5.11 zu sehen. Durch diese Maßnahmen ist es nun möglich auf die erstellten Use Case Instanzen von HeRA direkt im EMF TS zuzugreifen. Mit dieser Erweiterung kann HeRA den gewünschten Zweck sogar als modell-basierter Editor eingestuft werden.

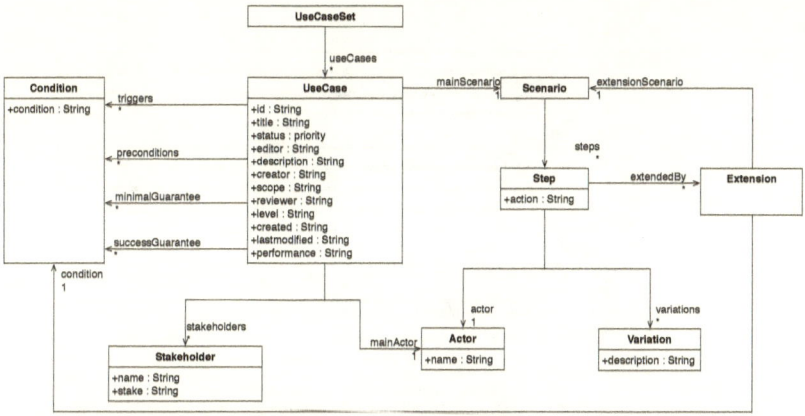

Abbildung 5.11: Use Case Modell nach Lübke

Für HeRA existiert bereits ein Export in ein strukturiertes Dokumentenformat. Dieses folgt den von Cockburn [50] beschriebenen Templates um einen Use Case in Tabellenform darzustellen. Um zu zeigen, wie der Export durch eine eigene Transformation direkt auf dem internen Modell funktioniert, wurde dieser Exportmechanismus auf Basis des Dokumentenmodells neu implementiert.

Abbildung 5.12 zeigt einen Ausschnitt aus einem Use Case, welches als Eingabe dient. Gezeigt ist hier die Darstellung in der Editoransicht von HeRA. Dieses Beispiel ist der Spezifikation von Zeus, einem studentischen Softwareprojekt an der Leibniz Universität Hannover, entnommen. Die Aufgabe des Zeus-Projekts ist es, beliebige EMF-Instanzen, die als XMI serialisiert sind, als Graph anzuzeigen. Abbildung 5.13 zeigt die Repräsentation eines Use Cases, ebenfalls als Ausschnitt. Die komplette Transformationsbeschreibung ist im Anhang in Abschnitt A zu sehen.

5.4 Evaluation der vorgestellten Methoden: Use Case Export in HeRA

Use Case ID	3
Titel	Modellinstanzen als Graphen darstellen
Erläuterung	
Status	Entwurf
Erstellt von	
Bearbeitet von	
Durchgeschaut von	
Systemgrenzen (Scope)	
Ebene	Überblick
Vorbedingung	Die Datei, in der das Modell und seine Instanziierung gespeichert sind, liegt beim Benutzer vor
Mindestgarantie	Die zu öffnende Datei bleibt unverändert. Wenn ein Fehler auftritt, wird das dem Benutzer mitgeteilt.
Erfolgsgarantie	Der Graph wird korrekt angezeigt
Stakeholder	Stakeholder: Benutzer — Interessen: möchte, dass das von ihm ausgewählte Modell (vorliegend in einer Datei) auf dem Bildschirm übersichtlicher angezeigt wird.
Hauptakteur	Benutzer des Programms
Auslöser	Der Benutzer hat eine Modelldatei zum Anzeigen ausgewählt
Hauptszenario	Schr... 1 — Akteur: Nutzer — Aktion: startet das Hauptprogramm

Abbildung 5.12: Use Case in der Editor-Ansicht von HeRA (Ausschnitt)

Use Case Beschreibungen

Use Case ID	3
Titel	Modellinstanzen als Graphen darstellen
Beschreibung	
Erstellt von	
Ebene	Überblick
Vorbedingung	Die Datei, in der das Modell und seine Instanziierung gespeichert sind, liegt beim Benutzer vor
Mindestgarantie	Die zu öffnende Datei bleibt unverändert. Wenn ein Fehler auftritt, wird das dem Benutzer mitgeteilt.
Erfolgsgarantie	Der Graph wird korrekt angezeigt.
Stakeholder	• **Benutzer** möchte, dass das von ihm ausgewählte Modell (vorliegend in einer Datei) auf dem Bildschirm übersichtlicher angezeigt wird.
Hauptakteur	Benutzer des Programms
Auslöser	Der Benutzer hat eine Modelldatei zum Anzeigen ausgewählt.
Hauptszenario	1. **Nutzer** startet das Hauptprogramm 2. **Nutzer** wählt Menüpunkt "Datei öffnen"

Abbildung 5.13: Modellrepräsentation des Transformationsergebnisses (Ausschnitt)

5.4.3 Experimentaufbau

Um die in diesem Kapitel vorgestellten Methoden zum Export eines internen Modells in eine Instanz der Dokumentenmodells, sowie die Rücktransformation unter Anwendung der Bidirektivität zu evaluieren, ist ein dreistufiger Experimentaufbau vorgesehen.

Im ersten Schritt wird die Exportfunktion aus dem internen Modell von HeRA in Instanzen des Dokumentenmodells überprüft. Im zweiten Schritt werden die vorgeschlagenen Methoden der Ausnutzung der Bidirektivät zur Rücktransformation der Use Cases aus den im ersten Schritt erstellten Dokumentmodellinstanzen überprüft. Dabei werden die unveränderten Ausgaben des ersten Schritts benutzt. Der dritte Schritt gleicht dem zweiten, mit dem Unterschied, dass auf die im ersten Schritt erzeugten Dokumentmodellinstanzen die Modellkonsolidierung angewendet wird. Diese konsolidierten Instanzen dienen dann als Eingabe für die Rücktransformation.

5.4.4 Export vom internen Modell in Instanzen des Dokumentenmodells

Erwartung

E1: Es treten keine Fehler bei der Transformation in das Dokumentenmodell auf.

E2: Alle durch die Transformationsbeschreibung abgebildeteten Daten, die in den `UseCaseSet`-Instanzen enthalten sind, werden in die Instanz des Dokumentenmodells transformiert.

Durchführung

Als Eingabe dienen die Use Cases im HeRA-Format. Diese werden mittels des Plugins in Instanzen des Use Cases Modells auf EMF-Basis gewandelt. Diese Instanzen dienen jeweils als Eingabe für die Transformation. Die durch die Transformation erzeugten Instanzen werden auf Übereinstimmung mit den erwarteten Ergebnissen überprüft.

Ergebnis

Es traten keine Fehler auf, die die Transformation behinderten. Erwartung **E1** hat sich damit bestätigt. Alle in den Eingabeinstanzen enthaltenen und von der Transformation benutzten Werte wurden an die richtige Stelle im Dokument transformiert. Auch Erwartung **E2** hat sich somit bestätigt.

Das durchgeführte Experiment hat gezeigt, dass es mit den zuvor beschriebenen Methoden möglich ist, ausgehend von einem internen Modell einen Export in das Dokumentenmodell durchzuführen. Weiterhin hat es gezeigt, dass die zur Verfügung stehenden Mittel ausreichend sind.

5.4.5 Rücktransformation der erzeugten Dokumentmodellinstanzen

Nach der erfolgreich durchgeführten Transformation der Use Cases aus HeRA in Instanzen des Dokumentenmodells ist der nächste Schritt die Rücktransformation der Instanzen in explizite Use Case Modelle nach den in Abschnitt 5.3 beschriebenen Methoden.

Erwartung

E1: Die Rücktransformation der Use Cases aus den erzeugten Dokumentenstrukturen erfolgt ohne Fehler.

E2: Die erzeugten `UseCaseSet`-Instanzen sind strukturell identisch zu den `UseCaseSet`-Instanzen, die als Eingabe dienen.

Durchführung

Wie im ersten Experiment, dienen wiederum die durch das HeRA-Plugin gewandelten Use Cases als Eingabe zur Transformation in Instanzen des Dokumentenmodells. Diese Dokumentmodellinstanzen werden unverändert als Eingabe genommen. Auf sie wird die Umkehrung der ursprünglichen Transformation angewendet. Die durch diese Rücktransformation erzeugten `UseCaseSet`-Instanzen werden mit denen verglichen, die als ursprüngliche Eingabe dienen.

Ergebnis

Während der Durchführung der Transformation trat ein Fehler auf, der die Transformation zum Abbruch zwingt. Die Erwartungen **E1** und **E2** sind dadurch nicht erfüllt.

Der Fehler bezieht sich auf die Behandlung von Zuweisungen von Attributreferenzen, wenn diese Unterattribute adressieren. Ein Beispiel ist in Listing 17 gezeigt. Hier wird dem Attribut `text` der Wert des Unterattributs `name` der Relations `actor` zugewiesen.

```
Step -> DocumentEnumerationItem {
    content <- DocumentParagraph {
        pieces <- DocumentTextPiece {
            text <- actor.name
        }
    }
}
```

Listing 17: Zuweisung von Unterlementen

Das zuletzt erstellte Element im obigem Fall ist eine Instanz des Typs `Step`, das aktuell betrachtete Element ist vom Typ `DocumentTextPiece`. Die Umkehrung dieser Zuweisung würde bedeuten, dem Unterattribut `name` der

Relation `actor` den Wert des Attributs `text` des `DocumentTextPiece`-Elements zuzuweisen.

Im konkreten Fall ist der Standardwert für die Relation `actor` der Wert `null`, sie ist also nicht gesetzt. Dadurch führt eine Zuweisung des Attributs `name` zu einer `NullPointerException`, welcher die Transformation abbrechen lässt.

Veränderung des Experiments
Um dieses Problem zu beheben, müssen alle Zwischenattribute vor dem letzten Attribut einer Zuweisungskette auf gültige Werte gesetzt werden. Im obigen Fall wird also zunächst eine Instanz der Klasse `Actor` erstellt, welche der Relation `actor` der erstellten Instanz von `Step` zugewiesen wird. Dadurch ist die Relation `actor` mit einem gültigen Wert initialisiert. Anschließend wird dem Attribut `name` der erstellten `Actor`-Instanz der Wert des Attributs `text` zugewiesen.

Der Interpreter wurde so angepasst, dass nicht gesetzte Attribute und Relationen mit einer neuen Instanz des entsprechenden Typs belegt werden, wenn die Zuweisung Unterattribute referenziert. Danach wurde das Experiment mit dem veränderten Interpreter erneut durchgeführt.

Ergebnis nach erneuter Durchführung
Der Interpreter ist nun in der Lage die Transformation durchzuführen, ohne dass ein Fehler diese abbricht. Die Erwartung **E1** ist erfüllt.

Das Ergebnis der Transformation entspricht nicht der Eingabe. Die Akteure und Beschreibungen der einzelnen Schritte des Hauptszenarios sind nicht gesetzt. Alle Erweiterungen eines Use Cases sind als Erweiterung an den ersten Schritt gesetzt.

Dieser Fehler in der Transformation ist auf die mehrfache Verwendung von Elementen der Quelle in der Transformationsbeschreibung zurückzuführen. Listing 18 zeigt hierfür ein Beispiel. In diesem Fall sind zwei Regeln für ein Element vom Typ `Scenario` angegeben. Die erste Regeln dient der Erstellung des Hauptszenarios, die zweite Rege ist für die Erstellung der Erweiterungen nötig, da im Use Case Modell die Erweiterungen als Relationen zu den Schritten des Hauptszenarios modelliert sind.

```
Scenario -> DocumentEnumeration {
      enumerationItems <- #steps
}

Scenario [ extensions ] -> DocumentTableCell {
      subContent <- #steps . extendedBy [ extensions ]
}
```

Listing 18: Mehrfache Verwendung von Quellelementen.

Nach der vorgegebenen Strategie zur Umkehrung einer Zuweisung würde für jedes Ausführen der Regel eine Instanz der Klasse `Scenario` erstellt und an entsprechender Stelle im extrahierten Modell eingefügt. Dies führt dazu, dass zuerst das Hauptszenario erstellt wird und danach eine neue `Scenario`-Instanz für die Erweiterungen. Die zweite Instanz überschreibt jedoch die erste, so dass im extrahierten Modell nur die Erweiterungen der Schritte enthalten sind, die eigentlichen Schritte jedoch nicht, da sie der ersten, nun überschriebenen Instanz zugewiesen waren.

Veränderung des Experiments

Bei Zuweisungen zu Relationen muss überprüft werden, ob ihnen schon ein Wert zu geordnet ist. Ist dies der Fall so sollen weitere Transformationen den schon existierenden Wert benutzen. Im obigen Beispiel würde so keine zweite Scenario-Instanz erzeugt sondern mit der ersten weitergearbeitet. Dadurch werden die Erweiterungen an die schon erzeugten Schritte angehängt, so dass alle Daten im extrahierten Modell vorliegen.

Diese Strategie kann jedoch nur bei Attributen oder Relationen angewendet werden, die keine Listen sind. Bei der Liste kann nicht sicher erkannt werden, ob neue Elemente oder die bereits in der Liste enthaltenen Elemente weiter benutzt werden sollen. Daher werden bei Relationen oder Attributen, die mehr als nur ein Element enthalten können, immer neue Instanzen erzeugt und der Liste hinzugefügt.

Der Interpreter wurde so angepasst, dass bei Zuweisungen zu Elementen, die kein Listentyp sind, die bereits zugewiesene Instanz benutzt wird, anstatt dass eine neue Instanz erstellt wird. Danach wurde das Experiment mit dem veränderten Interpreter erneut durchgeführt.

Ergebnis nach erneuter Durchführung

Nach der erneuten Durchführung sind sowohl Akteure und Beschreibung der Schritte als auch die Erweiterungen der Schritte gesetzt. Jedoch sind die einzelnen Erweiterungen immer noch dem ersten Schritt zugeordnet. **E2** ist nicht erfüllt.

Die Tatsache, dass die einzelnen Erweiterungen immer noch dem ersten Schritt zugeordnet sind, liegt darin begründet, dass in der Zuweisung synthetische Attribute, also solche, die keine Entsprechung im jeweiligen Meta-Artefakt haben, benutzt werden. Für synthetische Attribute ist bislang keine Umkehrungsstrategie definiert.

Bei der Benutzung von synthetischen Attributen muss die besondere Bedeutung des jeweiligen Attributs berücksichtigt werden. In TransformationCore gibt es zwei synthetische Attribute `_index` und `_parent`, Listing 19 zeigt beide in Verwendung.

```
Extension [ extensions ] -> DocumentParagraph {
    pieces <- DocumentTextPiece {
        text <- _parent . _index1
    }
}
```

Listing 19: Verwendung von synthetischen Attributen

Das Attribut `_index` gibt dabei die Position des Elements an. Im obigen Beispiel also die Position der `DocumentTextPiece`-Instanz in der Relation `pieces`. Hinter `_index` kann noch eine Nummer angehängt werden, welche auf den 0-basierten Indexwert addiert wird. Das Attribut `_parent` verweist auf das Elternelement. Im obigen Beispiel also auf die `DocumentParagraph`-Instanz. Da diese synthetischen Attribute keine Entsprechung in den Elementen des Dokumentenmodells besitzen, kann ihnen kein Wert zugewiesen werden.

Veränderung des Experiments
Für jedes synthetische Attribut muss eine eigene Strategie zur Umkehrung entwickelt werden, abhängig von der Bedeutung des Attributs.

Für das Attribut `_index1` bedeutet dies, den Wert des Attributs Text in einen Indexwert zu wandeln und 1 zu subtrahieren. Dadurch erhält man den ursprünglichen Indexwert. Nun muss das zuletzt erstellte Element (in diesem Fall eine Instanz von `Extension`) an die so ermittelte Position des Attributs gesetzt werden.

Für das Attribut `_parent` bedeutet dies, den Wert dem entsprechenden Elternelement zuzuweisen.

Der Interpreter wurde so angepasst, dass die Benutzung von synthetischen Attributen in Zuweisungen wie oben beschrieben umgekehrt werden kann. Danach wurde das Experiment mit dem veränderten Interpreter erneut durchgeführt.

Ergebnis nach erneuter Durchführung
Nach der erneuten Durchführung des Experiments mit dem angepassten Interpreter ist sowohl die Erwartung **E1** erfüllt als auch die Erwartung **E2**. Die Transformation und anschließende Rücktransformation liefert strukturell äquivalente `UseCaseSet`-Instanzen zu den Eingaben.

5.4.6 Rücktransformation bei Konsolidierung der Dokumentinstanz

Der zweite Schritt des Experiments hat gezeigt, dass eine Rücktransformation unter Ausnutzung der Bidirektivität einer deklarativen Transformationssprache funktioniert. Jedoch ist hier als Einschränkung der Praxistauglichkeit zu sehen, dass die erzeugten Dokumentmodellinstanzen zwischenzeitlich nicht verändert wurden.

Wie in Abschnitt 2.1.8 argumentiert, sollte ein Modellartefakt konsolidiert werden, bevor es als Eingabe für Algorithmen dient. Ein realistischerer Fall für die Extraktion der impliziten Modelle aus der erzeugten Dokumentmodellinstanz ist es demnach, die erzeugte Modellinstanz zu konsolidieren und dann die Extraktion vorzunehmen.

Listing 20 zeigt eine Transformation für Elemente vom Typ `Step`. Die einzelnen `Step`-Instanzen werden jeweils in einen Aufzählungspunkt transformiert.

```
Step -> DocumentEnumerationItem {
    content <- DocumentParagraph {
        pieces <- DocumentTextPiece {
            text <- actor.name
            bold <- true
        }
        pieces <- DocumentTextPiece {
            text <- " "
        }
        pieces <- DocumentTextPiece {
            text <- action
        }
    }
}
```

Listing 20: Ausschnitt aus einer Transformationsbeschreibung

Für jeden Schritt wird zunächst der Akteur des Schritts in fetter Schrift hinzugefügt. Danach ein Leerzeichen und abschließend die Aktion des Schrittes in normaler Schrift. Wendet man diese Transformationsvorschrift auf die Relation `steps` der in Abbildung 5.14 gezeigten Instanz eines Szenarios an und nimmt man weiterhin an, dass die erzeugten `DocumentEnumerationItem`-Instanzen innerhalb einer geordneten Liste eingefügt werden, so ergibt sich die in Abbildung 5.15 gezeigte Darstellung als strukturierter Text.

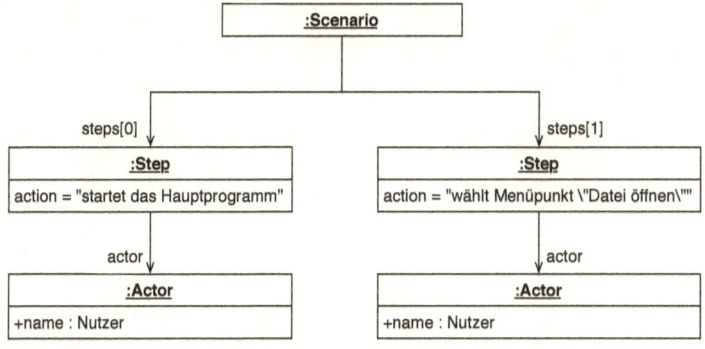

Abbildung 5.14: Scenario-Instanz

1. **Nutzer** startet das Hauptprogramm
2. **Nutze**r wählt Menüpunkt "Datei öffnen"

Abbildung 5.15: Ergebnis der Transformation aus Listing 20

Das Abbildung 5.16 zeigt ein Fragment der Dokumentmodellinstanz. Zu sehen ist der erste Aufzählungspunkt.

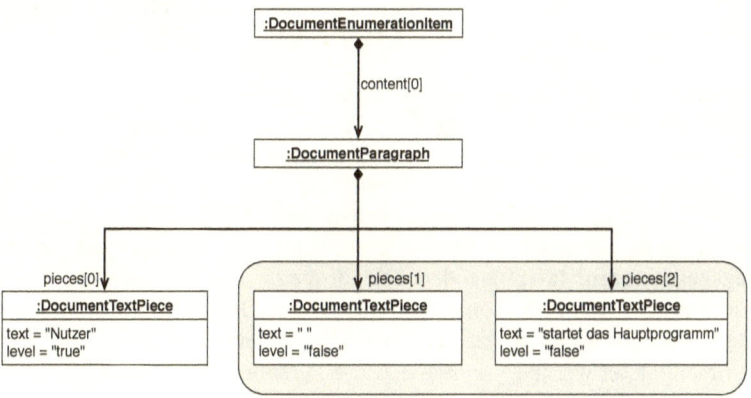

Abbildung 5.16: Fragment der Dokumentenmodellinstanz aus Abbildung 5.15

Erwartung
Wie in Abbildung 5.16 zu sehen ist, erzeugt die Transformation drei Elemente vom Typ `DocumentTextPiece`. In grau umrandet zu sehen sind zwei Elemente, welche sich unter Anwendung der semantischen Äquivalenz zusammenfassen lassen. Dies führt dazu, dass die gleiche Instanz, wenn sie wieder

eingelesen und in die konsolidierte Modellform überführt wird, nicht mehr strukturell äquivalent zum erzeugten Modell ist.

E1: Es treten keine Fehler bei der Transformation in das Dokumentenmodell auf.
E2: Die nicht-konsolidierten Elemente werden fehlerfrei zurücktransformiert.
E3: Die konsolidierten Elemente werden nicht zurücktransformiert.

Durchführung
Für diesen Experimentschritt wird der Interpreter mit den Erweiterungen aus dem zweiten Experimentschritt benutzt. Die erstellten Dokumentmodellinstanzen werden vor der Rücktransformation konsolidiert. Ansonsten ist die Durchführung wie im zweiten Experimentschritt.

Ergebnis
Die Konsolidierung führt Elemente bei der Transformation der einzelnen Step-Instanzen im Hauptszenario und bei den Erweiterungen zusammen. Erwartungsgemäß sind die Step-Instanzen an sich im Hauptszenario enthalten, jedoch sind deren Zuweisungen zu Attributen und Relationen nicht korrekt. Ebenso fehlen die Extension-Instanzen. Alle anderen Elemente sind jedoch korrekt zurücktransformiert. Dadurch sind die Erwartungen (**E1**, **E2** und **E3**) alle erfüllt.

Da **E3** jedoch eine negative Erwartung ist, kann die Rücktransformation unter diesen Bedingungen nicht als erfolgreich gelten.

Veränderung des Experimentaufbaus
Um die Rücktransformation einer konsolidierten Dokumentmodellinstanz auf Basis der Transformationsbeschreibung durchzuführen, muss die ursprüngliche Transformationsbeschreibung so angepasst werden, dass die Auswirkungen der Modellkonsolidierung ausgeglichen werden. Da die Modellkonsolidierung spezifisch für jedes Modell ist, kann keine allgemeine Lösungsstrategie angegeben werden. Im Folgenden eine Strategie die in Abschnitt 4.1.4 beschriebene Art der Modellkonsolidierung für das Dokumentenmodell angegeben. Für diese ist definiert, dass Instanzen der Klasse DocumentTextPiece zusammengefasst werden, wenn alle Attribute außer dem Attribut text nach ihrerer semantischen Äquivalenzfunktion gleich sind. Die Werte der Attribute text werden konkateniert. Angewendet auf die Transformationsbeschreibung bedeutet dies, dass auch Regeln, die Instanzen der Klasse DocumentText-Piece erzeugen, und deren Zuweisungen zu den Attributen gleich sind, zusammengefasst werden können. Das Beispiel in Listing 20 wird zu der Transformation in Listing 21 zusammengefasst.

Umwandlung von Artefakten in Instanzen des Dokumentmodells

```
Step -> DocumentEnumerationItem {
    content <- DocumentParagraph {
        pieces <- DocumentTextPiece {
            text <- actor.name
            bold <- true
        }
        pieces <- DocumentTextPiece {
            text <- " " + action
        }
    }
}
```

Listing 21: Konsolidierte Transformation

In blau markiert ist die konsolidierte Zuweisung. Die beiden einzelnen Regeln wurden zu einer zusammengefasst, welche die Stringkonkatenation nachbildet. Dadurch wird die in Abbildung 5.17 gezeigte Struktur erzeugt.

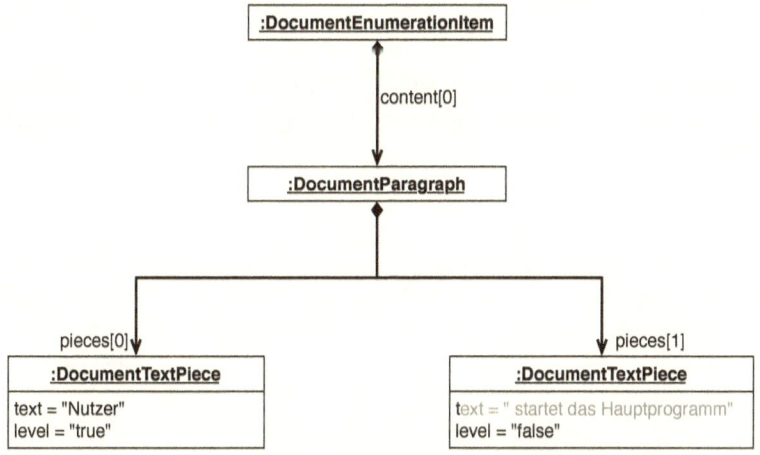

Abbildung 5.17: Von Listing 21 erzeugte Strukturen

Dieses ist auch die Struktur, welche die Modellkonsolidierung auf Basis des in Abbildung 5.16 gezeigten Ergebnisses erstellt.

Hat man die Transformation derart verändert, muss die Konkatenation innerhalb der Zuweisung aufgelöst werden. Hierzu kann ein regulärer Ausdruck inferiert werden, der die einzelnen Teile des String wieder trennt. Für obiges Beispiel sieht der inferierte Ausdruck wie folgt aus: ( )(.*). Die erste Gruppe erkennt das Leerzeichen, die zweite Gruppe den restlichen String. Ist der String in die ursprünglichen Teile zerlegt, so kann auch die Konkatenation der Zuweisung zerlegt werden. Die erste Gruppe wird für die erste Zuweisung genommen, die zweite für die zweite, etc. So werden die ursprünglich getrennten Zuweisungen simuliert und die Extraktion kann wie zuvor beschrieben durchgeführt werden.

Im Experimentaufbau wurde ein Vorverarbeitungsschritt eingefügt, der die angegebenen Veränderungen an der Transformationsbeschreibung vor der Ausführung der Transformation durchführt. Der Interpreter wurde dahingehend erweitert, dass Konkatenationen in Zuweisung nach der oben beschriebenen Strategie behandelt werden.

Neue Erwartungen
Durch den veränderten Experimentaufbau entfällt die Erwartung **E3**. Stattdessen wird die neue Erwartung **E4** hinzufügt. Die Erwartungen **E2** und **E4** werden in der ebenfalls neuen Erwartung **E5** zusammengefasst.

E4: Die konsolidierten Elemente werden fehlerfrei zurücktransformiert.
E5: Die Rücktransformation erzeugt Instanzen, die strukturell äquivalent zu den Eingabeinstanzen sind.

Durchführung
Mit dem zusätzlichen Vorverarbeitungsschritt für die Transformationsbeschreibung und dem geänderten Interpreter wird das Experiment erneut durchgeführt.

Ergebnis
Die durch die Rücktransformation erzeugten Instanzen sind strukturell äquivalent zu den Eingabeinstanzen. Dadurch sind die Erwartungen **E1**, **E2**, **E4** und **E5** erfüllt. Da die Erwartung **E3** durch den veränderten Experimentaufbau entfällt, sind alle Erwartungen erfüllt. Das Experiment kann somit als erfolgreich gelten. Es hat gezeigt, dass eine Rücktransformation auch nach einer Modellkonsolidierung korrekt erfolgen kann.

5.4.7 Zusammenfassung

Eine Rücktransformation auf Basis der ursprünglichen Transformationsbeschreibung kann durchgeführt werden, wenn die benutzte Transformationssprache deklarativ ist. Hierzu ist es nötig für jede in der Transformationssprache vorkommende Anweisung eine Strategie zur Umkehrung dieser Anweisung zu definieren. Diese sind zusammengefasst in Tabelle 5 angegeben.

Die Anwendung dieser Strategien auf konkrete, mit HeRA erstellte Use Cases hat gezeigt, dass hiermit eine Umkehrung der Transformation möglich ist.

Für die Benutzung von synthetischen Attributen in einer Zuweisung kann keine generelle Strategie zur Rücktransformation angegeben werden. Hier ist basierend auf der konkreten Bedeutung des Attributs jeweils eine angepasste Strategie zu entwickeln.

Eine offensichtliche Einschränkung dieses Verfahrens ist, dass nur Elemente zurück transformiert werden können, die auch in den Export eingeflossen sind.

Transformationsanweisung	Strategie
Transformationsregel	Erstellen einer Instanz vom Typ der Eingabe der Regel
Zuweisung einer Elementinstanz	Finden der erstellten Elementinstanz des angegebenen Typs in der Modellinstanz.
Zuweisung einer Konstanten	Überprüfung des Werts des Attributs oder der Relation der aktuell betrachteten Elementinstanz auf Gleichheit mit der angegebenen Konstante.
Zuweisung einer Attributreferenz ohne Unterreferenzen	Zuweisung des Werts des Attributs der aktuell betrachteten Elementinstanz an das durch die Attributreferenz bezeichnete Attribut der Modellinstanz
Zuweisung einer Attributreferenz mit Unterreferenzen	Evtl. Zwischenrelationen erzeugen, ansonsten wie ohne Unterreferenzen.
Zuweisung, deren Wert durch den Aufruf einer anderen Regel bestimmt wird	Ausführen der Rücktransformation für alle Regeln, die als Eingabe ein Element vom Typ des Attributs oder Relation entgegennehmen, für die der RuleCall durchgeführt werden soll.
Zuweisung, deren Wert durch den Aufruf eines Patterns bestimmt wird.	Einsetzen des Patterns in die Zuweisung. Danach Auswertung wie oben.
Zuweisung einer Konkatenation	Inferieren eines regulären Ausdrucks für die Konkatenation. Zerlegung des Werts des entsprechenden Attributs anhand des regulären Ausdrucks. Anwenden der Strategie zur Umkehrung der Regeln für die einzelnen Teile der Konkatenation auf den jeweiligen Teilwert.
Zuweisung von synthetischen Elementen	Definition und Anwendung einer Strategie basierend auf der Funktion des synthetischen Elements.
Mehrfache Zuweisung einer singulären Relation	Instanz nur Erstellen, wenn noch nicht zugewiesen. Ansonsten Veränderung der vorhandenen Instanz.

Tabelle 5: Übersicht über die verschiedenen Strategien zur Rücktransformation

Wie ebenfalls gezeigt wurde, lassen sich auch die Auswirkungen einer Modellkonsolidierung der erzeugten Dokumentenmodellinstanz kompensieren, indem eine Vorverarbeitung der Transformationsbeschreibung durchgeführt wird. Dieser Ansatz wird begrenzt auf die Mächtigkeit der inferierten regulären Ausdrücke. So kann es Situationen geben, in denen kein Ausdruck inferiert werden kann, der eine passende Trennung des erzeugten Werts ermöglicht. Ein

Beispiel hierfür ist die Konkatenation zweier Attributreferenzen. In diesem Fall ist nur bekannt, dass zwei Strings hintereinander gehängt werden, es ist jedoch keine Angabe über konkrete Trennzeichen gemacht.

6 Transformation von implizit definierten Modellen in explizite

Das Experiment im vorherigen Kapitel (Abschnitt 5.4.6) hat gezeigt, dass eine Rückwandlung von implizit definierten Modellen durch Umkehrung der Transformationsvorschrift, die zum Export aus dem modellbasierten Werkzeug benutzt wurde, erfolgen kann. Darauf aufbauend beschäftigt sich dieses Kapitel mit der Transformation der impliziten Modelle in explizite Modelle. Dieser Prozessschritt der *Extraktion* der im Dokument enthaltenen Modelle und deren Daten ist Schritt ① des in Abschnitt 4 beschriebenen Prozesses. Abbildung 6.1 zeigt noch einmal diesen Schritt.

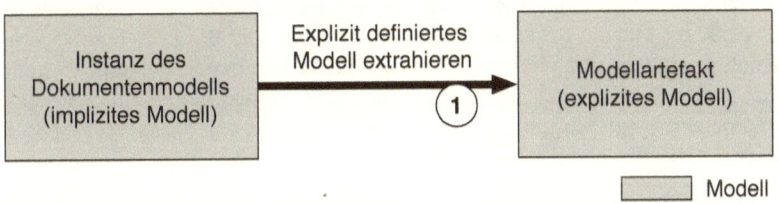

Abbildung 6.1: Schritt ① des Prozesses

Die Extraktion eines explizit definierten Modells entspricht dabei einer Model-To-Model Transformation. Diese folgt im wesentlichen zwei Schritten, die beliebig oft wiederholt werden:

- **Suchen der passenden Strukturen**
  Zuerst werden auf Basis der Transformationsbeschreibung diejenigen Strukturen gesucht, welche das gesuchte implizite Modell beschreiben.
- **Transformation der gefundenen Strukturen in das Zielmodell**
  Danach werden die gefundenen Modellelemente auf die zu erstellenden Modellelemente des Zielmodells abgebildet.

Für dieses Kapitel wird das zuvor gezeigte Verfahren zur Umkehrung der Transformationsbeschreibung benutzt um die Extraktion der expliziten Modelle aus den Dokumentmodellinstanzen durchzuführen. Dabei wird insbesondere auf die Probleme eingegangen, die auftreten, wenn die Extraktion auf Basis von bearbeiteten Dokumenten erfolgt. Die hierbei auftretenden Probleme werden klassifiziert und, soweit möglich, mit Lösungsstrategien versehen. Abschließend wird an zwei Fallbeispielen die praktische Anwendbarkeit der vorgestellten Lösungsstrategien demonstriert.

6.1 Erfolgsmaß bei heuristischen Verfahren

Um ein Verfahren zur Extraktion von expliziten Modellen aus Dokumenten beurteilen und auch dessen Ergebnisse bewerten zu können, muss zunächst definiert werden, wie Erfolg im konkreten Fall gemessen werden kann.

Zunächst muss die Erwartung an die Extraktion definiert werden, um eine Referenz für eine Überprüfung zu bekommen. Hierzu definiert man Instanzen des zu extrahierenden Modells, mit denen die Ergebnisse der Extraktion verglichen werden. Führt man einen Soll/Ist-Vergleich der Referenz mit dem Ergebnis der Extraktion durch, so kann überprüft werden ob die extrahierten Instanzen exakt gleich der Referenz sind.

Wie in diesem Kapitel gezeigt wird, gibt es verschiedene Problemklassen bei der Extraktion von expliziten Modellen aus Dokumenten, die bearbeitet worden sind. Im Gegensatz zu solchen Dokumenten, die direkt aus einer Transformation eines expliziten Modells (etwa durch den Export aus einem modellspezifischen Werkzeugs) hervorgegangen sind, können bei einem bearbeiteten Dokument die tatsächlich enthaltenen Strukturen nicht exakt vorhergesehen werden.

> **Definition 35 (Heuristik nach Russel)**
>
> Eine *Heuristik* ist eine Technik, die für ein gegebenes Problem eine gute Lösung zu angemessenen Kosten liefert. Jedoch garantiert eine Heuristik weder die Optimalität noch die Brauchbarkeit einer Lösung. In vielen Fällen kann für das Ergebnis der Heuristik die Distanz zur optimalen Lösung nicht angegeben werden. [55]

Da für jede dieser Problemklassen eigene, heuristische Lösungsstrategien existieren, kann es auch vorkommen, dass nur Teile eines Dokuments korrekt in die entsprechenden expliziten Modelle transformiert werden können. Führt man nun einen Vergleich des extrahierten Modells mit der Referenz aus, so würde dieser auch in diesem Fall angeben, dass die Extraktion fehlgeschlagen ist. Dies ist zwar, auf die gesamte Extraktion bezogen, korrekt, jedoch nicht dem eigentlichen Extraktionsprozess angemessen.

Ein besseres Verfahren ist es daher anzugeben, welche Teile der Referenzinstanz nicht mit den extrahierten übereinstimmen. Hierdurch kann zum einen genauer erkannt werden wo die Probleme der Extraktion liegen, zum anderen kann eine Schwelle definiert werden ab der die Extrahierung ebenfalls als korrekt angesehen wird.

Zusätzlich zu der feingranularen Abstufung, die dieses Vergleichsverfahren berücksichtigt, muss auch beachtet werden, dass Heuristiken nicht immer optimale oder korrekte Ergebnisse liefern. Nach Definition 35 kann eine Heuristik auch solche Werte für die Extraktion liefern, die zwar nach den Regeln der Heuristik korrekt extrahiert wurden, jedoch nicht brauchbar sind. Die Kategorien *brauchbar* und *unbrauchbar* für ein extrahiertes Ergebnis müssen jedoch manuell bestimmt werden. Tabelle 6 zeigt eine Wahrheitsmatrix für den beschriebenen Fall.

		Heuristische Extraktion	
		Extraktion erfolgreich	Extraktion nicht erfolgreich
Ergebnis	brauchbar	t_p (true positive)	f_n (false negative)
	unbrauchbar	f_p (false positive)	t_n (true negative)

Tabelle 6: Interpretation der Ergebnisse in Beziehung zur Erwartung

Um die Qualität einer Heuristik zu bewerten, müssen die Ergebnisse der Extraktion wiederum überprüft werden. Für den Fall, dass das Ergebnis brauchbar ist und die Heuristik eine erfolgreiche Extraktion meldet, liegt die Klassifikation richtig. Dies gilt ebenso für den Fall, dass das Ergebnis unbrauchbar ist und die Heuristik angibt, die Extraktion sei nicht korrekt durchgeführt worden. Diese Kategorien (in der Tabelle in grün gekennzeichnet) sind diejenigen, in denen die Heuristik die Ergebnisse liefert, die erwartet werden.

Wie in der Wahrheitsmatrix zu sehen, gibt es neben diesen beiden Fällen noch den Fall, dass das Ergebnis unbrauchbar ist obwohl die Heuristik die Extraktion für erfolgreich erklärt und den Fall, dass das Ergebnis brauchbar aber die Extraktion als nicht erfolgreich angegeben wurde (in der Tabelle in rot gekennzeichnet). Diese beiden Kategorien sind diejenigen, bei denen die Heuristik aus Sicht des menschlichen Beobachters falsche Ergebnisse liefert. Das Ziel bei der Definition einer Heuristik ist es, die Werte für f_n und f_p so gering wie möglich zu halten. Für eine Wahrheitsmatrix wie in Tabelle 6 definieren Olson und Delen die Maßwerte *Precision (Genauigkeit)* und *Recall (Trefferquote)* für den Kontext der Klassifizierung wie folgt [56]:

$$Precison = \frac{t_p}{t_p + f_p}, Recall = \frac{t_p}{t_p + f_n}$$

Der Wert für die Genauigkeit gibt die Wahrscheinlichkeit eines korrekten Ergebnisses der Heuristik an. Die Trefferquote hingegen die Wahrscheinlichkeit, dass ein Element korrekt extrahiert wurde.

Um die Güte der zu gemessenen Verfahren zu bewerten, wird das *F-Maß*, als gewichtetes harmonisches Mittel von *Precision* und *Recall* benutzt. Dieses ist wie folgt definiert:

$$F = 2 \cdot \frac{precision \cdot recall}{precision + recall}$$

Ein heuristisches Klassifikationsverfahren ist also dann als zuverlässig anzusehen, wenn das F-Maß einen zuvor festgelegten Wert nicht überschreitet.

6.2 Probleme bei bearbeiteten Dokumenten

Bearbeitete Dokumente haben, im Gegensatz zu solchen, die durch einen schematischen Vorgang wie eine Transformation erzeugt wurden, den Nachteil, dass die im Dokument enthaltenen Strukturen nicht eindeutig vorhersagbar sind. Dies liegt daran, dass im Vorfeld nicht exakt bekannt ist, was bearbeitet wurde. Zwar kann man durch die Vorgabe von Templates erreichen, dass die einzelnen Dokumente *in etwa* der erwarteten Form entsprechen, die genaue Ausprägung eines Dokuments kann aber nicht vorhergesehen werden.

6.2.1 Beispiel 1: Besprechungsprotokolle in e performance

Das Projekt *e performance* ist ein vom BMBF gefördertes Projekt zur ganzheitlichen Entwicklung eines Elektrofahrzeugs. Das Fachgebiet Software Engineering der Leibniz Universität Hannover war hieran mit einem Unterauftrag zur Wissens- und Erfahrungssammlung und –sicherung beteiligt [40].

Als eine der ersten und wichtigsten Quellen für Wissen wurden Protokolle von Besprechungen identifiziert, wie sie bislang bereits erstellt wurden. Innerhalb dieser Protokolle sind unter anderem Aufgaben festgehalten, die während der Besprechung zugewiesen wurden.

Auf Basis der bereits von den Projektpartnern verwendeten Vorlagen für Besprechungsprotokolle wurde eine gemeinsame Vorlage entworfen. Diese Vereinheitlichung diente dazu, eine Referenz für die automatische Extraktion der Inhalte zu haben und nur eine Form unterstützen zu müssen. Abbildung 6.2 zeigt die Vorlage für eine Tabelle zur Aufzeichnung der besprochenen Inhalte.

I/B/A	Beschreibung	Bis wann	Verantwortlich

I = Information, B = Beschluss, A = Aufgabe

Abbildung 6.2: Überschrift für eine Tabelle im Besprechungsprotokoll

Vorgehen
Zusätzlich werden Aufgabenlisten (Todolisten) gepflegt, in der jeder Projektteilnehmer oder jede Organisation die betreffenden Aufgaben, die für ihn relevant sind, notiert. Diese doppelte Verwaltung der gleichen Informationen führte dazu, dass nicht immer alle Listen miteinander und mit den zugewiesenen Aufgaben synchron sind. Um dieses Problem in den Griff zu bekommen wurde ein Prozess zur Extraktion der in einem Protokoll enthaltenen Aufgaben und zur Integration in eine vorhandene Todoliste definiert. Dieser Prozess ist in Abbildung 6.3 gezeigt.

Transformation von implizit definierten Modellen in explizite

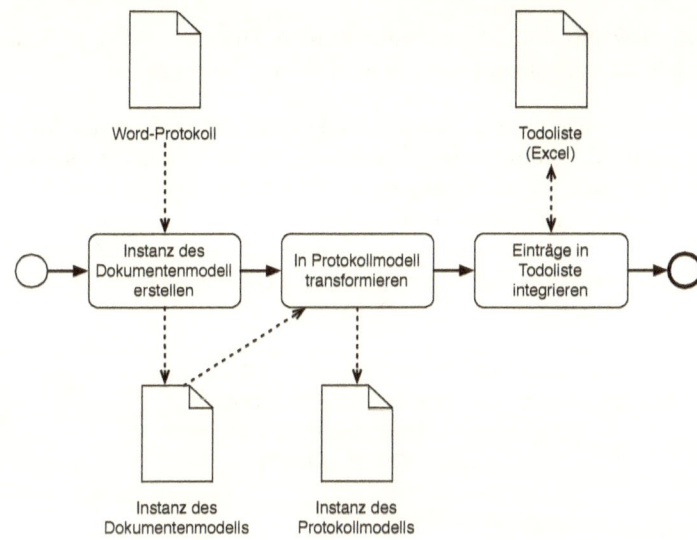

Abbildung 6.3: Prozess zur Erstellung von Todolisten

Für dieses Beispiel ist der zweite Schritt (*In Protokollmodell transformieren*) relevant, da dieser durch den Extrahierungsprozess dieses Kapitel durchgeführt wird. Das Protokollmodell ist in Abbildung 6.4 gezeigt. Für die Beschreibungen der einzelnen Einträge im Protokoll, wurde die Klasse `DocumentParagraph` aus dem kanonischen Dokumentenmodell wiederverwendet. Diese ist im Modell mit dem Stereotypen «external» gekennzeichnet.

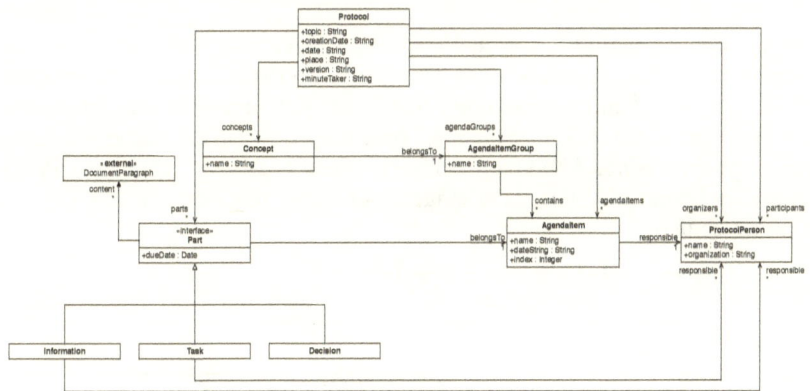

Abbildung 6.4: Protokollmodell für e performance

Auf Basis dieses Modells wird die Extraktion der Aufgabenpunkte aus dem Protokoll durchgeführt. Hierbei sollen nur diejenigen Punkte extrahiert werden, die als Aufgaben gekennzeichnet werden. Es handelt sich also um eine verlustbehaftete Transformation, da nicht alle im Protokoll enthaltenen Elemente in das Zielmodell übernommen werden. Die anschließende Weiterverarbeitung in die endgültige Todoliste wird nicht gezeigt.

Die erste Spalte der Tabelle (siehe Abbildung 6.2) bezeichnet die Art des besprochenen Inhalts (*Information*, *Beschluss* oder *Aufgabe*). Für eine Generierung eines solchen Protokolls aus einem Protokollmodell ist diese Vorschrift eindeutig. In Listing 22 ist die Transformation eines als Aufgabe gekennzeichneten Tabelleneintrags in eine entsprechende Tabellenzeile zu sehen. In der ersten Spalte wird ein *A* eingetragen, um den Eintrag in der Tabelle als Aufgabe zu kennzeichnen.

```
pattern cell(content) -> DocumentTableCell {
      subContent <- DocumentParagraph {
            pieces <- DocumentTextPiece {
                  text <- content
            }
      }
}

Task -> DocumentTableRow {
      cells <- cell("A")
      cells <- cell(description)
      cells <- cell(dueDate)
      cells <- cell(responsible.name)
}
```

Listing 22: Regel zur Transformation einer Information in eine Tabellenzeile

Um bei der Extraktion des Modells aus dem Dokument eine Information zu extrahieren, muss entsprechend in der ersten Tabellenzelle ein *A* stehen (analog für *Beschluss* und *Information*). Sieht man sich nun aber reale Protokolle aus Besprechungen an, so stellt man fest, dass diese nicht immer eindeutig gekennzeichnet sind. Abbildung 6.5 zeigt einen Ausschnitt aus einem Protokoll. Hier ist nur die erste, blau eingefärbte Spalte relevant, die den Typ des Eintrags codiert.

I/B/A	Beschreibung	Bis wann	Verantwortlich
A			
I/A			
T			

I = Information, B = Beschluss, A = Aufgabe

Abbildung 6.5: Unterschiedliche Eintragungen in der ersten Spalte

Während die erste Zeile einen korrekten Eintrag enthält, sind die Einträge in den anderen beiden Zeilen fehlerhaft unter Berücksichtigung der Vorgabe wie die Tabelle auszufüllen ist. Diese Fehler können zum einen beabsichtigt sein, wie in der zweiten Zeile. Hier war dem Protokollanten nicht eindeutig klar, ob es sich um eine Information oder eine Aufgabe handelt. Sie können auch unabsichtlich passieren wie in der dritten Zeile. Hier hat der Protokollant versehentlich ein *T* für *Task* anstatt des eigentlich geforderten *A* für *Aufgabe* verwendet.

Während diese Einträge aus Sicht des Protokollanten und menschlichen Lesern des Protokolls brauchbar sind, sind sie im Kontext der automatischen Extraktion aus einem Dokument als Fehler zu werten.

6.2.2 Beispiel 2: Use Cases in Anforderungsspezifikationen

Eine verbreitete Vorlage bei Use Cases ist das Tabellentemplate, wie Cockburn es vorschlägt [57]. Ebenso kann man bei Use Cases vorgeben welche Elemente enthalten sein müssen und welche optional enthalten sein können. Auch dann gibt es jedoch noch genug Spielraum für Abweichungen, wenn das Dokument nicht allein generiert, sondern im Texteditor erstellt oder bearbeitet wird.

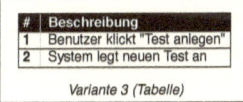

Abbildung 6.6: Verschiedene Arten eine Aufzählung im Dokument zu gestalten

Abbildung 6.6 zeigt verschiedene Arten eine Aufzählung in einem Dokument zu gestalten. Hierbei ist nur Variante 1 strukturell als Aufzählung kodiert. Zwar ist die Intention des Erstellers (siehe auch Abschnitt 4.1.1) bei allen drei Varianten die gleiche, jedoch sind sie nicht mit der jeweils gleichen Transformationsvorschrift verarbeitbar.

6.3 Klassifizierung der Problemarten

Wie an den obigen Beispielen dargestellt, können bei bearbeiteten Dokumenten Probleme auftreten, die eine Extraktion der im Dokument enthaltenen impliziten Modelle streng nach der Transformationsvorschrift verhindern.

Im Rahmen des vorgestellten Prozesses werden Dokumente immer als Instanzen des kanonischen Dokumentenmodells behandelt. Die Extraktion wird durch eine Model-To-Model Transformation beschrieben. Da sowohl die Syntax und die Semantik des Dokumentenmodells als auch das Verfahren der Model-To-Model Transformation bekannt sind, lassen sich hieraus Kategorien der zu erwartenden Probleme definieren.

6.3.1 Ableitung von Problemklassen auf Basis des verwendeten Prozesses

Der Prozessschritt der Extraktion von expliziten Modellen aus Dokumenten basiert auf einer Model-To-Model Transformation. Wie bereits mehrfach angegeben, besteht eine Model-To-Model Transformation aus zwei Schritten. Um die Kategorisierung feingranularer zu gestalten und somit den tatsächlich auftretenden Problemklassen gerecht zu werden, wird der erste Schritt nochmals unterteilt in zwei Teilschritte:

1. **Suchen der passenden Strukturen**
   1.1. Finden der Struktur
   1.2. Überprüfen der Constraints der gefundenen Struktur
2. **Transformation der gefundenen Strukturen in das Zielmodell**

Prinzipiell können in jedem dieser Teilschritte Fehler auftreten, die zu einem Abbruch der Transformation führen. Da Schritt 2 jedoch auf den zuvor überprüften Elementen aus den Schritten 1.1 und 1.2 aufbaut, sind Fehler, die hier auftreten, Probleme grundsätzlicher Natur des verwendeten Interpreters. Da sie nicht durch das Eingabedokument oder die Transformationsbeschreibung hervorgerufen werden, werden sie im Folgenden nicht betrachtet.

Der Unterschied der beiden Teilschritte von Schritt 1 ist, dass im Schritt 1.1 zunächst einmal nur überprüft wird, ob die Struktur typkompatibel zur gesuchten ist. Erst im Schritt 1.2 wird überprüft ob die Eigenschaften der gefundenen Struktur auch mit den erwarteten übereinstimmen.

Beispiel

Listing 23 zeigt eine Transformationsregel für die Umwandlung von Instanzen der Klasse `UseCaseSet` aus dem Use Case Modell in Instanzen der Klasse `Document` des Dokumentenmodells.

```
UseCaseSet -> Document {
      content <- DocumentHeading {
            level <- 2
            text <- "Use Case Beschreibungen"
            subContent <- #useCases
      }
      content <- DocumentParagraph
}
```

Listing 23: Transformationsregel zur Erstellung Transformation einer `UseCaseSet`-Instanz

Die Umkehrung dieser Regel zur Nutzung der Transformationsbeschreibung im Rahmen der Modellextraktion bedeutet, dass in der Instanziierung des Dokuments im allgemeinen Dokumentenmodell eine Instanz der Klasse `Document` vorhanden sein muss. Da die Klasse `Document` die Wurzel jeder

Instanziierung im Dokumentenmodell bildet, wird diese Regel als initiale Regel ausgeführt, da beim Analysieren der Instanz zuerst die Klasse Document vorliegt.

Innerhalb der Regel sind zwei Zuweisungen zum Attribut content der Document-Instanz vorhanden. Deren Umkehrung bedeutet, dass im Attribut content der vorhandenen Document-Instanz die entsprechenden Instanzen (in diesem Fall eine Instanz der Klasse DocumentHeading und danach eine Instanz der Klasse DocumentParagraph) vorhanden sein müssen.

Innerhalb der Zuweisung von DocumentHeading werden der dadurch erstellten Instanz konstante Werte zugewiesen. Laut der Umkehrungsregeln in Abschnitt 5.3 ergeben sich hierdurch die Constraints für die Extraktion. Die gefundene Überschrift muss demnach auf Ebene 2 sein und den Text *„Use Case Beschreibungen"* besitzen. Der ebenfalls enthaltene RuleCall wird für die Bestimmung der Constraints ignoriert. Er führt wiederum zur Auswertung einer Regel wie der aktuell betrachteten.

Zusammenfassend lassen sich die obigen Beobachtungen wie folgt kategorisieren:

1. Ein Fehler kann auftreten, wenn die vorhandene Struktur der gesuchten entspricht, jedoch nicht alle Constraints erfüllt sind.
   Im obigen Beispiel etwa eine Überschrift auf falscher Ebene.
2. Ein Fehler kann auftreten, wenn die vorhandene Struktur nicht der gesuchten entspricht.
   Im obigen Beispiel, wenn direkt nach der Überschrift keine DocumentParaph-*Instanz im Attribut* content *vorhanden ist.*

Die führt zu der abgeleiteten Problemklassifizierung, wie sie in Abbildung 6.7 zu sehen ist. Die Blätter des Klassifizierungsbaums sind die konkreten Problemklassifizierungen.

6.3 Klassifizierung der Problemarten

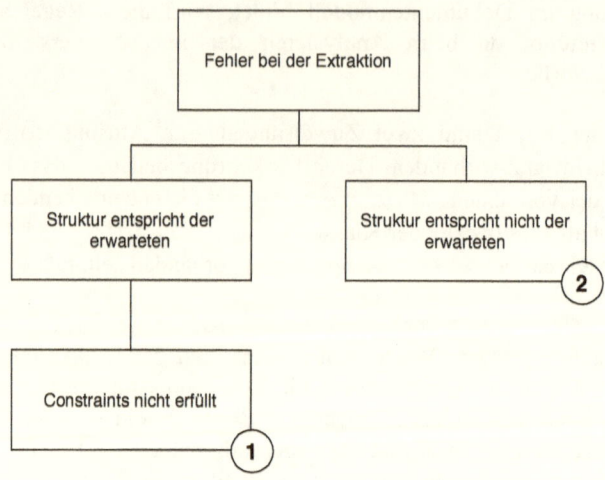

Abbildung 6.7: Abgeleitete Problemklassifizierung

6.3.2 Klassifizierung mittels Open Coding

In der abgeleiteten Klassifikation sind reale Probleme bearbeiteter Dokumente nicht berücksichtigt. Um diese realen Probleme in die Klassifizierung aufzunehmen, wurden Dokumente untersucht, bei denen es zu Problemen im Extraktionsschritt kommt. Als untersuchte Dokumente wurden Protokolle aus e performance und Anforderungsspezifikationen aus dem Softwareprojekt gewählt.

Bei diesen Fehlern wurde die jeweils erwarteten mit den tatsächlichen Strukturen im Dokument verglichen. Die gefundenen Fehler wurden dann mittels Open Coding [58] in einzelnen Klassen zusammengefasst.

Um zu überprüfen ob die Extraktion vollständig und erfolgreich durchgeführt wurde, sind die erwarteten Modellinstanzen vorher per Hand angelegt wurden. Diese Referenzinstanzen wurden dann mit den extrahierten Instanzen verglichen. Für jeden Fehler wurde danach überprüft ob es sich um einen echten Fehler (*true negative*) handelt oder ob die Referenzinstanz an der entsprechenden Stelle einen Fehler aufweist (*false negative/positive*). Für den Fall, dass es sich um einen *false positive* oder einen *false negative* handelt, wurde die entsprechende Referenzinstanz angepasst. Wenn es sich um einen echten Fehler gehandelt hat, wurde das entsprechende Transformationsfragment sowie die gesuchte und gefundene Struktur in eine Klassifizierungsschablone wie in Abbildung 6.8 gezeigt, eingetragen um den Fehler genauer zu analysieren.

Transformations-Fragment	
Gesucht	Gefunden

Abbildung 6.8: Vergleichsschablone für Fehler

Die echten Fehler wurden danach in Problemklassen eingeteilt und die bisherige Klassifikation um die neuen Klassen erweitert. Die Gesamtklassifikation ist in Abbildung 6.9 dargestellt.

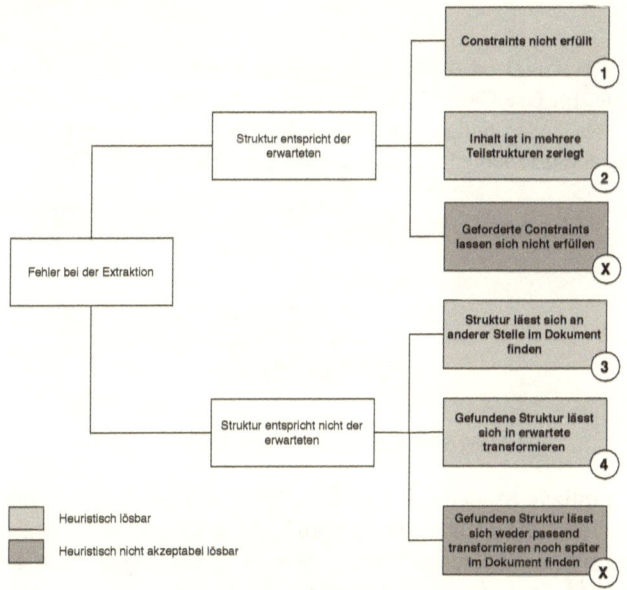

Abbildung 6.9: Vollständige Problemklassifizierung

6.4 Lösungsstrategien für die Problemklassen

Für die meisten Problemklassen lassen sich heuristische Lösungsstrategien angeben um dennoch eine erfolgreiche Extraktion durchzuführen. Allerdings findet sich auch in jeder Oberklasse eine Problemklasse, in deren Fall es entweder nicht möglich ist das Problem heuristisch zu lösen oder bei der Aufwand und Nutzen einer Heuristik in keinem sinnvollen Verhältnis zueinander stehen.

Im Folgenden werden Beispiele für jede definierte Problemklasse gezeigt um die speziellen Eigenschaften der jeweiligen Klasse zu verdeutlichen. Zusätzlich werden auf den Beispielen aufbauende Strategien für die Erstellung von heuristischen Lösungen der Probleme angegeben.

6.4.1 False positives / false negatives

Neben den echten Fehlern treten bei einem Vergleich mit einer Referenz auch false positives oder false negatives auf. Diese lassen sich in den meisten Fällen durch Fehler beim manuellen Erstellen der Referenzinstanzen erklären.

So führt etwa das Entfernen von Leerzeichen am Ende von Strings bei einem zeichenweisen Vergleich zu einem Fehler. Ebenso verhält es sich mit unterschiedlicher Groß/Kleinschreibung. Dies ist aber kein Fehler im Sinne einer fehlerhaften Extraktion, da im Dokument die Leerzeichen ebenso wie die Groß/Kleinschreibung enthalten sind. Es handelt sich hierbei also um ein false negative.

Ein anderes Beispiel ist die künstliche Einschränkung eines Editors für Modellelemente. Im Use Case Modell kann etwa das Attribut *level*, also die Ebene des Use Cases, jeden beliebigen Text enthalten. HeRA schränkt die für dieses Feld gültigen Werte jedoch auf drei ein (siehe Abbildung 6.10).

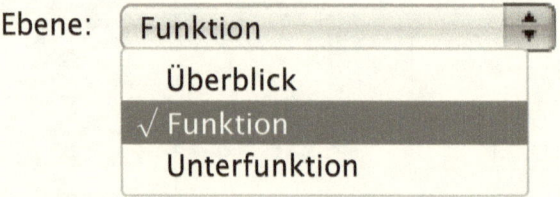

Abbildung 6.10: Künstliche Einschränkung durch HeRA

Wird das implizite Modell des Use Case im Dokument direkt verändert, wird diese Einschränkung nicht mehr überprüft, da es sich um eine künstliche Einschränkung eines Werkzeugs handelt. Wie in Abbildung 6.11 zu sehen, kann somit auch ein Text eingegeben werden, der in einer Instanziierung des Use Case Modells durch HeRA nicht vorhanden sein kann. Ein Vergleich der Referenzinstanz und der extrahierten Instanz wird hier einen Fehler anzeigen.

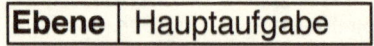

Abbildung 6.11: Tabellenzeile zur Beschreibung der Ebene eines Use Cases

Auch hier gilt, dass dieser Fehler ein false negative ist, da der Wert im Bezug zum Modell gültig ist und auch korrekt aus dem Dokument extrahiert wurde.

6.4.2 Klasse 1: Constraints nicht erfüllt

Die erste Problemklasse betrachtete Strukturen, deren Constraints beim Vergleich mit der Transformationsbeschreibung nicht erfüllt sind. Wie in Abschnitt 5.3.2 beschrieben, ergeben sich bei der Umkehrung der Transformation zum Zwecke der Extraktion von expliziten Modellen die Constraints an eine Struktur aus der Zuweisung von Konstanten an deren Attribute und Relationen.

Aufgrund der Natur von natürlich-sprachlichen Texten, sind die textuellen Attribute eines Modells die wesentlichen Attribute, die für die Transformation in ein Dokument herangezogen werden. Wie in Kapitel 3.2.1 beschrieben, bilden sie die Inhalte, die in den meisten Fällen auch ohne die Strukturen verstanden werden können. Im Dokumentenmodell werden Texte durch die Klasse `DocumentTextPiece` modelliert. Das Attribut `text` ist hierbei das primäre Attribut, da es die tatsächlich angezeigten Inhalte darstellt. Alle anderen Attribute wie `bold`, `italic`, ... sind als sekundäre Attribute zu sehen, da sie die Darstellung des Textes weiter beeinflussen, der Text aber auch ohne diese Attribute zu sehen und in den meisten Fällen auch zu verstehen ist. Eine zweite Möglichkeit, in der Text zur Anzeige in der Visualisierung eines Dokuments kommt, ist das Attribut `text` der Klasse `DocumentHeading`.

Dies führt dazu, dass im Folgenden zunächst zwei Probleme den Text betreffend beschrieben werden. Die sekundären Attribute werden anschließend zusammenfassend behandelt.

Ähnliche Zeichenketten
Ähnliche Zeichenketten sind solche, für die eine gegebene Ähnlichkeitsmetrik einen Wert unterhalb einer zuvor festgelegten Schwelle liefert. Im Rahmen dieser Arbeit wurden als Ähnlichkeitsmetriken die Levenshtein-Distanz [51] und die n-gram Ähnlichkeit [59] genutzt.

Die Levenshtein-Distanz zwischen zwei Zeichenketten ist im Falle der Äquivalenz 0. Sie ist in der ursprünglichen Form definiert als Anzahl der Editierungsoperationen die benötigt werden um aus einem String *a* den String *b* zu machen. Als Editierungsoperationen im Sinne der Levenshtein-Metrik gelten *Einfügen*, *Löschen* und *Austauschen* je eines einzelnen Zeichens. Als Schwellenwert für die Heuristik wurde 1 gewählt, was maximal einer Änderung entspricht.

Für die n-gram Ähnlichkeit wurde ein Wert von 2 für n gewählt. Es handelt sich also um Bigramme. Als Wert für die Ähnlichkeit ist der Dice Koeffizient, wie er von Pedersen für Bigramme definiert wurde, gewählt. Für zwei Strings *a* und *b* ist er wie folgt definiert [60]:

$$2 \cdot \frac{commons}{|bigram_a| + |bigram_b|}$$

Hierbei ist *commons* die Anzahl der gemeinsamen Bigramme beider Strings, $|bigram_a|$ und und $|bigram_b|$ bezeichnen jeweils die Anzahl der gesamten Bigramme jedes Strings. Im Falle der Gleichheit ist

$|bigram_a| = |bigram_a| = commons$ und der Dice Koeffizient somit 1. Für den Fall, dass die verglichenen Zeichenketten überhaupt keine gemeinsamen Bigramme besitzen, ist der Koeffizient 0. Als Schwellenwert für die Heuristik wurde hier 0,9 angenommen, was einer ähnlich geringen Änderung wie bei der Levenshtein-Heuristik nahekommt. Im Unterschied zur Levenshtein-Heuristik, ist der Dice Koeffizient von der Länge der zu vergleichenden Zeichenketten beeinflusst, was in den meisten Fällen zu genaueren Ergebnissen führt.

Abbildung 6.12 zeigt ein Beispiel für einen ähnlichen Text. Ein übliches Problem bei der Extraktion von Überschriften aus Dokumenten ist es, dass die Nummerierung der Überschrift zu deren Text hinzugefügt wird.

Lösungsstrategie für Überschriften
Im Falle von Überschriften kann der Text der Überschrift von Prefixen der Form \d+\.? entfernt werden. Dies kann so oft wiederholt durchgeführt werden, wie der Wert des Attributs `level` dies angibt.

Im obigen Fall also maximal zwei Mal. Hier würde zuerst das Prefix „3." entfernt werden und danach das Prefix „2". Der überbleibende String ist dann „Use Case-Beschreibungen".

Vergleicht man diesen nun mit dem erwarteten String, so sind beide immer noch nicht gleich. Jedoch hat man nun den eigentlichen Text der Überschrift erhalten, auf dem man einen Ähnlichkeitsvergleich durchführen kann.

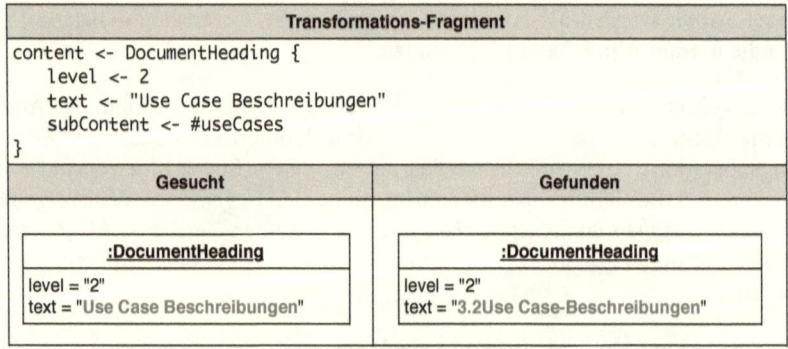

Abbildung 6.12: Ähnliche Attributwerte

Lösungsstrategie für ähnliche Strings
Für den Fall, dass die Strings ähnlich sind, kann davon ausgegangen werden, dass es sich um einen Tippfehler handelt. Anders als bei einem Tippfehler in der Transformationsbeschreibung, der sich schematisch auf das gesamte erstellte Dokument ausweitete, folgen Tippfehler bei der Bearbeitung eines Dokuments keinem Muster. Daher kann ein solcher Tippfehler nur mit heuristischen Mitteln erkannt werden. Am obigen Beispiel ist die Levenshtein-Distanz

1 und der Dice-Koeffizient ≈0,92. Die Strings gelten somit als gleich unter Anwendung beider Heuristiken.

Je nach Einsatzzweck und Kontext der Extraktion können auch andere Ähnlichkeitsmetriken oder andere Kennzahlen für die beschriebenen verwendet werden.

Synonyme Zeichenketten
Nicht immer liegt ein Tippfehler vor, wenn zwei Zeichenketten unterschiedlich sind. In manchen Fällen sind auch bewusst oder unbewusst Synonyme benutzt worden. Ein Beispiel ist die Verwendung von *„Name"* anstatt *„Titel"* bei Use Cases oder die schon oben beschriebene, nicht eindeutige Klassifizierung von Protokolleinträgen durch den Protokollanten. In diesen Fällen reicht eine einfache Ähnlichkeitsmetrik wie die oben beschriebenen nicht mehr aus.

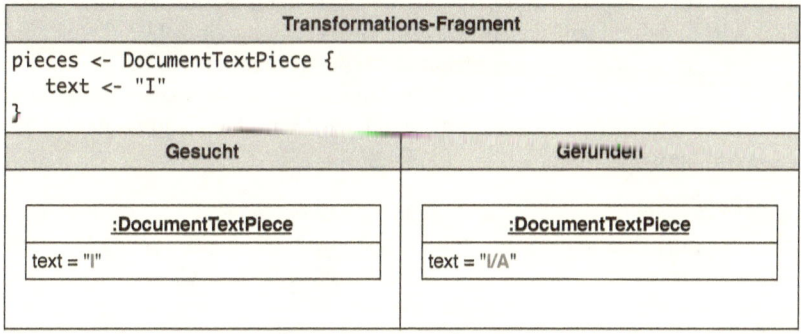

Abbildung 6.13: Synonyme Attributwerte

Der Wert des Attributes `text` der in Abbildung 6.13 gezeigten, gefundene Struktur unterscheidet sich deutlich vom erwarteten Wert. Die Levenshtein-Distanz zwischen beiden Zeichenketten ist 2, der Dice-Koeffizient ist ≈ 0,34. Passt man die Schwellenwerte der Heuristiken so an, dass auch diese Strings als gleich erkannt werden, so führt die dazu, dass die Heuristiken deutlich mehr false positives liefern, was wiederum den gesamten Extraktionsvorgang verschlechtert. Im Falle von komplett unterschiedlichen Zeichenketten mit einer Bigramm-Ähnlichkeit von 0 würde dies sogar dazu führen, dass alle Zeichenketten als gleich angesehen werden.

Lösungsstrategie
Um Zeichenketten mit großer Differenz dennoch schadlos für die restliche Extraktion heuristisch als gleich zu kennzeichnen, bedient man sich der Synonym-Methode. Hierbei wird für ein erwartetes Wort, in diesem Fall also für eine Konstante in der Transformationsbeschreibung, ein oder mehrere Synonyme definiert. Diese können an den Kontext der Extraktion gebunden werden. So kann z.B. bestimmt werden, dass sie nur für `DocumentTextPiece`-Instanzen gelten, nicht jedoch für Überschriften oder nur für einen bestimmten Transformationsschritt. Entspricht eine gefundene Zeichenkette einem Syno-

nym der gesuchten Zeichenkette, so können beide Zeichenketten als heuristisch gleich betrachtet und das Constraint somit als erfüllt betrachtet werden.

Einschränkungen

Zu beachten ist, dass die Verwendung von Synonymen nicht unbedingt frei von Nebeneffekten ist. So führt die Definition des Synonyms „*I/A*" für die Zeichenkette „*I*" im Kontext der Protokolle dazu, dass alle mit „*I/A*" gekennzeichneten Einträge als Informationen verarbeitet werden, obwohl die Intention des Protokollanten evtl. eine andere war. Im Rahmen der Protokollverarbeitung hat es sich bewährt, diese nicht eindeutig gekennzeichneten Einträge gesondert zu behandeln und noch einmal zur Klassifizierung an die entsprechenden Besprechungsteilnehmer zu geben.

Ein anderes Problem bei der Verwendung von Synonymen als Ähnlichkeitsheuristik tritt dann auf, wenn Synonyme an anderer Stelle ebenfalls auftauchen. Als Annahme soll gelten, dass die Beschreibung eines Use Cases durch das Wort „*Beschreibung*" eingeleitet wird, das Hauptszenario durch das Wort „*Hauptszenario*". Nun findet sich ein Dokument, in dem die Beschreibung durch das Wort „*Erläuterung*" eingeleitet wird und das Hauptszenario durch das Wort „*Beschreibung*".

Eine Lösungsmöglichkeit kann sein, „*Beschreibung*" als Synonym zu „*Hauptszenario*" zu definieren. Dies funktioniert jedoch nur für den konkreten Fall. Wendet man dieses Synonym auch bei anderen Use Cases an, bei denen die ursprüngliche Annahme gilt, so wird hier versucht die Use Case Beschreibung als Hauptszenario zu interpretieren, es handelt sich also um einen false positive.

Unterschiedliche Attributwerte bei sekundären Attributen

Wie dargelegt gelten Attribute, diejenigen Attribute, die nicht die textuellen Inhalte des Dokuments bilden, als sekundäre Attribute. Abbildung 6.14 zeigt ein Beispiel für die fälschliche Verwendung eines boolschen Attributs. Hier wurde für das Attribut `bold` der Wert *true* erwartet, die gefundene Struktur besitzt jedoch den Wert *false*.

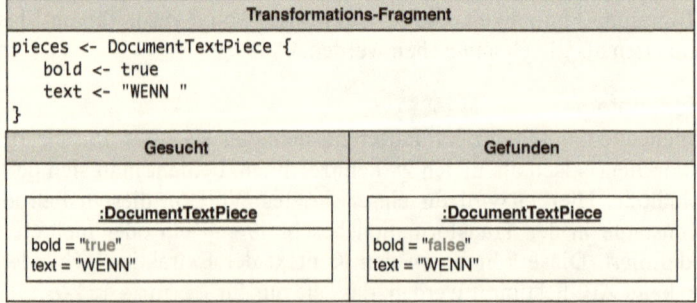

Abbildung 6.14: Unterschiedliche Belegung von binären Attributen

Eine Heuristik für sekundäre Attribute anzugeben ist komplizierter als dies für die Textattribute zu tun. Dies liegt darin begründet, dass diese Attribute üblicherweise keine Entsprechung im expliziten Modell besitzen und erst durch die Transformation in ein Dokument hinzugefügt werden. Vergisst nun ein Bearbeiter etwa ein Wort in Fettschrift zu formatieren, so würde dies zu einem Fehler in der Extraktion führen. Das Problem hierbei ist jedoch, dass eine zu strenge Vorgabe von zusätzlichen Formatierungen die Last des Autors ein korrektes Dokument zu erstellen.

Lösungsstrategie
Für eine Lösung dieses Problems kann für eine Extraktion definiert werden, dass bestimmte sekundäre Attribute bei der Überprüfung ignoriert werden. So kann im obigen Fall etwa definiert werden, dass das Attribut `bold` nicht gesetzt sein muss und die gefundene Struktur daher dennoch als korrekt anzusehen ist. Dies kann zum einen direkt in der Transformationsbeschreibung geschehen, indem gekennzeichnet wird, welche Attribute für die Rücktransformation nicht relevant sind oder durch eine zusätzliche Einstellung im Interpreter.

Da diese Werte jedoch direkt abhängig vom verwendeten Modell und der zugehörigen Transformation sind, kann keine allgemeine Einstellung für diese Heuristik angegeben werden.

Einschränkungen
Ein Problem bei der Einstellung ist hier, dass eine zu generische Einstellung und ein zu großer Einfluss dieser Heuristik zum Ignorieren von sekundären Attributen dazu führt, dass diese auch an anderen Stellen ignoriert werden und somit die Anzahl der false positives steigt.

6.4.3 Klasse 2: Inhalt ist in mehrere Teilstrukturen zerlegt

Die Modellkonsolidierung soll dazu dienen, dass semantisch mehrere Strukturen, die eine semantische Einheit bilden, zu einer einzigen Struktur zusammengefügt werden, um unterschiedliche strukturelle Kodierungen des gleichen Sachverhalts zu verhindern. Diese Modellkonsolidierung ist so angelegt, dass alle Attributwerte erhalten bleiben. Bearbeitet man ein Dokument, um etwa Glossarbegriffe kursiv zu setzen, findet eine Dekonsolidierung dieses Objekt statt. Listing 24 zeigt die Transformation eines Stringattributs (`name`) in ein `DocumentTextPiece`-Element. Der Wert des Attributes wird dem Attribut `text` des erzeugten Elements zugewiesen.

```
pieces <- DocumentTextPiece {
      text <- name
}
```

Listing 24: Transformationsauschnitt für ein Stringattribut

6.4 Lösungsstrategien für die Problemklassen

Eine Anwendung dieser Transformation inkl. Weiterverarbeitung ist in Abbildung 6.15 zu sehen. Das Attribut name hatte den Wert „Test anlegen". Daraus wurde durch die Transformation eine Instanz der Klasse DocumentTextPiece erstellt, dessen Attribut text auf den entsprechenden Wert gesetzt wird (Bereich *Gesucht* in Abbildung 6.16). Nun wird im erstellten Dokument das Wort „Test" kursiv gesetzt. Dadurch wird das ursprüngliche DocumentTextPiece-Element in zwei zerlegt (Spalte *Gefunden* in Abbildung 6.16). Das erste hat den Wert *true* für das Attribut italic, das zweite den Wert *false*.

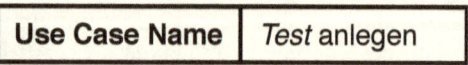

Abbildung 6.15: Visualisierung einer Tabellenzeile

Das Problem in diesem Beispiel ist, dass die eigentlich gesuchte Struktur nicht mehr exakt so existiert wie erwartet. Eine Modellkonsolidierung wie in Abschnitt 2.1.8 beschrieben, führt in diesem Fall nicht zum Erfolg, da diese darauf ausgelegt ist, dass alle Attributwerte erhalten bleiben. Würde man versuchen die beiden erzeugten DocumentTextPiece-Instanzen zu konsolidieren ohne die Werte des Attributs italic zu erhalten, würde dessen Wert entweder auf *true* oder auf *false* gesetzt werden müssen. In beiden Fällen würde eine Konsolidierung zum Verlust von Informationen führen.

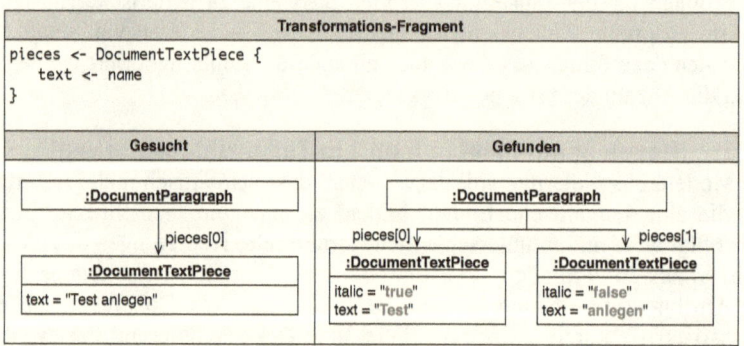

Abbildung 6.16: Dekonsolidierte Struktur

Abbildung 6.16 zeigt das obige Beispiel in der Klassifizierungsschablone. Zu sehen ist das dekonsolidierte Attribut. Die Transformationsvorschrift sieht jedoch vor, dass der Wert für das Attribut name in einer einzigen DocumentTextPiece-Instanz enthalten ist, da eine Konsolidierung vorausgesetzt wird.

Lösungsstrategie 1: Modellkonsolidierung mit anderen semantischen Attributen
Eine Veränderung der semantischen Attribute, die für die Modellkonsolidierung herangezogen werden, kann bewirken, dass die dekonsolidierten Modelle wieder konsolidiert werden. Im obigen Beispiel kann das Attribut `italic` als semantisch nicht relevant markiert werden, so dass die beiden `Document-TextPiece`-Instanzen wiederum zu einer zusammengefasst werden.

Einschränkungen
Da die Modellkonsolidierung immer auf der gesamten Instanz stattfindet, würde eine Veränderung der semantisch relevanten Attribute dazu führen, dass die Modellkonsolidierung nicht mehr verlustfrei durchgeführt wird. Im obigen Beispiel würde damit die Kursiv-Eigenschaften aller Textelemente verloren gehen. Bei der Konsolidierung würde das Attribut `italic` auf den Standardwert *false* gesetzt werden.

Lösungsstrategie 2: Lokale Konsolidierung bei der Transformation
Eine Alternative zu der Modellkonsolidierung mit veränderter semantischer Relevanz der Attribute ist die lokale Konsolidierung während des Extrahierens. Hierbei wird für eine Struktur, bei der Constraints für sekundäre Attribute nicht erfüllt werden können, durch eine Heuristik zur Extraktionszeit entschieden, ob diese Constraints ignoriert werden. Führt man vor Beginn der Extraktion eine verlustfreie Modellkonsolidierung durch, so können dekonsolidierte Strukturen nur dann entstehen, wenn sie unterschiedliche Werte für semantisch relevante Attribute haben.

Im Rahmen dieser Arbeit ist diese Heuristik so definiert, dass Constraints für sekundäre Attribute dann ignoriert werden, wenn keine andere Regel der Transformationsbeschreibung für diese Struktur passend ist.

Anschließend werden solange weitere Elemente zum Endergebnis der Extraktion hinzugefügt, bis entweder die nächste erwartete Struktur gefunden wird oder der Typ des entsprechenden Elements nicht mehr mit dem übereinstimmt, der durch die ursprüngliche Regel vorgegeben wird.

Einschränkungen
Die ursprüngliche Formatierung, die bei der lokalen Konsolidierung ignoriert wird, wird dadurch nicht das Zielmodell übernommen. Diese ist in den meisten Fällen unproblematisch, da diese ignorierten Attribute keine Entsprechung im Zielmodell haben. Bei einer Rücktransformation des extrahierten, expliziten Modells in ein Dokument sind diese Attribute danach jedoch nicht mehr vorhanden.

6.4.4 Klasse 3: Struktur lässt sich an anderer Stelle im Dokument finden

Neben der Dekonsolidierung von Strukturen können bei der Bearbeitung von Dokumenten auch neue Strukturen entstehen oder erwartete wegfallen. Außerdem können Strukturen in einer anderen Ordnung vorkommen als von der Transformationsbeschreibung definiert.

Wegfall erwarteter Strukturen

Der Bearbeiter kann zum Beispiel entscheiden, mehr oder weniger Platz zwischen zwei Tabellen zu wünschen, was sich in der Instanziierung im Dokumentenmodell durch eine zusätzliche `DocumentParagraph`-Instanz mit einer enthaltenen `ParagraphBreak`-Instanz niederschlägt, falls mehr Platz gewünscht ist oder durch den Wegfall von Paragraphen, falls weniger Platz gewünscht ist. Abbildung 6.17 zeigt einen Fall, in dem eine Struktur weggefallen ist.

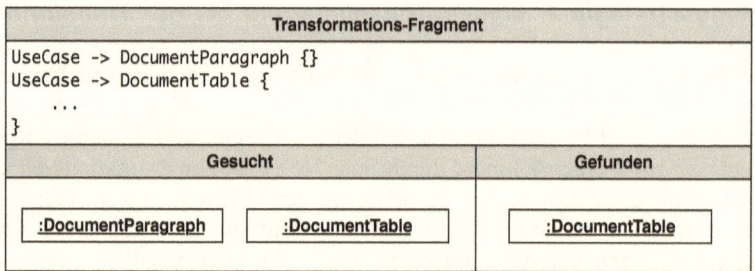

Abbildung 6.17: Weggefallene Strukturen

Hier wird für jede `UseCase`-Instanz in der Eingabe der ursprünglichen Transformation eine Instanz der Klasse `DocumentParagraph` erstellt, gefolgt von der Instanz der Klasse `DocumentTable`, welche den eigentlichen Use Case im Dokument darstellt. Bei den gefundenen Strukturen ist jedoch keine `DocumentParagraph`-Instanz vorhanden, sondern nur die Instanz der Klasse `DocumentTable`.

Lösungsstrategie

Die Regel `UseCase -> DocumentParagraph {}` trägt nichts zur Rücktransformation bei, da keine Attribute oder Relationen des zu erstellenden expliziten Modells betroffen sind. Als Heuristik kann definiert werden, dass Regeln, die keine Beziehung zum erstellenden Modell haben, ignoriert werden. Im obigen Fall führt dies dazu, dass keine `DocumentParagraph`-Instanz erwartet wird, sondern nur die Instanz der Klasse `DocumentTable`. Dies ist auch genau die gefundene Struktur.

Hinzufügen unerwarteter Strukturen

Ein Beispiel für das Hinzufügen von unerwarteten Strukturen ist in Abbildung 6.18 zu sehen. In diesem Fall ist eine zusätzliche `DocumentParagraph`-Instanz unter den gefundenen Strukturen.

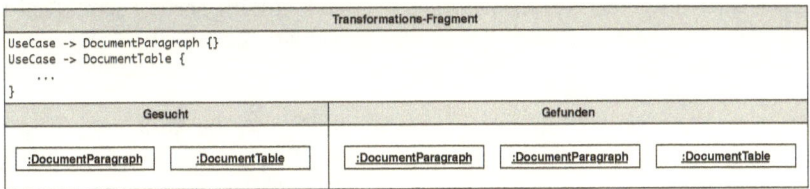

Abbildung 6.18: Zusätzliche Strukturen

Nach dem Lesen der ersten `DocumentParagraph`-Instanz wird eine Instanz der Klasse `DocumentTable` erwartet. Gefunden wird jedoch die zweite Instanz der Klasse `DocumentParagraph`.

Lösungsstrategie

Um für diesen Fall eine Heuristik anzugeben, wird die Annahme gemacht, dass Strukturen oder Abfolgen von Strukturen, die nicht in der Transformationsbeschreibung aufgeführt sind, auch nichts zum zu extrahierenden Modell beitragen.

Mit dem Wissen, dass neue Strukturen durch die Bearbeitung des Dokuments entstehen können und mit der obigen Annahme, kann als heuristische Lösungsstrategie für dieses Problem das Ignorieren von unerwartet auftauchenden Strukturen genommen werden. Im obigen Beispiel würden nach der ersten `DocumentParagraph`-Instanz solange die folgenden Strukturen ignoriert werden, bis eine `DocumentTable`-Instanz vorkommt.

Zufällige Sortierung erwarteter Strukturen

Für einige Strukturen wie etwa Tabellenzeilen kann es vorkommen, dass die Ordnung in der sie im Dokument vorkommen, nicht eindeutig definiert ist. Abbildung 6.19 zeigt ein solches Beispiel an zwei Tabellen, die den gleichen Inhalt haben, bei denen jedoch die Reihenfolge der Tabellenzeilen unterschiedlich ist. Links ist die von der Transformationsbeschreibung vorgegebene, rechts die tatsächliche Reihenfolge der Tabellenzeilen im Dokument zu sehen.

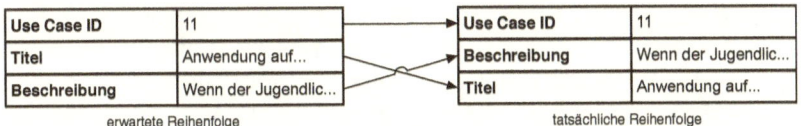

Abbildung 6.19: Unterschiedliche Sortierung gleicher Tabellen

Lösungsstrategie
Für die meisten Elemente des Dokumentenmodells ist die Ordnung eindeutig definiert. So führt eine zufällige Sortierung von `DocumentPiece`-Instanzen etwa dazu, dass das Dokument nicht mehr verständlich ist. Für die Heuristik muss daher festgelegt werden, welche Strukturen zufällig sortiert sein können. Für das Dokumentenmodell trifft dies etwa auf `DocumentTableRow`-Elemente zu.

Für diese Menge von Strukturen muss in der Suchphase der Strukturen (Schritt 1.1 nach Abschnitt 6.3.1) berücksichtigt werden, dass sie an beliebiger Stelle der enthaltenen Relation vorkommen kann. Dadurch, dass sie nicht mehr durch eine definierte Stelle identifiziert wird, muss die Menge aller gefundenen Strukturen durch Überprüfung der Constraints wiederum reduziert werden, so dass nur noch diejenigen überbleiben, die dem gesuchten Muster entsprechen.

6.4.5 Klasse 4: Gefundene Struktur lässt sich in Erwartete transformieren

Wie schon in Abschnitt 6.2.2 gezeigt, führt die bewusste Gestaltung eines intendierten Elements mit anderen Mitteln dazu, dass im entstehenden Dokument nicht mehr die Strukturen vorhanden sind, die durch die Transformationsbeschreibung beschrieben sind.

```
Step -> DocumentEnumerationItem {
    content <- DocumentParagraph {
        pieces <- DocumentTextPiece {
            text <- actor . name
            bold <- true
        }
        pieces <- DocumentTextPiece {
            text <- " "
        }
        pieces <- DocumentTextPiece {
            text <- action
        }
    }
}
```

Listing 25: Transformationsausschnitt für die Schritte des Hauptszenarios

Listing 25 zeigt eine Transformationsbeschreibung zur Umwandlung eines Schrittes im Use Case Szenario in Aufzählungspunkte. Abbildung 6.20 zeigt eine Visualisierung einer Tabellenzeile. Diese ist ein Ausschnitt aus einer Use Case Tabelle, welche das Hauptszenario des Use Cases enthält. Die Visualisierung zeigt, welche Intention der Ersteller verfolgt: Es soll eine nummerierte Liste erstellt werden. Jeder Aufzählungspunkt folgt dem Muster „Schritt X: ...".

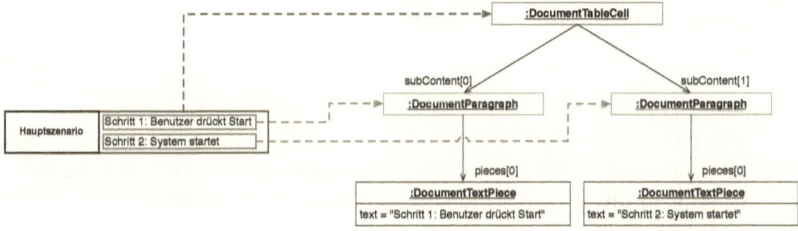

Abbildung 6.20: Visualisierung einer Tabellenzeile

Sieht man sich jedoch die tatsächliche Instanziierung des Dokumentenmodells an, wie sie in Abbildung 6.21 gezeigt ist, stellt man fest, dass keine Aufzählung kodiert ist, sondern eine Menge von Paragraphen. Abbildung 6.22 zeigt einen Ausschnitt hiervon in der Klassifizierungsschablone

Abbildung 6.21: Inhalt der rechten Tabellenzelle aus Abbildung 6.20 und zugehöriger Instanziierung im Dokumentenmodell

Auf Basis der Transformationsbeschreibung kann eine solche Instanziierung nicht erkannt werden. Da sie jedoch schematisch erfolgt, kann eine Hilfstransformation angegeben werden, welche die tatsächliche Instanziierung in die erwartete Instanziierung transformiert. Dies ist eine struktur-korrigierende Transformation nach Definition 30.

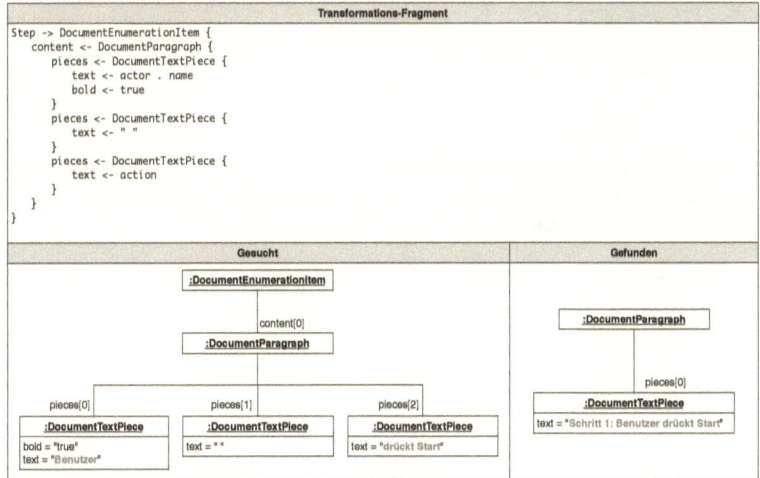

Abbildung 6.22: Ineinander transformierbare Strukturen

6.4 Lösungsstrategien für die Problemklassen

In beiden Fällen ist die Intention des Erstellers die gleiche: Es soll eine Aufzählung erstellt werden. Jedoch ist die gefundene Struktur nicht als Aufzählung kodiert. Der textuelle Inhalt des Paragraphen kann allerdings in einzelne Teile zerlegt werden, die einem Schema folgen. Im obigen ist dieses Muster wie folgt aufgebaut:

```
„Schritt " + _index + „: " + actor.name + „ " + ac-
                              tion
```

Für eine Verallgemeinerung kann die Konstante „Schritt " durch eine beliebige Zeichenkette ersetzt werden und die das Trennzeichen „: " ebenso frei gewählt werden.

Lösungsstrategie 1
Für einen Fall, indem eine Struktur bewusst durch eine andere ersetzt wurde, kann für diese eine Hilfstransformation angegeben werden, mit der die gefundene Struktur in die gesuchte transformiert wird. Trifft der Interpreter bei der Extraktion auf eine Struktur, die zwar nicht erwartet ist, für die aber eine Transformation in die erwartete Struktur vorhanden ist, kann diese durchgeführt werden und mit dem Ergebnis weitergearbeitet werden. Die Hilfstransformation ist dabei zwischen zwei Instanzen des Dokumentenmodells definiert. Für den obigen Fall ist die Hilfstransformation in Listing 26 gezeigt.

```
DocumentEnumeration -> DocumentTableCell {
      subContent <- #enumerationItems
      enumerationType <- ORDERED
}

DocumentEnumerationItem -> DocumentParagraph {
      pieces <- #content.pieces
}

DocumentTextPiece<bold=true> ->  DocumentTextPiece {
      text <- "Schritt " + _parent . _parent .
_index1 + ": "+text
}
DocumentTextPiece<text=" "> -> DocumentTextPiece {
      text <- " "
}

DocumentTextPiece ->  DocumentTextPiece {
      text <- text
}
```

Listing 26: Hilfstransformation innerhalb des Dokumentenmodells

Lösungsstrategie 2

Eine Alternative zur Transformation der gefundenen Strukturen innerhalb des Dokumentenmodells ist das angeben einer alternativen Transformationsvorschrift für das entsprechende Element.

Für diesen Fall gilt: Existiert für eine gefundene aber nicht erwartete Struktur eine weitere Transformation, welche die gleichen Elemente des zu extrahierenden Modells beschreibt wie der aktuelle Transformationskontext und passen die gefundenen Strukturen hierzu, so kann diese zweite Transformation anstelle der ursprünglichen benutzt werden. Listing 27 zeigt solch eine alternative Transformationsbeschreibung für den obigen Fall.

```
Scenario -> DocumentTableCell {
     subContent <- #steps
}

Step -> DocumentParagraph {
     pieces <- DocumentTextPiece {
          text <- "Schritt " + _index
     }
     pieces <- DocumentTextPiece {         // (1)
          text <- ": "
     }
     pieces <- DocumentTextPiece {
          text <- actor . name + " " + action
     }
}
```

Listing 27: Alternative Transformationsvorschrift

Lösungsstrategie 3: Automatische Transformation von Trennzeichen

Eine weitere Heuristik existiert für die falsche Verwendung von Trennzeichen. Hierfür legt man zunächst fest, welche Zeichen der Klasse der Trennzeichen zuzuordnen sind. Trifft die Heuristik nun auf eine `DocumentTextPiece`-Instanz, deren `text`-Attribut nur Trennzeichen enthalten soll (siehe Position (1) in Listing 27) und stimmt der tatsächliche Inhalt nicht überein, besteht aber ebenfalls nur aus Trennzeichen, so kann eine automatische Transformation stattfinden.

Beispiel

Sei die Klasse der Trennzeichen definiert als `T=[":", " "]`. Sie enthält also den Doppelpunkt und das Leerzeichen. Nimmt man nun das Transformations-Fragment und die Strukturen aus Abbildung 6.23, so stellt man fest, dass die Zuweisung des Elements `text` nur aus Trennzeichen besteht.

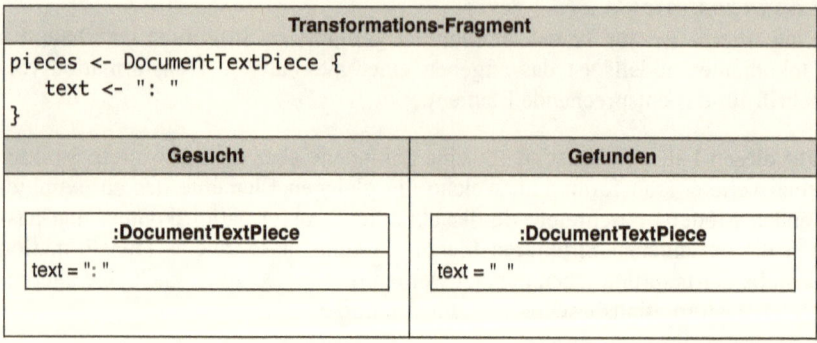

Abbildung 6.23: Unterschiedliche Zeichenketten, die nur aus Trennzeichen bestehen

Ebenso besteht der Inhalt des Attributs `text` der gefundenen Struktur ebenfalls nur Trennzeichen. Unter der Annahme, dass Trennzeichen beliebig austauschbar sind, kann nun die gefundene Struktur in die gesuchte transformiert werden, indem das Attribut `text` mit dem Wert der Konstante neu gesetzt wird und die anderen Attribute ihre jeweiligen Werte behalten.

Einschränkungen
Diese Art der heuristisch basierten automatischen Transformation in die gesuchte Struktur funktioniert nur in einem sehr eng begrenzten Rahmen wie etwa bei den Trennzeichen. Auch hier muss die Klasse der Trennzeichen so klein wie möglich sein, um nicht zu viele false positives durch die Heuristik zu generieren.

6.4.6 Klassen X: Nicht behebbare Fehler
Neben den bislang beschriebenen Problemklassen für die sich heuristische Lösungsstrategien angeben lassen, gibt es auch Probleme, die sich nicht auf diese Art lösen lassen. Diese Klassen sind in der Problemklassifizierung rot gekennzeichnet. Hierbei handelt es sich meistens um Abweichungen von den erwarteten Strukturen, die keinem erkennbaren Schema folgen. Hierfür eine spezialisierte Heuristik anzugeben ist in den meisten Fällen zu aufwändig, da sie nur für diesen einen konkreten Fall nützlich und daher nicht wiederzuverwenden ist. Hier ist es meist wirtschaftlicher direkt das Dokument an der entsprechenden Stelle zu verändern. Ebenso besteht die Gefahr, dass die erstellte Heuristik zu generisch wird, so dass sie zu viele false positives hervorruft, was wiederum das Gesamtergebnis der Extraktion verschlechtert.

Beispiel: Gleiche Visualisierung unterschiedlicher Strukturen
Wie in Kapitel 3 beschrieben, dient die Visualisierung einer Instanz des Dokumentenmodells dazu, diese dem Betrachter in einer verständlichen Form darzubieten. Autoren eines Dokuments, die einen visuellen Editor wie Word benutzen, sind es gewohnt mit der Darstellung des Dokuments zu arbeiten. Die interne Instanziierung eines Dokumentenmodells hat für sie keinerlei direkte

Relevanz. Dies führt dazu, dass verschiedene Instanziierungen des Dokumentenmodells zu der gleichen Visualisierung führen können.

Stakeholder und Interessen	• **Anwender**
	will Anforderungsspezifikationen mit Metriken auswerten oder neue Metriken ausprobieren
	• **Autoren der Anforderungsspezifikation**
	wollen durch die Analyse keine Änderungen an ihrem Dokument

Abbildung 6.24: Visualisierung einer Tabellenzeile

Abbildung 6.24 zeigt die Visualisierung einer Tabellenzeile einer Use Case Tabelle. Die rechte Tabellenzelle enthält die Stakeholder des Use Cases und deren jeweilige Interessen. Der zugehörige Ausschnitt aus der Transformationsbeschreibung ist in Listing 28 gezeigt.

```
Stakeholder -> DocumentEnumerationItem {
    content <- DocumentParagraph {
        pieces <- DocumentTextPiece {
            bold <- true
            text <- name
        }
        pieces <- ParagraphBreak {
            breakType <- LINE_BREAK
        }
        pieces <- DocumentTextPiece {
            text <- stake
        }
    }
}
```

Listing 28: Transformationsausschnitt für Stakeholder

Jede Instanz vom Typ `Stakeholder` im entsprechenden `UseCase` wird in ein `DocumentEnumerationItem` transformiert. Diese Aufzählungspunkte sind in eine nicht-geordnete Aufzählung eingebettet, dessen Erstellung aus Gründen der Übersichtlichkeit in Listing 28 nicht gezeigt wird.

Erwartet ist also eine Aufzählung, deren einzelne Aufzählungspunkte die Stakeholder und ihre jeweiligen Interessen darstellen. Dabei ist der Name des Stakeholders fett. Ihm folgt ein Zeilenumbruch und hiernach wird das Interesse des Stakeholders als Textelement modelliert.

Sieht man sich die Visualisierung aus Abbildung 6.24 an, so erkennt man genau diese erwarteten Strukturen. Sieht man sich hingegen die tatsächliche Instanziierung im Dokumentenmodell an, so stellt man fest, dass die Visualisierung zwar mit der Erwartung übereinstimmt, die verwendeten Strukturen jedoch nicht. Abbildung 6.25 zeigt den Inhalt der rechten Tabellenzelle. Zum besseren Verständnis sind Steuerzeichen in blau eingeblendet. Zusätzlich sie die vereinfachte Instanziierung im Dokumentenmodell sowie die Bezüge zwischen visualisiertem Dokumentausschnitt und Instanziierung dargestellt.

Wie zu sehen ist, sind der erste Stakeholder (*Anwender*) und seine Interessen ein zusammengehöriges `DocumentEnumerationItem`, wie von Listing 28 beschrieben. Der zweite Stakeholder (*Autoren der Anforderungsspezifikation*) besteht hingegen aus dem Aufzählungspunkt, der nur den Namen der Stakeholder enthält. Ihre Interessen sind durch zwei Instanzen der Klasse `DocumentParagraph` modelliert. Diese haben, wie auf der rechten Seite der Abbildung zu sehen, keinen Bezug zur Aufzählung. Beide sind durch Leerzeichen (als blaue Punkte dargestellt) soweit eingerückt, dass die aussehen, als sind sie Teil der Aufzählung. Betrachtet man die Intention des Erstellers, so trifft dies auch zu.

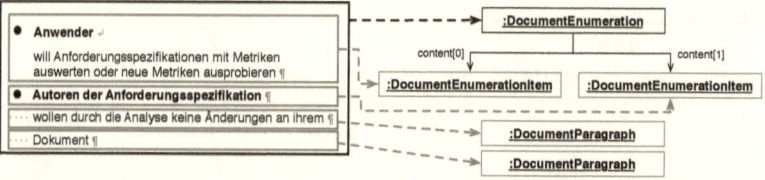

Abbildung 6.25: Inhalt der rechten Tabellenzelle aus Abbildung 6.24 mit Steuerzeichen (blau) und zugehöriger Instanziierung im Dokumentenmodell

Die gleiche Visualisierung unterschiedlicher Instanziierungen ist ein Problem, welches vor allem bei der Verwendung visuelle Editoren auftritt. Benutzt man im Gegensatz dazu ein Textverarbeitungsprogramm, welches näher an den tatsächlichen Strukturen arbeitet, wie dies etwa bei LaTeX der Fall ist, so steigt damit auch das Bewusstsein des Autors für das dahinterliegende Dokumentenmodell. Dies hängt damit zusammen, dass die zu verwendenden Strukturen explizit angegeben werden *müssen* und nicht, wie bei Word, angegeben werden *können*.

6.5 Anwendung: Anforderungsspezifikationen im Softwareprojekt

Das Softwareprojekt ist eine jährlich stattfindende Lehrveranstaltung am Fachgebiet Software Engineering. In diesem Projekt wird den Studenten durch ein praktisches Projekt Einblick in die Softwareentwicklung nach dem V-Modell gegeben. Ein Teil dieser Lehrveranstaltung ist die Anforderungserhebung. Der Prozess fordert von den Studenten die Abgabe von Anforderungsspezifikationen, die u.A. Use Cases enthalten.

Diese Use Cases sind ein gutes Beispiel für die Extraktion aus bearbeiteten Dokumenten, da die einzelnen Use Cases zwar dem Schema von Cockburn folgen, jedoch ein weites Spektrum an unterschiedlichen Strukturen und Inhalten aufweisen.

6.5.1 Vorüberlegungen

Da alle Use Cases in den zu untersuchenden Dokumenten auf dem Schema von Cockburn basieren und zum Teil als Export aus HeRA entstanden sind, sollte die Transformationsbeschreibung von HeRA in das Dokumentenmodell (Listing in Anhang 0) den Großteil der Use Cases aus den Dokumenten erfolgreich extrahieren können. Da die exportierten Use Cases aus HeRA nicht mit dem hier beschriebenen Verfahren durchgeführt wurden und sich die HeRA-eigene Exportfunktion zudem über die Jahre verändert hat, wird keine problemfreie Extraktion von Anfang an erwartet. Ebenso wird die Bearbeitung der Use Cases im Dokument und die Tatsache, dass manche Use Cases direkt in der Textverarbeitung erstellt wurden, zu Fehlern in der Extraktion führen.

Konfiguration der Heuristiken

Von den beschriebenen Heuristiken werden diejenigen, die nicht auf eine konkrete Eingabe angepasst werden müssen, wie in Tabelle 7 in beschrieben konfiguriert.

Zu erwartende Fehler

Zu erwarten sind Fehler der Klasse 1, da Synonyme benutzt werden und Tippfehler auftreten, die eine Levenshtein-Distanz > 1 zum gesuchten Text aufweisen.

Fehler der Klasse 2 werden nur in geringem Maße erwartet, da laut Transformationsbeschreibung selten mehrere Strings aufeinander folgen.

Tabellenzeilen und Tabellen sind die beiden verwendeten Strukturen des Dokumentenmodell, bei denen eine zufällige Ordnung nicht die Aussage der repräsentierten Informationen verändert. Da nicht erwartet wird andere Tabellen als die impliziten Use Cases zu finden und deren Reihenfolge im Use Case Modell beliebig sein kann, wird nicht erwartet Probleme der Klasse 3 zu finden.

Da nicht vorausgesehen werden kann welche Strukturen durch die nachträgliche Bearbeitung der in den Dokumenten enthaltenen Use Cases entstanden sind, werden Probleme der Klasse 4 erwartet.

Außerdem wird davon ausgegangen, dass einige Strukturen nicht sinnvoll von einer Heuristik behandelt werden können, so dass ebenfalls Fehler der Klasse X auftreten. Probleme der Klassen X werden vor allem bei den Attributen `stakeholders`, `mainscenario` und `extensions` auftreten, da diese durch Aufzählungen ausgedrückt werden, die auf viele unterschiedliche Arten gestaltet werden können (siehe das Beispiel zur gleichen Visualisierung unterschiedlicher Strukturen auf Seite 154).

Es wird erwartet, dass false positives und false negatives auftreten und sich deren Zahl durch die Anpassungen der Heuristiken leicht erhöht.

Da die Problemklassen 1-4 als heuristisch definiert sind, wird weiterhin angenommen, dass alle auftretenden Probleme dieser Klassen durch die Anpassung der entsprechenden Heuristiekn gelöst werden können. Die Anzahl der Fehler in der Klasse X soll vor und nach den Heuristikanpassungen gleich sein.

Problemklasse	Einstellung der Heuristik
Klasse 1: Constraints nicht erfüllt	<ul><li>Für die Ähnlichkeit von Zeichenketten wird eine Levenshtein-Distanz von 1 festgelegt.</li><li>Für Texte in Überschriften wird zusätzlich die Entfernung von Prefixen wie in Abschnitt 6.4.2 beschrieben aktiviert</li><li>Trennzeichen am Beginn oder am Ende von Zeichenketten werden ignoriert</li></ul>
Klasse 2: Inhalte in mehrere Teilstrukturen zerlegt	<ul><li>Für Instanzen der Klasse `DocumentTextPiece` findet eine lokale Konsolidierung unter Ignorierung der sekundären Attribute statt. Diese stoppt, wenn entweder keine passende Instanz auf die aktuell untersuchte folgt oder eine zu der nächsten Regel passende `DocumentTextPiece`-Instanz gefunden wurde.</li></ul>
Klasse 3: Struktur lässt sich an anderer Stelle im Dokument finden	<ul><li>Strukturen und Regeln die nach der Transformationsbeschreibung nichts zum expliziten Modell beitragen werden ignoriert.</li><li>Instanzen der Klasse `DocumentTableRow` dürfen im Attribut `rows` der Klasse `DocumentTable` in beliebiger Reihenfolge vorkommen.</li></ul>
Klasse 4: Gefundene Struktur lässt sich in erwartete transformieren	<ul><li>Die automatische Transformation für Zeichenketten, die nur aus Trennzeichen bestehen, ist aktiviert. Als Trennzeichen gelten:<ul><li>Leerzeichen (`' '`)</li><li>Doppelpunkt (`':'`)</li><li>Tabulator (`'\t'`)</li><li>Punkt (`'.'`)</li><li>Gedankenstriche (`'-'` und `'–'`)</li><li>Schließende Klammer (`')'`)</li></ul></li></ul>

Tabelle 7: Konfiguration der Heuristiken vor der ersten Extraktion

6.5.2 Durchführung

Für die Durchführung wurde ein Korpus von 26 zufällig ausgewählten Anforderungsspezifikationen aus dem studentischen Softwareprojekt aus einem Zeitraum von fünf gewählt Aus jedem Dokument wurden die enthaltenen Use Cases extrahiert.

Jeder auftretende Fehler wurde in eine der definierten Problemklassen eingestuft. Für die Klassen 1-4 wurden die Heuristiken so angepasst, dass diese Fehler behoben werden konnten.

Für das nächste Dokument wurden die bereits erstellen Heuristiken mit benutzt. Um sicherzustellen dass Anpassungen der Heuristiken zu keiner Regression der schon extrahierten Modelle führt, wurden immer alle bisherigen Dokumente gegen die am Schluss jeder Extraktion erstellte Referenz verglichen.

6.5.3 Ergebnisse und Interpretation

Insgesamt wurden 153 Use Cases in 26 Dokumenten aus fünf Jahren untersucht. Bei 4 Dokumenten konnten gar keine Use Cases extrahiert werden, da alle Use Cases in einer gemeinsamen Tabelle zusammengefasst wurden. Tabelle 8 und Abbildung 6.26 zeigen die aggregierten Messergebnisse aller Dokumente vor und nach der Anpassung der Heuristiken.

	Korrekt	Nicht Korrekt	Σ
vor Heuristikanpassung	1512	440	1952
nach Heuristikanpassung	1713	233	1946

Tabelle 8: Übersicht über korrekte und nicht korrekte Ergebnisse

Insgesamt fanden sich 1952 Merkmale vor und 1946 Merkmale nach der Anpassung der Heuristiken. Die Differenz zwischen beiden Werten ist dadurch zu erklären, dass für einige wenige Attribute mehrere Fehler auftraten.

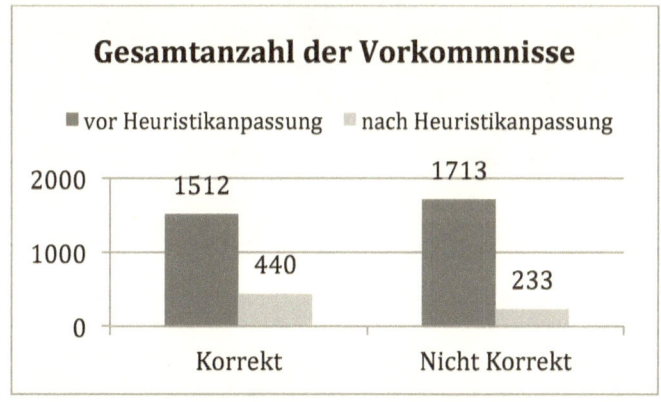

Abbildung 6.26: Gesamtzahl der Vorkommnisse

6.5 Anwendung: Anforderungsspezifikationen im Softwareprojekt

Ein Beispiel für mehrere Fehler bei einem Attribut ist in Abbildung 6.27 gezeigt. Hier ist die Tabellenzeile für das Attribut `stakeholder` gezeigt. Es finden sich zum einen ein Fehler der Klasse 1, da der Text „*Stakeholder & Interessen*" als Synonym für den erwarteten Text „*Stakeholder*" benutzt wurde. Zum anderen ist statt einer Aufzählung, die Stakeholder und ihre jeweiligen Stakes enthält, ein Paragraph verwendet worden, der diese Informationen darstellt.

Stakeholder & Interessen	1	Benutzer: möchte, dass das von ihm ausgewählte Modell (vorliegend in einer Datei) auf dem Bildschirm übersichtlicher angezeigt wird.	4

Abbildung 6.27: Mehrere Fehler für ein Attribut

Dies führt bei der Zählung der Fehler zu zwei Fehlern, nach der Korrektur jedoch nur zu einem korrekt extrahierten Attribut.

Die nach Klassifizierung aufgeteilten Fehler sind in Tabelle 9 und Abbildung 6.28 dargestellt.

	Kl. 1	Kl. 2	Kl. 3	Kl. 4	f_p	f_n	Kl. X
vorher	127	0	0	58	152	27	76
nachher	0	0	0	0	130	27	76

Tabelle 9: Detaillierung der Ergebnisse nach Problemklassen

Die aggregierten Werte vor den Heuristikanpassungen stützen die Vorüberlegungen. Im Gegensatz zu der Annahme, dass nur wenige Fehler der Klasse 2 auftreten, sind während der Durchführung der Messung keine Fehler dieser Klasse aufgetreten. Es sind auch keine false positives oder false negatives aufgetreten, die auf eine fehlerhafte lokale Konsolidierung hinweisen. Dies kann zum einen an der Art der Dokumente liegen, zum anderen jedoch auch darauf hinweisen, dass die Einschränkungen, wann eine lokale Konsolidierung stattfindet, stark genug definiert waren. Im Vergleich dazu führt eine gesamte Modellkonsolidierung zu den gleichen Ergebnissen, jedoch stehen hierbei zur Transformationszeit keine Informationen mehr über die ursprünglichen Attributwerte der konsolidierten Elemente zur Verfügung. Diese werden jedoch für eine Synchronisierung benötigt, wie das nächste Kapitel zeigen wird.

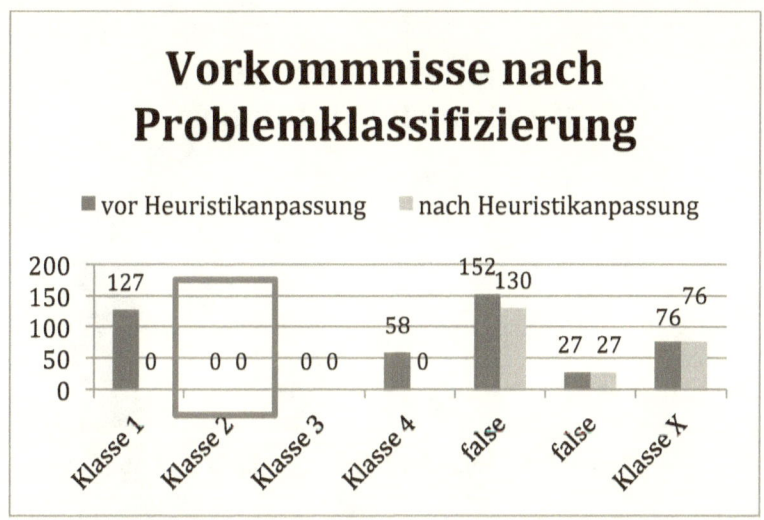

Abbildung 6.28: Vorkommnisse nach Problemklassifizierung

Entgegen der ursprünglichen Vermutung hat sich die false positive Rate nach Anpassung der Heuristiken sogar verringert. Dies hängt damit zusammen, dass viele false positives aus dem Versuch resultierten, nicht erwartete Strukturen zu interpretieren. Durch Erstellung passender Hilfstransformationen wurden diese Strukturen korrekt interpretiert, was die Anzahl der false positive verringert hat. Ein großes Problem, welches maßgeblich zu der hohen false positive Anzahl beigetragen hat, ist das Attribut `scope`. Von den 130 false positives nach der Heuristikanpassung entfallen 70 auf dieses Attribut ($\approx$ 54%). Hierfür wird sowohl der Wert *„Systemgrenze"* als auch *„Umfeld"* verwendet. In vielen Use Cases existierten Tabellenzeilen für beide Konstanten, so dass die Synonym-Heuristik versucht hat, beide Zeilen für das Attribut `scope` zu interpretieren.

Alle anderen Annahmen für die Ergebnisse bestätigen sich durch die Messung. Alle Probleme der Klassen 1 und 4 konnten durch Anpassungen der Heuristiken behoben werden. Für die Klasse 1 wurden insgesamt 28 Synonyme benötigt. Davon wurden 22 manuell eingefügt, 6 wurden über die Ähnlichkeitsheuristik automatisch gefunden. Dies gilt auch für eine Einstellung des Grenzwertes auf 2 oder 3 für die Levenshtein-Distanz. Erst ab einer Levenshtein-Distanz von 4 hätten mehr Synonyme automatisch gefunden werden können.

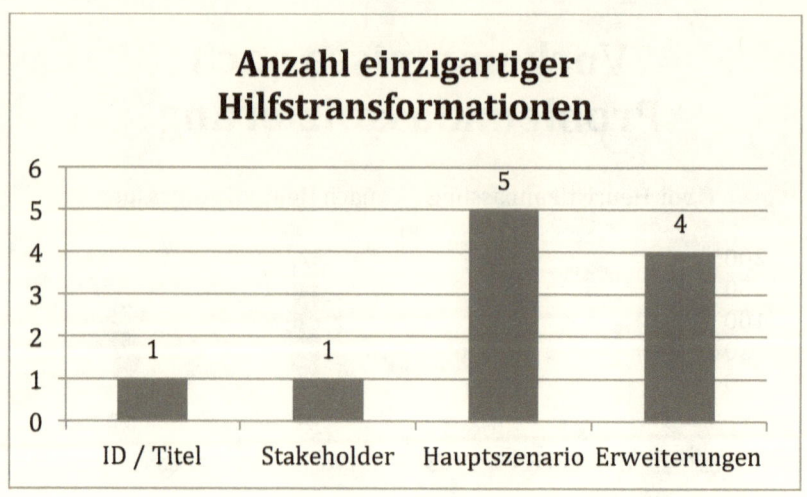

Abbildung 6.29: Einzigartig erstellte Hilfstransformationen

Abbildung 6.29 zeigt die Verteilung der erstellten Hilfstransformationen für Probleme der Klasse 4. Insgesamt wurden 11 einzigartige Hilfstransformationen erstellt. Für alle anderen Probleme der Klasse 4 konnten diese 11 Hilfstransformationen wiederverwendet werden.

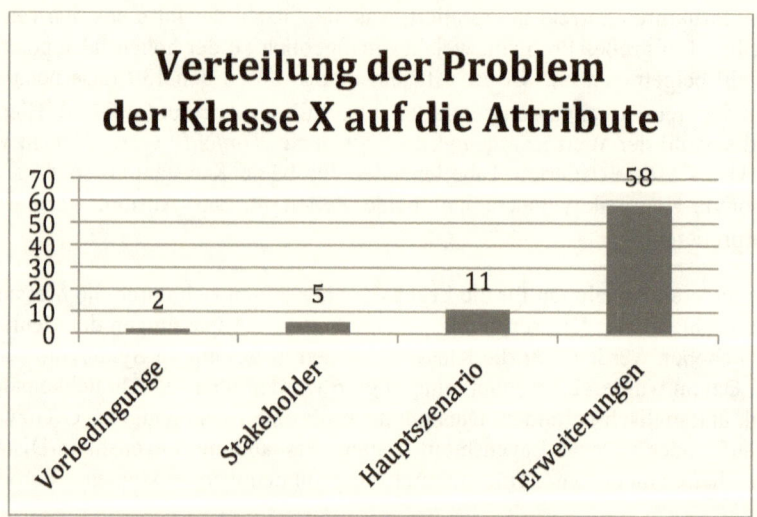

Nicht mit den Erwartungen übereinstimmend sind die Probleme der Klasse X. Diese sind zu ≈ 76% beim Attribut extensions aufgetreten, statt wie erwartet gleichmäßig auf stakeholder, mainScenario und extensions verteilt zu sein. Eine Erklärung hierfür ist, dass dieses Attribut die mit Abstand komplexeste Struktur aufweist. Zusätzlich müssen Erweiterungen einem Schritt im Hauptszenario zugewiesen werden. In den meisten Fällen, in denen die Erweiterungen nicht extrahiert werden konnte, war auch die Zuordnung der Erweiterungen zum Hauptszenario im Dokument nur schwer, garnicht oder nicht eindeutig erkennbar.

Wie die Ergebnisse in Tabelle 9 bereits nahelegen, ist durch den Einsatz der Heuristiken eine Verbesserung des Ergebnisses zu erreichen. Berechnet man nun die durchschnittlichen Erfolgsmaße für die Heuristiken, wie in Abschnitt 6.1 beschrieben, so ergeben sich die Ergebnisse wie in Abbildung 6.30 gezeigt.

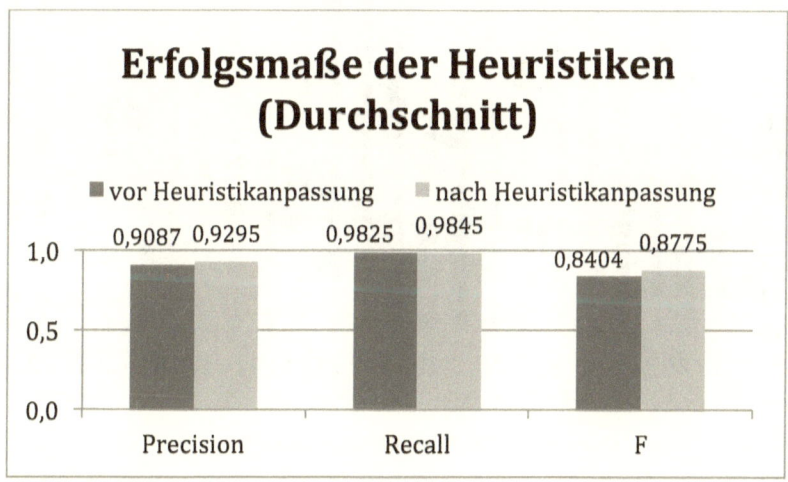

Abbildung 6.30: Durchschnittliches Erfolgsmaß der angewendeten Heuristiken

Zwar lässt sich eine Verbesserung des F-Maßes erkennen, was eine Verbesserung der heuristischen Ergebnisse bedeutet, jedoch ist diese minimal. Dies liegt daran, dass die Ergebnisse der Heuristiken bereits vorher auf einem guten Wert lagen.

Ein zweites Maß für den Erfolg ist das Gesamtergebnis der Extraktion. Hierzu wird analog zur Berechnung der Precision und des Recall für die Heuristiken die Maßzahl berechnet als Verhältnis der korrekten zu den nicht korrekten extrahierten Elementen:

$$success = \frac{korrekt}{korrekt + nicht\ korrekt}$$

Abbildung 6.31 zeigt den Wert dieses Erfolgsmaßes für alle erfolgreich extrahierten Dokumente. Auf der X-Achse ist die fortlaufende Dokumentnummer aufgetragen, auf der Y-Achse der Wert von *success*.

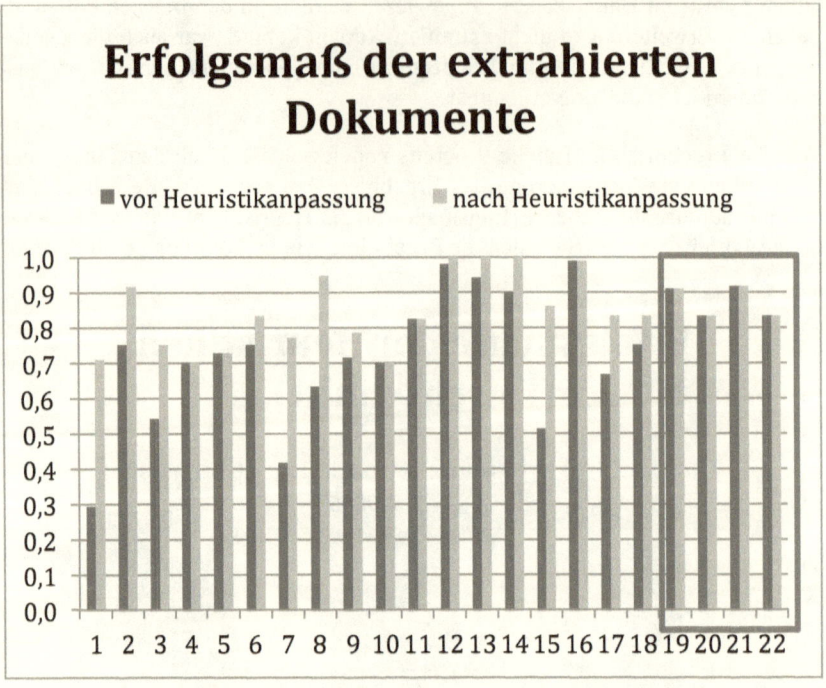

Abbildung 6.31: Erfolgsmaß der extrahierten Dokumente

Wie zu sehen ist, führt die Anpassung der Heuristiken in keinem Fall zu einer Verschlechterung des Erfolgsmaßes. Ab Dokument 19 findet sich kein Fehler mehr in den heuristisch korrigierbaren Klassen 1-4, so dass das Erfolgsmaß sich nicht mehr verändert. Daher kann davon ausgegangen werden, dass alle heuristisch korrigierbaren Fehler in gleichartigen Dokumenten durch die Anpassung der Heuristiken korrigiert werden können.

Abbildung 6.32 zeigt das durchschnittliche Erfolgsmaß der gesamten Extraktion über alle Attribute vor und nach der Anpassung der Heuristiken.

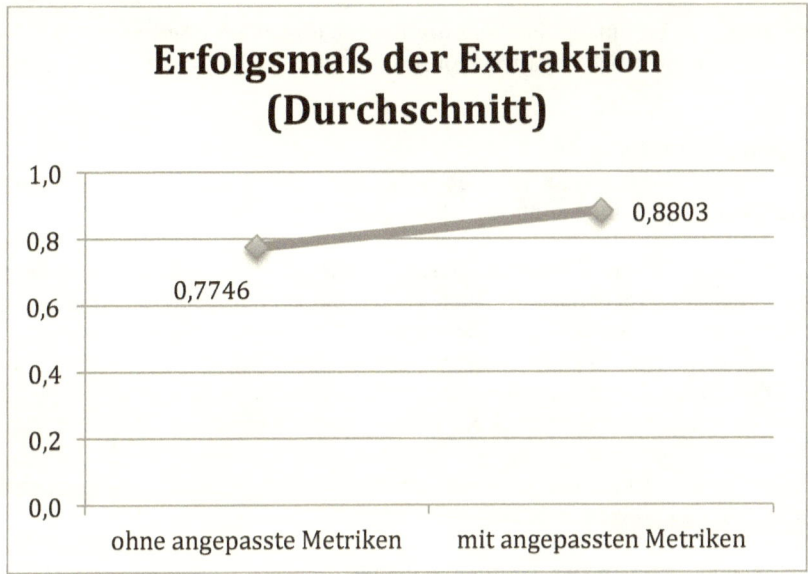

Abbildung 6.32: Durchschnittliches Erfolgsmaß der Extraktion

Die Rohdaten des Experiments finden sich im Anhang.

6.5.4 Validität der Messung

Jedes Experiment und jede empirische Studie muss sich nach Wohlin mit der ihr innewohnenden Validität auseinander setzen um zu überprüfen wie aussagekräftig die Ergebnisse sind [61]. Im Folgenden wird dies für das obige Anwendungsbeispiel getan.

Konstruktive Validität

Die konstruktive Validität gibt an, wie der Aufbau des Experiments die Ergebnisse beeinflussen kann. Hier ist der entscheidende Einfluss auf die Validität die Tatsache, dass alle Experimente von einer Person durchgeführt wurden.

Interne Validität

Die interne Validität gibt an, in wieweit die Ergebnisse des Experiments aufgrund der Eingabedaten und Methoden valide sind.

Die Menge der Eingabedokumente kann als Einschränkung der internen Validität gesehen werden. Hierzu ist zu bemerken, dass die Menge der Dokumente ausreichend ist um keine neuen, heuristisch lösbaren Probleme in den letzten vier Dokumenten zu entdecken.

Durch die Verwendung aller Strukturen des Dokumentenmodells durch die Transformationsbeschreibung für Use Cases ist außerdem sichergestellt, dass das Experiment nicht nur Spezialfälle von Dokumenten untersucht.

Einflüsse wie Ermüdung und oder der Erfahrungsgewinn während der Durchführung können einen negativen Einfluss auf die Qualität der Ergebnisse bewirken.

Externe Validität
Die externe Validität gibt an, in wieweit die Ergebnisse eines Experiments verallgemeinert werden können [62].

Ein Problem für die Verallgemeinerung der Ergebnisse in diesem Fall kann sein, dass alle Dokumente im Rahmen des Softwareprojekts von Studenten erstellt wurden. Dies kann die Übertragbarkeit der Ergebnisse auf reale Anforderungsdokumente aus der Industrie einschränken. Wie Knauss, el Boustani und Flohr zeigen, schränkt dieser Korpus die Anwendbarkeit einer Methodik nicht ein [63]. Zusätzlich sind die untersuchten Anforderungsspezifikationen erst nach dem Ende des jeweiligen Softwareprojekt untersucht wurden, so dass sie bereits von erfahrenen wissenschaftlichen Mitarbeitern als Teil der Lehrveranstaltung gereviewt wurden.

Ein anderes Problem der externen Validität kann die Ähnlichkeit der Dokumente sein. Durch die Ähnlichkeit der Dokumente (gleiche Struktur der Use Cases) ist die Übertragung auf ein anderes Projekt schwierig. Hier kann argumentiert werden, dass Anforderungsspezifikationen generell einem Template wie dem Volere Template [64] oder der IEEE Spezifikation 830-1998 [65] folgen und daher ähnlich sind. Es gilt allerdings zu beachten, dass Tabellen nicht die einzige Form sind Use Cases in Dokumenten darzustellen. Herold et.al. definieren die Use Cases zum CoCoMe-Beispiel etwa durch Paragraphen [66]. Um die gezeigte Methodik auf diese Art von Use Cases zu übertragen, muss eine komplett andere Transformationsbeschreibung erstellt werden. Da aber auch diese Use Cases schematisch erstellt sind, können die heuristischen Ansätze auf diese übertragen werden.

Wiederholbarkeit
Die Wiederholbarkeit des Experiments durch eine andere Person ist durch die zur Verfügungstellung aller benötigten Daten und Methoden prinzipiell gegeben. Da die Kategorisierung in false positive und false negative jedoch subjektiven Eindrücken unterliegen, kann eine exakte Reproduktion der Ergebnisse nicht garantiert werden. Da jedoch eine Einteilung in die Problemklassen durch objektive Maßstäbe wie die Klassifizierungsbeschreibung in Kapitel 6.4 und die Überprüfung der korrekten Klassifizierung durch das Überprüfen der Ergebnisse der Metrikanpassung gewährleistet ist, kann eine hohe Wiederholbarkeit angenommen werden. Eine Einschränkung ist hier bei der Erfahrung desjenigen, der die Messung durchführt zu machen, da eine unerfahrene Person voraussichtlich größere Schwierigkeiten bei der Erstellung passender Heuristiken hat. Dies schränkt jedoch nicht die Wiederholbarkeit direkt ein, sondern mehr den Zeitfaktor, der für eine Wiederholung benötigt wird.

6.6 Zusammenfassung

Dieses Kapitel hat sich mit der Transformation der impliziten Modelle in explizite (der Extraktion) beschäftigt. Dabei werden Dokumente und darin enthaltene Strukturen nicht als automatisch passend zu einer Transformationsbeschreibung angesehen, sondern es wurde insbesondere auf die Probleme eingegangen, die eine Bearbeitung eines Dokuments durch eine menschliche Person mit sich bringt.

Da die Ergebnisse einer Bearbeitung nicht exakt vorherzusehen sind, wurden die zu erwartenden Probleme zum einen durch eine Ableitung aus der verwendeten Methodik (Dokumentenmodell und Model-To-Model Transformation) und zum anderen mittels Open Coding aus realen Dokumenten klassifiziert.

Auf Basis dieser Klassifizierung konnten heuristische Lösungsstrategien für die meisten Problemklassen definiert werden. Diese Heuristiken wurden an realen Dokumenten aus dem studentischen Softwareprojekt angewendet um deren Nützlichkeit und Effektivität zu überprüfen. Die Ergebnisse dieser Anwendung belegen, dass die vorgestellte Methodik in der Praxis einsetzbar ist und zu guten Ergebnissen führt. Ebenso zeigen sie, dass der Einsatz heuristischer Methoden zur Behandlung der nicht vorhersehbaren Auswirkungen einer Bearbeitung zur Verbesserung des Extraktionsverfahrens führt.

7 Integration expliziter Modelle in existierende Dokumente

Nachdem die vorherigen beiden Kapitel jeweils die Schritte der Transformation von impliziten in explizite Modelle und zurück in Isolation gezeigt haben, widmet sich dieses Kapitel der Integration beider Schritte zu einem Gesamtprozess. Abbildung 7.1 zeigt den Zusammenhang beider Schritte im Rahmen der Synchronisation. Der eigentliche Schritt der Synchronisation ist in rot gekennzeichnet.

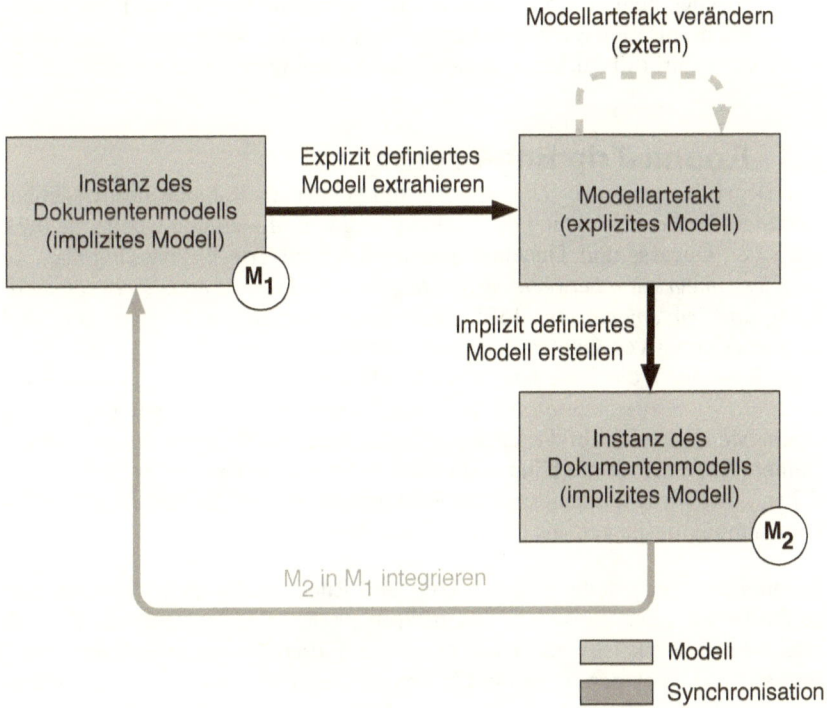

Abbildung 7.1: Zusammenhang von Extraktion, Export und Synchronisation

Wie zu sehen ist macht dieser zunächst Gebrauch von der Extraktion der expliziten Modelle. Diese expliziten Modelle können dann mit spezialisierten Editoren bearbeitet werden. Die Bearbeitung liegt außerhalb des Kontextes des vorgestellten Prozesses. Es wird jedoch gefordert, dass nach der externen Bearbeitung wiederum ein Modellartefakt vorliegt, welches dem gleichen Meta-Artefakt genügt, das auf für das extrahierte explizite Modell benutzt wurde. Nach der Bearbeitung der Modellartefakte werden diese wiederum in eine Instanz des Dokumentenmodells transformiert.

Die Aufgabe der Synchronisation liegt darin, dass diese neue Dokumentenmodellinstanz M_2 wieder in die ursprüngliche Instanz M_1 integriert werden muss. Eine Integration ist deshalb notwendig, da M_2 evtl. nur einen Teil des Gesamtdokuments enthält oder nicht abgebildete Attribute wie die Textfarbe erhalten werden sollen.

Dieses Kapitel beschäftigt sich damit, wie eine Instanz M_2 in das Gesamtdokuments M_1 integriert werden kann, ohne dabei zuviele Informationen des ursprünglichen Modells M_1 zu verlieren. Dabei wird zunächst untersucht, was die Anforderungen an eine derartige Integration sind und wie mit Attributen und Elementen umgegangen werden muss, für die keine bidirektionale Abbildung zwischen beiden Modellen existiert. Aufbauend hierauf wird das eigentliche Synchronisationsverfahren beschrieben und der Bezug zum Extraktions- und Exportschritt diskutiert, um mögliche Änderungen beider Schritte zu zeigen.

7.1 Round-Trip Engineering

Der Begriff *Round-Trip Engineering* bezeichnet im Rahmen der modellbasierten Softwareentwicklung die Verknüpfung von Modell und Quellcode [67]. Demeyer, Ducasse und Tichelaar definieren Round-Trip Engineering als „*the seamless integration between design diagrams and source code, between modelling and implementation*" [68]. Teile dieses Round-Trip Engineerings sind die Generierung von Quellcode aus den Modellen (*forward engineering, Hintransformation*), die Erstellung von Modellen aus Quellcode (*backward engineering, Rücktransformation*) und das Propagieren von Änderungen von einem Modellartefakt in das entsprechend andere. Im Rahmen des hier vorgestellten Prozesses ist die Hintransformation die Extraktion von expliziten Modellen aus dem Dokument und die Rücktransformation das Erstellen der Dokumentmodellinstanzen aus dem expliziten Modell.

Kombiniert man jedoch lediglich Hin- und Rücktransformation miteinander, so führt dies in den meisten Fällen zu Problemen, da beide Verfahren für sich alleine keine Rücksicht auf bereits existierende Elemente im jeweiligen Transformationsziel nehmen. Dies führt in den meisten Fällen zu einem Überschreiben von Werten, die nicht direkt durch die Transformationseingabe beschrieben sind. Dies ist ein altes und gut bekanntes Problem bei der modellbasierten Softwareentwicklung. Stahl und Völter minimieren dieses Problem durch Zerlegung eines Transformationsergebnisses in einen generativen und einen individuellen Teil, so dass für die Transformation klar abgegrenzt ist, welche Teile überschrieben werden dürfen und welche unangetastet bleiben müssen [16]. Für einen automatischen Ansatz zum Round-Trip Engineering ist jedoch möglichst wenig manueller Eingriff gewünscht. So kommen Sendall und Küster zu dem Schluss, dass Round-Trip Engineering daher mehr sein muss als die bloße Kombination aus forward und backward engineering [69].

Dass Round-Trip Engineering nicht nur zwischen Modellen und Quellcode sondern allgemein zwischen Modellen eingesetzt werden kann, zeigen Hette, Lawley und Raymond, indem sie ein formales Modell für das Round-Trip Engineering zwischen zwei Modellen definieren [70]. Diesem Ansatz folgend, wird im weiteren Verlauf dieses Abschnitts die Synchronisation zwischen Dokumentenmodell und explizitem Modell als eine Anwendung der formalen Definition von Hette, Lawley und Raymond aufgefasst.

7.2 Durchgängiges Beispiel

Um die Probleme für die Synchronisation im Falle von expliziten und impliziten Modellen greifbar zu machen, wird für dieses Kapitel ein durchgängiges Beispiel verwendet. Dieses besteht aus der Use Case Tabelle eines bereits im Zusammenhang mit HeRA mehrfach veröffentlichen Beispiels. Dieses Beispiel ist aus der OnlinePoker-Spezifikation aus dem SWP entnommen und in Abbildung 7.2 zu sehen. Hieran sind die Merkmale eines ähnlichen Dokuments aus dem Projekt *Globales Software Engineering* (GloSE) nachgebildet, da das betreffende Dokument vom GloSE-Projekt bislang nicht veröffentlicht wurde.

Wie man sieht sind einige Eigenschaften des strukturierten Dokuments benutzt worden, die keine Entsprechung im Use Case Modell haben. Dies betrifft die Fettschrift für das Attribut `scope`, die verschiedenen Farben bei den Werten für die Attribute `preconditions`, `stakeholders` und `triggers`, die Kursivschrift bei `preconditions` und `title`, sowie die zusätzliche Zeile mit der Beschriftung „*State*", die im für diese Arbeit benutzten Use Case Modell keine Entsprechung hat. Außerdem ist die Unterstreichung am Ende des ersten Schrittes des Hauptszenarios ein zusätzliches, nicht abgebildetes Attribut.

Use Case ID	1
Title	*Join Game*
Description	Player joins a Game at an open table
State	
Created By	eknauss
Edited By	smeyer
Revised By	
Scope	Workstation
Precondition	*Server runs* *Lobby is displayed*
Minimal Guarantee	Player gets Feedback on success or failure
Success Guarantee	Player joined table

Stakeholder	• **Player**
	  wants to play a game of poker with friends
	• **Host**
	  wants to play a game of poker with friends

Main Actor	Player
Trigger	Player chooses to join a table
Main Scenario	1. Player chooses an open table in the lobby. 2. Player chooses to join this table 3. Client opens table in new window 4. Player takes a free seat 5. Client shows table from players perspective 6. Player waits for host to start tournament
Extensions	

Abbildung 7.2: Beispiel eines Use Cases mit nicht abbildbaren Attributen

Dieses Beispiel wird im Laufe des Kapitel referenziert werden, um verschiedene Aspekte und Besonderheiten bei der Synchronisierung mit dem Dokumentenmodell zu verdeutlichen. Die für dieses Beispiel verwendete Transformationsbeschreibung ist im Anhang enthalten.

7.3 Attributabbildungen bei Transformationen

Die einzelnen Regeln einer Transformationsbeschreibung bilden auf oberster Ebene Elementinstanzen von Quell- und Zielmodell aufeinander ab. Im Beispiel aus Listing 29 ist die Abbildung einer Instanz der Klasse `Stakeholder` auf eine Instanz der Klasse `DocumentEnumerationItem` definiert.

```
Stakeholder -> DocumentEnumerationItem {
    content <- DocumentParagraph {
        pieces <- DocumentTextPiece {
            bold <- true
            text <- name
        }
        pieces <- ParagraphBreak {
            breakType <- LINE_BREAK
        }
        pieces <- DocumentTextPiece {
            text <- stake
        }
    }
}
```

Listing 29: Transformationsregel für Stakeholder eines Use Cases in das Dokumentenmodell

Aus dieser Transformationsregel kann der Zusammenhang zwischen den Elementinstanzen der Klasse `DocumentEnumeration` im Dokumentenmodell und den Instanzen der Klasse `Stakeholder` im expliziten Modell hergestellt werden. Alle zu erstellenden Elementinstanzen des Zielmodells sind entweder explizit angegeben oder werden im Falle der Zuweisung zu Unterattributen eines Elements implizit erstellt (siehe Abschnitt 5.4.7).

Im Gegensatz dazu sind nur für diejenigen Attributinstanzen und Relationen Zuweisungen angegeben, die für die Transformation relevant sind. Alle anderen werden implizit vom Interpreter mit den Standardwerten initialisiert, die das Meta-Artefakt definiert. Am Beispiel der obigen Regel ist die Abbildung zwischen Dokumentenmodell und Use Case Modell in Abbildung 7.3 graphisch dargestellt. Im oberen Teil ist die Teilstruktur des Dokumentenmodells dargestellt, im unteren Bereich die Teilstruktur des Use Case Modells.

7.3 Attributabbildungen bei Transformationen

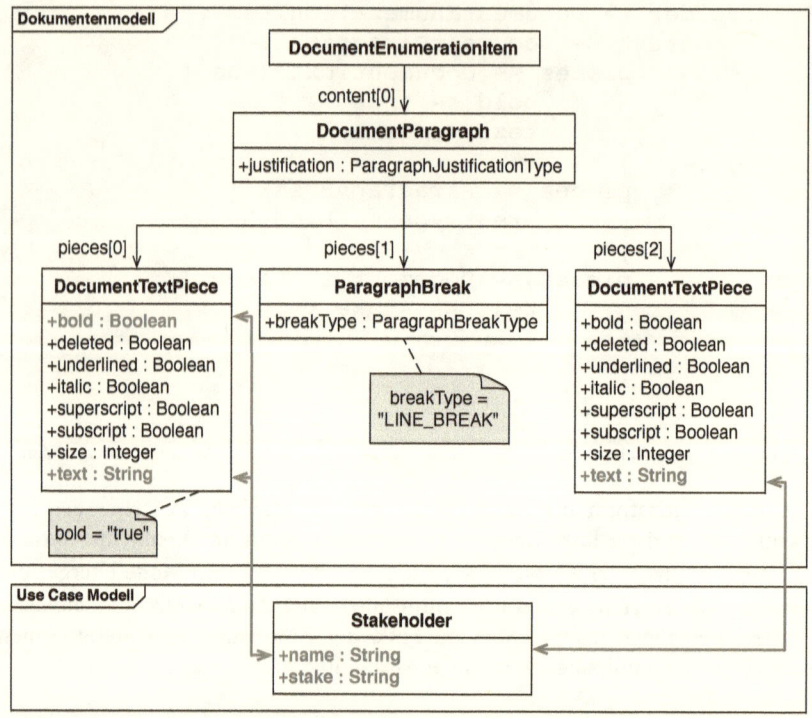

Abbildung 7.3: Abbildung der Attribute von Dokumentenmodell auf Use Case Modell (Beispiel Stakeholder)

Für den Fall, dass ein explizites Modell vollständig in ein implizites überführt wird, ist die Abbildung vom expliziten Modell auf das Dokumentenmodell total. Anders herum ist dies bei der Abbildung des Dokumentenmodells auf das explizite Modell nicht der Fall, da dass Dokumentenmodell auf Grund seiner Allgemeingültigkeit für alle Arten von strukturierten Dokumenten mehr Attribute besitzt als für den konkreten Fall eines spezifischen Modells benötigt werden.

Bei der Abbildung von Attributen und Relationen des spezifischen Modells auf das Dokumentenmodell können grundsätzlich zwei Arten unterschieden werden:

- **Abbildung von Konstanten**
  Die Abbildung von konstanten Werten, im Fall der Transformationsregel aus Listing 29 etwa die Zuweisung des Wertes *„true"* zum Attribut bold, führt wiederum zu einer eindeutigen und wiederherstellbaren Belegung.
- **Abbildung von Attributen**
  Für den Fall dass Attribute des Quellmodells auf Attribute des Zielmodells abgebildet werden, führt eine Änderung des Wertes des

entprechenden Attributs innerhalb eines Modells dazu, dass diese Änderungen an entsprechender Stelle in das andere Modell propagiert werden.

Für eine Synchronisation sind also vor allem diejenigen Abbildungen relevant, die Attribute aufeinander abbilden. Auf diese Stellen muss bei der Synchronisation des impliziten mit dem expliziten Modell Rücksicht genommen werden, da eine Änderung der Attributwerte auch eine zu propagierende Änderung für das andere Modell bedeutet.

Bei den Attributen, die durch die Transformationsbeschreibung mit Konstanten belegt werden, ist eine Änderung für die Synchronisation nicht relevant. Für die Transformationsrichtung, in der die Zuweisung des konstanten Wertes erfolgt (im obigen Beispiel die Transformation vom expliziten Modell in das Dokumentenmodell) kann der Wert nicht geändert werden ohne die Transformationsbeschreibung selbst zu ändern. Für die andere Richtung der Transformation bedeutet eine Änderung des Konstantenwertes, dass der Extraktionsschritt die Bedeutung der Struktur erkennen muss. Dies geschieht etwa durch die Synonymheuristik, wie im vorherigen Kapitel beschrieben.

Alle anderen Attribute, die nicht zwischen den beiden Modellen abgebildet werden, spielen keine Rolle für den Inhalt des jeweiligen Zielmodells der Transformation und müssen bei der isolieren Anwendung von Hin- oder Rücktransformation zunächst nicht berücksichtigt werden.

7.3.1 Bedeutung von nicht abbildbaren Attributen für die Modelle

Die Tatsache, dass ein Attribut eines Modells nicht auf das Zielmodell abgebildet ist, bedeutet, dass dieses Attribut nicht relevant für das Zielmodell ist. Um zu erfahren, welche Bedeutung nicht abgebildete Attribute haben und wie relevant eine Erhaltung dieser Informationen ist, wurde zunächst ein verlustbehafteter Synchronisationszyklus implementiert und auf ein Dokument aus dem GloSE-Projekt angewandt. Das Endergebnis dieser Synchronisation, also das wiederum erstellte, verlustbehaftete Dokument, wurde dann den Autoren gezeigt um zu überprüfen, ob dieses Dokument ihren Ansprüchen genügt und eine produktive Weiterarbeit mit diesem Dokument möglich ist.

Diese Diskussion führte zu zwei wesentlichen Punkten, die gegen eine verlustbehaftete Transformation sprechen:

- **Das Zielmodell ist möglicherweise nicht komplett**
  Wenn das Zielmodell z.B. spezifisch für ein Werkzeug wie einen modellbasierten Editor erstellt wurde, kann ein fehlendes Attribut auch bedeuten, dass dieses Werkzeug das entsprechende Attribut

nicht unterstützt. Hieraus kann nicht auf die Relevanz des Attributs allgemein geschlossen werden, sondern nur auf dessen Relevanz im Bezug zum spezifischen Modell.
- **Die nicht abgebildeten Attribute tragen semantische Bedeutung**
Die zusätzlich benutzten Attribute können möglicherweise zusätzliche semantische Bedeutung tragen, die zwar nicht formalisiert, jedoch wichtig für die Ersteller des Dokuments sind. Im Falle von GloSE wurde die Reife der Dokumentteile durch unterschiedliche Farben markiert. Ein Verlust dieser Informationen wäre fatal für die verteilten Dokumente, da es einen Teil des Bearbeitungsprozesses kaputt macht.

7.3.2 Auswirkungen partieller Attributabbildungen auf die Synchronisation

Wie gezeigt muss die Abbildung beider Modelle aufeinander nicht total sein, sondern kann auch nur partiell definiert werden. Bei diesen Transformationen handelt es sich zwar um bidirektionale Transformationen, deren Bidirektivität vom Interpreter ermöglicht wird, jedoch nicht um bijektive Transformationen. Dies ist keine unübliche Einschränkung der Transformationsfähigkeit, da sowohl Stevens als auch Tratt zeigen, dass bijektive Transformationen eine Ausnahme im Bereich der Model-To-Model Transformationen darstellen [22], [71]. Stevens postuliert weiterhin, dass die Verwendung von verschiedenen Modellen genau den Grund hat, dass sie unterschiedliche Informationen transportieren, die sich nicht vollständig überlappen.

Aus der Beobachtung, dass es sich um eine partielle, nicht-bijektive Transformation handelt, lassen sich im Folgenden die Hauptherausforderungen für eine Synchronisation ableiten.

Erhalt nicht abgebildeter Attribute

Betrachtet man den Regelausschnitt aus einer Transformation einer `UseCase`-Instanz in Listing 30, so ist hier nur das Attribut `text` bei einer Rücktransformation aus dem Dokumentenmodell auf das Attribut `title` des Use Case Modells abgebildet.

```
pieces <- DocumentTextPiece {
  text <- title
}
```

Listing 30: Regelausschnitt aus einer Use Case Transformation

Führt man nun eine Rücktransformation einer passenden `DocumentText-Piece`-Instanz in eine Instanz der Klasse `UseCase` durch, so werden die abgebildeten Attribute übernommen. Führt man direkt danach, ohne die `UseCase`-Instanz zu verändern, wiederum eine Transformation in das Dokumentenmodell mit dem obigen Regelausschnitt durch, so ist das nicht abgebildete

Attribut `italic` bzw. dessen Wert „*true* " nicht mehr gesetzt, da die Transformationsbeschreibung keine Aussage darüber trifft, dass es einen anderen als den Standardwert („*false*") erhalten soll.

Abbildung 7.4 zeigt den Datenfluss und den Verlust der nicht abgebildeten Information bei den beschriebenen zwei Transformationen. Vereinfachend wird hierfür angenommen, dass die Struktur das Attribut `title` der `UseCase`-Instanz darstellt und dass M_1 nur Elemente enthält, die durch eine Use Case Transformation erstellt werden können, so dass M_2 und M_1 prinzipiell gleich sein können.

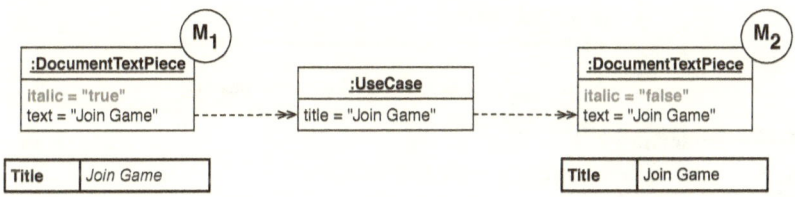

Abbildung 7.4: Datenfluss und Datenverlust nach zwei Transformationen

In diesem Fall sind die beiden Modellinstanzen M_1 und M_2 des Dokumentenmodells jedoch nicht gleich, obwohl sich die transportierten Informationen des Use Cases zwischen beiden Transformationen nicht geändert haben.

Herausforderung 1: Eine Synchronisation zwischen impliziten und expliziten Modellen soll keine Werte von Attributen verändern, die durch die Transformationsbeschreibung nicht aufeinander abgebildet werden.

Erhalt nicht abgebildeter Strukturen

Ein anderes Problem bei der Synchronisierung zwischen impliziten und expliziten Modellen sind Strukturen, die nicht in das explizite Modell übernommen werden und durch eine Transformation vom expliziten ins implizite Modell nicht wieder hergestellt werden.

Abbildung 7.5 zeigt einen Ausschnitt aus einer Use Case Tabelle. Neben den Zeilen, die aus den Attributen `title` und `mainActor` entstanden sind, wurde im Texteditor noch eine Zeile für den aktuellen Reifegrad des Dokuments hinzugefügt.

Use Case Name	Einloggen
Hauptakteur	Benutzer
Reifegrad	Entwurf

Abbildung 7.5: Ausschnitt aus einer erweiterten Use Case Tabelle

Der Wert dieses hinzugefügten Attributs findet jedoch keine Entsprechung im Use Case Modell. Die Hintransformation wird unter Anwendung der in Abschnitt 6.4.4 beschriebenen Heuristik zur Ignorierung unerwarteter Strukturen erfolgreich durchgeführt. Dies führt jedoch dazu, dass das zusätzliche Attribut in der durch die Rücktransformation aus dem Use Case Modell erzeugten Tabelle im Dokument nicht mehr vorhanden ist. Dies ist in Abbildung 7.6 zu sehen. Durch eine einfache Rücktransformation würde die im ursprünglichen Dokument enthaltene Struktur verloren gehen, da sie von der Transformationsbeschreibung nicht erfasst wird.

Use Case Name	Einloggen
Hauptakteur	Benutzer

Abbildung 7.6: Ergebnis nach Rücktransformation

Herausforderung 2: Eine Synchronisation zwischen impliziten und expliziten Modellen muss Strukturen, die nicht durch die Transformationsbeschreibung erfasst werden, erhalten.

Entfernen und Hinzufügen von Elementen

Zusätzlich zu nicht abgebildeten Elementen zwischen den beiden zu synchronisierenden Modellen muss noch der Fall betrachtet werden, dass Elemente während der Bearbeitung hinzugefügt oder entfernt werden.

Für den Fall, dass ein Element neu hinzugefügt wurde, muss die entsprechende Repräsentation in der anderen Modellart erzeugt werden. Die Stelle, an der dies geschieht, ergibt sich aus der entsprechenden Transformationsvorschrift.

Für den Fall, dass ein Element entfernt wurde, muss das entsprechende Element im anderen Modell ebenfalls gelöscht werden. Auch dieser Zusammenhang ist durch die Transformationsbeschreibung festgelegt.

In beiden Fällen muss festgelegt werden welche Auswirkung dies auf andere, ebenfalls enthaltene Elemente hat. So verändert bspw. das Löschen eines Schrittes im Hauptszenario alle Bezüge der Erweiterungen, da einige Schritte eine neue Nummerierung bekommen. Dies kann bei der Modifikation mit einem modellbasierten Editor automatisch geschehen, jedoch nicht im Texteditor. Löscht man hier einen Schritt aus dem Hauptszenario und verändert nicht passend dazu die Bezüge der Erweiterungen, so wird die Extraktion hiernach fehlschlagen, falls die Synchronisation keine Rücksicht auf diese Art von zu erwartenden Problemen nimmt.

Herausforderung 3: Eine Synchronisation zwischen impliziten und expliziten Modellen muss das Erstellen und Löschen von Elementinstanzen in das jeweilige andere Modell propagieren.

Konsolidierte und dekonsolidierte Elemente im Dokumentenmodell

Eine besondere Herausforderung, die sich nicht direkt aus der Partialität, jedoch aus dem zugrundeliegenden Dokumentenmodell herleitet, ist die Unterstützung von konsolidierten und dekonsolidierten Strukturen. Listing 31 zeigt eine Regel zur Transformation eines Schrittes in einen Aufzählungspunkt.

```
Step -> DocumentEnumerationItem {
    content <- DocumentParagraph {
        pieces <- DocumentTextPiece {
            text <- actor . name
        }
        pieces <- DocumentTextPiece {
            text <- " "
        }
        pieces <- DocumentTextPiece {
            text <- action
        }
    }
}
```

Listing 31: Regel zur Abbildung eines Schrittes auf einen Paragraphen

Wie zu sehen ist, besteht der Inhalt des Aufzählungspunkts aus einem Paragraphen, in dem wiederum drei einzelne `DocumentTextPiece`-Instanzen zusammen die Informationen des Schritts bilden. Jedoch finden je nach Bearbeitung des Dokuments verschiedene Konsolidierungen und Dekonsolidierungen der Strukturen statt. Betrachtet man zusätzlich noch die lokale Konsolidierung als Heuristik zur Extraktion (siehe Abschnitt 6.4.3), so ist der Bezug zwischen `DocumentTextPiece`-Instanzen und Attributwerten der korrelierenden `Step`-Instanz im schlimmsten Fall nicht einmal mehr injektiv.

Abbildung 7.7 zeigt zunächst den ersten Schritt des Hauptszenarios aus dem Kapitelbeispiel zusammen mit dem konsolidierten Ausschnitt aus der zugehörigen Instanz des Dokumentenmodells. Wie zu sehen ist, wird der gesamte Text durch die Unterstreichung des Teiltextes „*lobby*" in drei `DocumentTextPiece`-Instanzen zerlegt.

Der untere Bereich der Abbildung zeigt die Aufteilung der `DocumentTextPiece`-Instanzen auf die Attribute der `Step`-Instanz. Der Text der ersten `DocumentTextPiece`-Instanz wird aufgeteilt auf die Attribute `name` der `Actor`-Instanz und `action` der `Step`-Instanz. Das Attribut `name` der `Step`-Instanz enthält die Vereinigung des Teilstrings aus der ersten `DocumentTextPiece`-Instanz und den jeweiligen Werten des Attributs `text` aus den anderen beiden Instanzen der Klasse `DocumentTextPiece`.

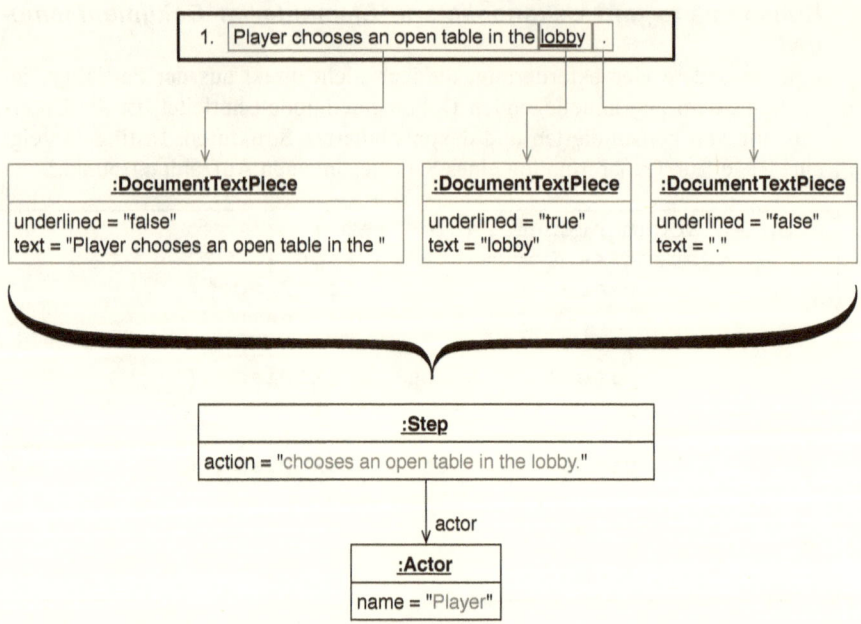

Abbildung 7.7: Abbildungsbeziehungen mit (de)konsolidierten Strukturen

Während die (De)konsolidierung der Dokumentenmodellinstanz für die Extraktion des expliziten Modells keine größeren Probleme darstellt, da sie mit heuristischen Mitteln beherrschbar wird, sorgen die Zusammenhänge zwischen beiden Modellen bei einer möglichen Synchronisation für einen Anstieg der Komplexität. Wenn das explizite Modell zurück in das implizite Modell transformiert werden soll, müssen hier wiederum exakt die gleichen Strukturen erstellt werden. Wenn die Attribute im expliziten Modell sogar verändert worden sind, müssen alle beteiligten, dekonsolidierten Elemente des Dokumentenmodells angepasst werden. Möglicherweise müssen sogar Elemente gelöscht oder neu erstellt werden.

Herausforderung 4: Dekonsolidierte Strukturen im Dokumentenmodell müssen bei einer Synchronisation erhalten werden, wenn das explizite Modell an der entsprechenden Stelle nicht geändert wurde. Für den Fall, dass das explizite Modell an der korrelierenden Stelle verändert wurde, müssen die beteiligten Elemente der Dokumentmodellinstanz möglicherweise neu ausgerichtet werden. Dabei muss in jedem Fall die mögliche Mehrfachbeziehung zwischen Attributwerten und Strukturen beachtet werden.

7.4 Inkrementelle Synchronisation

Um eine verlustfreie Synchronisation zwischen dem Dokumentenmodell und dem expliziten Modell zu ermöglichen müssen die oben beschriebenen Herausforderungen adressiert und gelöst werden. Einen guten Ansatz hierzu bieten die inkrementellen Synchronisationsverfahren, wie sie etwa von Hettel, Lawley und Raymond [70], Alanen und Porres [72] oder Lin, Gray und Joualat [73] beschrieben werden. Die Idee bei diesem Ansatz ist es, nur die Änderungen zwischen der extrahierten und der bearbeiteten Modellinstanz zu betrachten und nur für diese eine Synchronisation durchzuführen.

Angepasst auf den in Abbildung 7.1 gezeigten Teilprozess bedeutet dies, zunächst die Änderungen Δ_E zwischen dem ursprünglich extrahiertem Modell E und dem veränderten expliziten Modell E' zu berechnen und für alle $\delta \in \Delta_E$ eine entsprechende Änderung im Dokument M_1 durchzuführen. Dies ist in Abbildung 7.8 dargestellt.

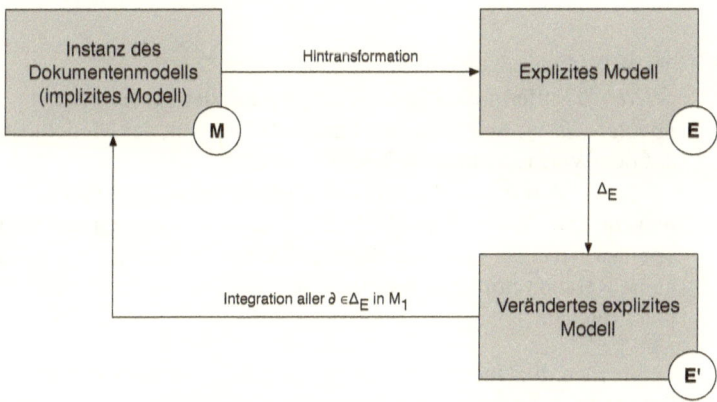

Abbildung 7.8: Anpassung des Synchronisationsprozesses für eine inkrementelle Synchronisation

Während die Semantik von Änderungsoperationen in der Literatur weitgehend bekannt ist und verstanden wird, sind die konkrete Anwendung und die Umkehrung dieser Operationen nicht generisch anzugeben. In diesem Abschnitt wird zunächst die generelle Definition von Änderungsoperationen angegeben, wie sie von Hettel, Lawley und Raymond vorgeschlagen wird. Dabei werden die allgemeinen Definitionen auf den konkreten Fall angepasst, so dass sie nicht exakt den ursprünglichen Definitionen entsprechen. Anschließend werden die Voraussetzungen für eine inkrementelle Synchronisation auf Basis von Änderungsoperationen besprochen um abschließend die Regeln für Umkehrungen von Änderungsoperationen für den konkreten Fall anzugeben.

> **Definition 36 (atomare Änderungsoperation nach Hettel, Lawley und Raymond)**
>
> Eine *atomare Änderungsoperation*, die ein Modellartefakt I in ein Modellartefakt I' transformiert, ist definiert als die Funktion
>
> $$\delta: I \rightarrow I'$$
>
> I und I' müssen hierbei das gleiche Meta-Artefakt besitzen. [70]

Die für den vorliegenden Fall relevanten atomaren Änderungsoperationen sind:

- *create(t)*: Erzeugt eine Elementinstanz vom Typ t
- *delete(e)*: Entfernt die Elementinstanz e aus der Modellinstanz
- *update(e, a, v)*: Setzt den Wert des Attributs a in der Modellinstanz e auf den Wert v. Es muss gelten:
  $(a \in e.e.A \lor a \in e.e.R) \land type(v) =_t e.e.type$
- *move(e, t, a, index)*: Verschiebt die Elementinstanz e a die Stelle *index* des Attributs oder der Relation a der Elementinstanz t. Falls a keine Relation mit einer Kardinalität > 1 ist, so ist der Wert von *index* nicht relevant.

Hierbei entsprechen die Operationen *create* und *delete* denen von Hettel, Lawley und Raymond definierten. Die Operation *update* ist eine Zusammenfassung verschiedener spezialisierter Änderungsoperationen und die Operation *move* ist eine für die Belange dieser Arbeit definierte Änderungsoperation.

Zusätzlich sei eine atomare Änderungsoperation für Relationsinstanzen R, für die gilt $R.r.cardinality = *$ definiert als:

- *insert(e, r, v, index)*: Fügt eine Elementinstanz v an der Stelle *index* in die Relationsinstanz r der Elementinstanz e ein. Es muss gelten:
  $type(v) =_t r.r.target.type \land index < |r.children|$

In den meisten Fällen sind einzelne atomare Änderungsoperationen nicht genug um ein Modellartefakt I in ein gewünschtes Modellartefakt I' zu transformieren. Für den Fall, dass eine Abfolge von atomaren Änderungsoperationen nötig ist, lassen diese sich zu einer komplexen Änderungsoperation zusammenfassen.

> **Definition 37 (komplexe Änderungsoperation nach Hettel, Lawley und Raymond)**
>
> Eine *komplexe Änderungsoperation* $\Delta: I \to I'$ ist definiert als
>
> $$\Delta I = \delta_1 \circ \ldots \circ \delta_n I = I'$$
>
> I und I' müssen hierbei das gleiche Meta-Artefakt besitzen. [70]

7.4.1 Synchronisation mittels Änderungsoperationen

Um eine Synchronisation auf Basis von Änderungsoperationen durchzuführen, müssen zwei Vorbedingungen erfüllt sein:

- Es muss die komplexe Änderungsoperation Δ_E für Transformationen des extrahierten expliziten Modells E auf das veränderte Modell E' berechnet werden.
- Die komplexe Änderungsoperation Δ_E muss in eine komplexere Änderungsoperation Δ_M überführt werden, welche die notwendigen Änderungen der Instanz des Dokumentenmodells angibt um das zu E' passende implizite Modell zu erstellen.

Abbildung 7.9 zeigt diesen Vorgang in Anlehnung an den von Hettel, Lawley und Raymond. Diese führen nach Integration der Änderungen noch eine Transformation durch um zu überprüfen ob das veränderte Modell M' wiederum zum expliziten Modell E' führt. Da sie jedoch nur die abgebildeten Elemente bei der Transformation betrachten, trifft diese Überprüfung keine Aussage darüber, ob die nicht abgebildeten Elemente tatsächlich enthalten sind. Daher ist diese Überprüfung im hier vorgestellten Verfahren nicht erhalten wurden.

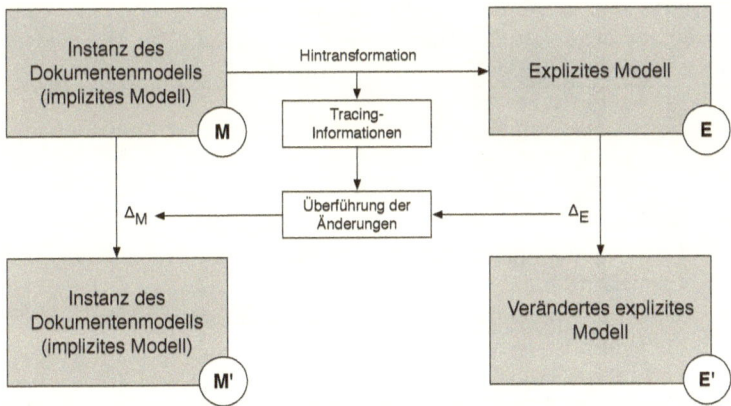

Abbildung 7.9: Durchführung der inkrementellen Synchronisation durch Änderungsoperationen nach Hettel, Lawley und Raymond

Die Hauptaufgabe ist die Definition der Überführung von Δ_E in Δ_M. Diese wird in den folgenden Abschnitten behandelt. Die eigentliche Durchführung der inkrementellen Synchronisation lässt sich nach der Definition der Überführung von Δ_E in Δ_M wie bei Hettel, Lewley und Raymond beschrieben durchführen:

1. Berechnung der komplexen Änderungsoperation Δ_E im expliziten Modell.
2. Überführung von Δ_E in Δ_M um eine komplexe Änderungsoperation für das Dokument zu erhalten, welche die Änderungen am expliziten Modell nachbildet
3. Anwenden von Δ_M auf das Dokument

7.4.2 Sammeln von Tracing-Informationen während der Hintransformation

Eine Überführung von Δ_E in Δ_T und damit eine inkrementelle Synchronisation hängt davon ab, dass Kenntnis darüber vorliegt, wie die Elemente des Modells M und die des Modells E in Bezug zueinander stehen. Um diese Kenntnis zu erlangen, werden während der Hintransformation Tracing-Informationen gesammelt, die Informationen darüber enthalten, welche Elemente und welche Wertzuweisungen der Zielinstanz aus welchen korrelierenden Elementen und Attributen der Quellinstanz entstanden sind. Die Zuhilfenahme von Tracing-Informationen ist eine verbreitete Methode diese Zusammenhänge ohne Anpassungen an den beteiligten Modellen zu erhalten, wie Czarnecki und Helsen in ihrer Übersicht über verschiedene Transformationsansätze bestätigen [27].

Definition 38 (Tracing-Information)

Eine *Tracing-Information* $\theta: E_1 \mapsto E_2$ gibt die durch eine Transformation hergestellte Beziehung zwischen einer Elementinstanz E_1 und einer Elementinstanz E_2 aus zwei verschiedenen Modellinstanzen an. Die Modellinstanzen können unterschiedliche Meta-Artefakte besitzen.

Wie bereits beschrieben, besteht eine Model-To-Model Transformation im wesentlichen aus den Schritten

- Suchen der passenden Struktur in der Eingabe
- Erstellen der durch die Transformationsbeschreibung angegebenen Elementinstanz im Zielmodell
- Zuweisen weiterer Werte zur erstellten Elementinstanz im Verlauf der weiteren Transformation

Demnach lassen sich zwei Arten von Tracing-Informationen unterscheiden:

Eine Tracing-Information θ_c, die die Beziehung zwischen einer in der Zielinstanz erstellten Elementinstanz E_T und der zugrundeliegenden Elementinstanz E_S der Quellinstanz angibt. Diese ist definiert als

$$\theta_c: E_S \mapsto E_T.$$

Eine Tracing-Information θ_a, welche die Zuweisung eines Wertes v zu einem Attribut a_T einer Elementinstanz E_T in der Zielinstanz beschreibt, aufgrund eines Attributes a_S einer Elementinstanz E_S der Quellinstanz. Diese ist definiert als:

$$\theta_a: E_S \times a_s \times v \times Integer \times Integer \mapsto E_T \times a_T \times Integer$$

Die beiden Integer-Argumente der Eingabe von θ_a geben den Startindex und den Endindex des Attributwerts von a_s an. Dies ist im Rahmen der Modellkonsolidierung relevant, da das gleiche Attribut a_s auf mehrere Attribute in der Zielinstanz gemappt werden kann. Der Integerwert der Ausgabe von θ_a gibt den Index an, ab dem der Wert v in das Attribut a_T integriert wird. Dies ist nur bei Attributen relevant, die durch eine Konkatenation entstehen können. Dies ist z.B. der Fall bei Attributen vom Typ String. Für Attribute, auf die die nicht zutrifft, ist der konkrete Wert dieser Argumenten nicht relevant.

Mit diesen beiden Arten von Tracing-Informationen ergibt sich der gesamte Trace Θ als

$$\Theta = \{\theta_1, ..., \theta_n\}$$

Beispiel

Für das folgende Beispiel wird die Extraktion einer `Stakeholder`-Instanz aus einem Dokument durchgeführt. Abbildung 7.10 zeigt den entsprechenden Ausschnitt des Beispiel Use Cases, Abbildung 7.11 den zugehörigen konsolidierten und vereinfachten Ausschnitt der Dokumentenmodellinstanz. Abbildung 7.12 zeigt die als Ergebnis erstellte Instanz der Klasse `Stakeholder`.

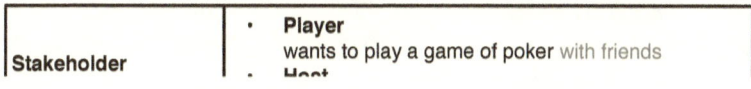

Abbildung 7.10: Ausschnitt aus dem Use Case

Die entsprechende Regeldefinition ist in Listing 29 zu sehen. Diese definiert, dass für eine `Stakeholder`-Instanz eine Instanz der Klasse `DocumentEnumerationItem` erstellt wird. Da die Extraktion die Bidirektivität der Regel ausnutzt, bedeutet dies, dass die für die im Dokument enthaltene Instanz der Klasse `DocumentEnumerationItem` eine `Stakeholder`-Instanz im expliziten Modell erstellt wird. Bei Interpretation dieser Regel, wird eine Tracing-Information erzeugt, welche die Beziehung der gefundenen Elementinstanz mit der erstellten festhält.

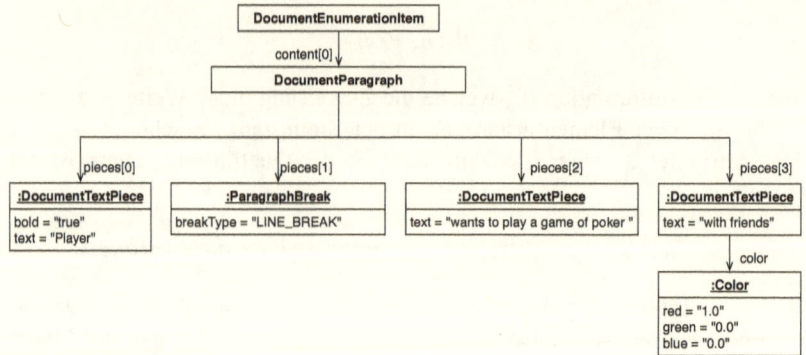

Abbildung 7.11: Vereinfachte Instanziierung der rechten Tabellenzellen aus Abbildung 7.10

Im weiteren Verlauf der Transformation wird der Wert des Attributs text der ersten DocumentTextPiece-Instanz dem Attribut name der zuvor erstellten Stakeholder-Instanz zugewiesen. Die Instanz der Klasse ParagraphBreak trägt nichts zum expliziten Modell bei. Daher werden hierzu keine Tracing-Informationen erstellt.

Die aneinander gehängten Zeichenketten der Attribute text der letzten beiden Instanzen der Klasse DocumentTextPiece ergeben zusammen den Wert des Attributs stake der Stakeholder-Instanz

:Stakeholder
name = "Player"
stake = "Wants to play a game of poker with friends"

Abbildung 7.12: Erzeugte Stakeholder-Instanz

Die während der Transformation erstellten Tracing-Informationen sind noch einmal zusammen mit Quell- und Zielinstanz in der Abbildung 7.13 zu sehen.

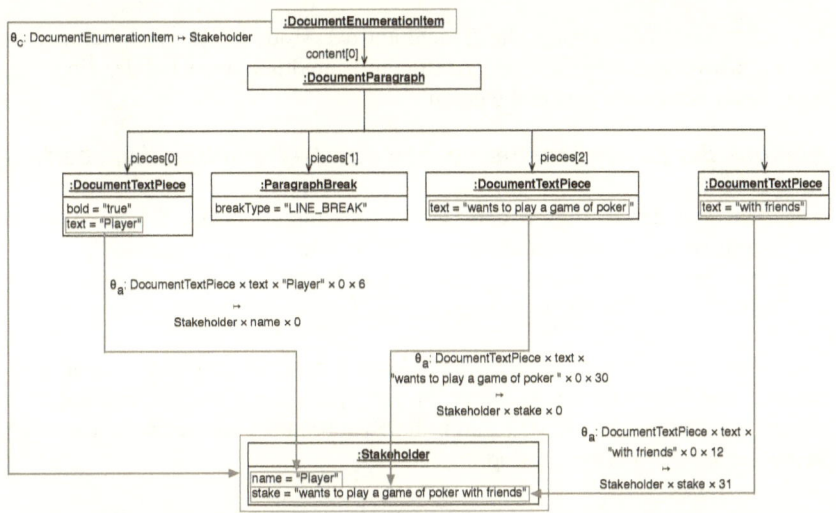

Abbildung 7.13: Übersicht über die gesammelten Tracing-Informationen

7.4.3 Überführung von Δ_E in Δ_M

Auf Basis der definierten Änderungsoperationen muss eine Überführung der komplexen Änderungsoperation Δ_E im expliziten Modell in eine komplexe Änderungsoperation Δ_M für das Dokument definiert werden. Diese Überführung muss die vier zuvor definierten Herausforderungen für eine Synchronisation im Rahmen des vorgestellten Prozesses berücksichtigen und auch hierfür Lösungen liefern.

Die erste und zweite Herausforderung, Attribute und Strukturen zu erhalten, die nicht durch die Transformationsbeschreibung auf das andere Modell abgebildet werden, sind leicht zu erfüllen, da die Reduktion auf Änderungen im Modell dazu führt, dass nur die Elemente durch die Synchronisation verändert werden, die im direkten Zusammenhang mit den Änderungen stehen. Dies können nur Strukturen und Attribute sein, die direkt durch die Transformationsbeschreibung abgebildet werden. Durch den inkrementellen Anteil der Synchronisation werden die Strukturen nicht komplett neu erstellt sondern nur die veränderten Elemente integriert, so dass nicht explizit durch die Transformationsbeschreibung gesetzte Attribute oder erstellte Strukturen nicht angepasst werden.

Die dritte Herausforderung, das Löschen und das Erstellen von Elementen in das Dokumentenmodell zu propagieren ist prinzipiell auch durch den Ansatz gelöst. Jedoch muss beim Definieren einer Überführung der Löschoperation genau definiert werden, welche Teile im Dokument dadurch gelöscht werden und welche Auswirkungen sich hieraus ergeben, um möglichst wenig zusätzliche Informationen zu entfernen.

Die letzte Herausforderung, die Beachtung der Modell(de)konsolidierung, ist die am schwersten zu erfüllende. Auf deren Einhaltung muss bei der Überführung daher besonders geachtet werden.

Einfluss der Extraktionsheuristiken auf die Definition der Überführung
Nachdem nun der Bezug zu den Herausforderungen an die Synchronisation hergestellt ist, muss noch die Frage geklärt werden, ob die heuristischen Strategien bei der Extraktion des expliziten Modells möglicherweise Probleme für die Definition der Überführung hervorrufen.

Die Heuristiken für die Probleme der Klasse 1 beschäftigen sich mit der Ähnlichkeit von Werten zu Konstanten in der Transformationsbeschreibung. An diesen Konstanten ändert sich durch die Synchronisation nichts, so dass hier keine Probleme zu erwarten sind.

Die Heuristiken der Klasse 2 beschäftigen sich mit der Zerlegung von Inhalten in mehrere Teilstrukturen. Diese lokale Konsolidierung ist eine der Hauptherausforderungen für die Synchronisation. Da jedoch die Tracing-Information Auskunft über alle dekonsolidierten Strukturen, die zum Wert eines Attributs beigetragen haben, gibt, kann hierauf Rücksicht genommen werden. So sind durch diese Heuristik zwar keine weiteren Probleme zu erwarten, sie trägt jedoch zur generellen Komplexität bei.

Für die Heuristiken für Probleme der Klasse 3 sind keine Probleme für die Definition der Überführung zu erwarten. Diese beschäftigen sich mit der zufälligen Sortierung von Inhalten im Dokument. Die Positionen von vorhandenen Elementen, die evtl. geändert werden, sind durch die Tracing-Informationen gesichert, für neu zu erstellende Strukturen gibt die Transformationsbeschreibung Auskunft über die Positionierung.

Von den Heuristiken für Probleme der Klasse 4 sind hingegen Probleme zu erwarten, sofern Hilfstransformationen eingesetzt werden. Hier hängt es stark davon ab, wie die Tracing-Informationen gesammelt werden. Das Problem beim Einsatz von Hilfstransformationen ist, dass die Tracing-Informationen möglicherweise die durch eben diese Hilfstransformationen hervorgegangenen Strukturen sichern, diese aber im ursprünglichen Dokument nicht vorhanden sind. Um diesem Problem zu begegnen gibt es zwei verschiedene Lösungsansätze:

- Die Überführung basiert auf den durch Hilfstransformationen erzeugten Strukturen. In diesem Fall müssen diese Strukturen wiederum vor Beginn der Intergration von Δ_M hergestellt und hinterher zurückgewandelt werden.
- Die Tracing-Informationen führen die Hilfstransformationen auf die ursprünglichen Strukturen zurück. In diesem Fall muss vor der Integration von Δ_M nicht getan werden. Das Rückführen der Tracing-

Informationen auf die ursprünglichen Strukturen kann jedoch in einigen Fällen nicht möglich sein.

Definition der Überführung

Die Überführung der komplexen Änderungsoperation Δ_E geschieht durch das einzelne Überführen der atomaren Änderungsoperationen $\delta_{E,i}$ in entsprechende Änderungsoperationen für das Dokumentenmodell. Daher wird im Folgenden für jede Art der atomaren Änderungsoperation definiert, wie eine Überführung in eine Änderungsoperation des Dokumentenmodells stattfinden kann, wenn die Tracing-Informationen bekannt sind.

Create

Eine *create*-Operation bedeutet, dass ein Element im expliziten Modell neu erstellt wurde. Dies wiederum bedeutet, dass für dieses erstellte Element noch keine entsprechenden Strukturen im Dokumentenmodell existieren. Damit die erstellte Elementinstanz e Teil des expliziten Modells E wird, muss noch eine *update*- oder eine *insert*-Operation Teil von Δ_E sein, die genau dies bewirkt.

Somit muss die Überführung der *create*-Operation zum einen durch das Erstellen der entsprechenden Strukturen im Dokumentenmodell geschehen und zum anderen durch die Überführung der zugehörigen *update* oder *insert*-Operation.

Um den Teil der Erstellung zu überführen, muss die Menge der zu e korrespondierenden Regeln der Transformationsbeschreibung gefunden werden. Diese Regeln müssen nun vom Interpreter angewendet werden, so dass die Strukturen des Dokumentenmodells erstellt werden, die e kodieren.

Für eine Regel der Form $R: E_E \mapsto E_M$ wird zunächst eine Operation $\delta_c = create(E_M) \to e_M$ erstellt, welche die durch die Regel zu erstellende Struktur e_M im Dokumentenmodell erstellt. Die in der Regel enthaltenen Zuweisungen der Form $A: a \mapsto v$, die einem Attribut a der erstellten Struktur E_M den Wert v zuweisen, werden überführt in Änderungsoperationen der Form $\delta_u = update(e_M, a, v)$ oder $\delta_i = insert(e_M, a, v, index)$, anhängig davon, ob $e_M.a$ ein Attribut oder eine Relation ist. Der Wert von *index* ergibt sich aus dem aktuellen Kontext des Interpreters. In der Regel enthaltene Regelaufrufe oder weitere Erstellungsvorschriften sind dann rekursiv zu behandeln.

Diese Strukturen müssen anschließend für die *update*- oder *insert*-Operation zur Verfügung stehen. Um dies zu erreichen kann für erstellte *create*-Operationen eine synthetische Tracing-Information der Form $\theta_c: e \mapsto create(E_E)$ erstellt werden, die den Zusammenhang zwischen der im expliziten Modell erstellten Elementinstanz e und der Struktur E_E im Dokumentenmodell herstellt.

Update

Eine *update*-Operation der Form $update(e, a, v)$ im expliziten Modell bedeutet die Änderung eines Attributwerts oder einer ein-elementigen Relation. Die

Überführung kann ebenfalls in eine *update*-Operation im Dokumentenmodell erfolgen. Durch die Erstellung einer Tracing-Information für *create*-Anweisungen, steht für jedes $e \in E'$ eine Tracing-Information der Form $\theta_c: e_M \mapsto e$ zur Verfügung. Außerdem liegen für die Zuweisungen des Attributs *a* ein oder mehrere Tracing-Informationen der Form

$$\theta_a: e_n \times a_m \times v \times start \times end \mapsto e \times a \times start$$

vor. Durch diese ist bekannt, aus welchen Elementen der ursprüngliche Wert von *e.a* entstanden ist. Für den Fall, dass es sich hierbei nicht um ein zusammgesetztes Attribut, wie bei (de)konsolidierten `DocumentTextPiece`-Instanzen handelt, kann die Überführung ebenfalls in eine *update*-Operation erfolgen. Diese hat die Form $update(e_n, a_m, v)$.

Für den Fall, dass es sich um ein zusammengesetztes Attribut handelt, muss unter Berücksichtigung der Erhaltung von nicht abgebildeten Attributen der zuzuweisende Wert wiederum zerlegt werden. Die einzelnen veränderten Teile werden dann jeweils in *update*-Operationen für die entsprechenden Elemente der jeweiligen Elementinstanz des Dokuments überführt. Für den Fall, dass ein Teilstring komplett entfernt wurde, und das entsprechende Element im Dokument nicht noch auf andere Elemente im expliziten Modell gemappt ist, wird dieses durch eine *delete*-Operation gelöscht.

Beispiel

In Abbildung 7.13 ist zu sehen, dass der Wert des Attributs `stake` der erstellten `Stakeholder`-Instanz ein zusammengesetzter Wert ist. Es existieren zwei Tracing-Informationen:

$$\theta_{a,1} = e_1 \times text \times \text{"wants to play a game of poker "} \times 0 \times 30 \mapsto e \times stake \times 0$$

$$\theta_{a,2} = e_2 \times text \times \text{"with friends"} \times 0 \times 12 \mapsto e \times stake \times 31$$

Der Wert von `stake` ist „*wants to play a game of poker with friends*".

Nun ändert man den Wert auf „*wants to play a game of poker with others*". In diesem Fall würde eine *update*-Operation $\delta_u = update(e, stake, $ „*wants to play a game of poker with others*") in Δ_E erstellt werden. Durch die Tracing-Informationen weiß man, dass der ursprüngliche Wert zusammengesetzt ist. Teil man neuen Wert wiederum in die Teilstring mit den ursprünglichen Grenzen, erhält man die Strings „*wants to play a game of poker* " und „*with others*". Vergleicht man diese Teilstring mit den ursprünglichen, stellt man fest, dass sich nur der zweite geändert hat. Es wird also nur eine *update*-Operation für das Dokument erstellt: $\delta_{u,M} =$

$update(e_2, text, "with others")$. Dadurch wird die dekonsolidierte Struktur des Dokuments erhalten und der zweite Teilstring erhält weiterhin die ihm eigenen, nicht abgebildeten Attribute (in diesem Fall die rote Textfarbe).

Insert
Die Änderungsoperation *insert(e, r, v, index)* ist ein Spezialfall der Operation *update*, der nur für Relationen mit einer Kardinalität > 1 auftreten kann. In diesem Fall benötigt man zunächst die Tracing-Information $\theta_c: e_M \mapsto e$. Dann muss die passende Position für *e* in der bereits existierenden Struktur, welche die Relation *r* enthält anhand des Kontext des Interpreters gefunden werden. Anschließend kann die Dokumentstruktur e_M an dieser Stelle im Dokument eingefügt werden.

Delete
Eine Änderungsoperation der Form *delete(e)* kann nur dann vorkommen, wenn *e* aus dem Dokumentenmodell extrahiert wurde. Wäre dies nicht der Fall, so wäre *e* nicht im expliziten Modell *E* enthalten und könnte somit auch nicht gelöscht werden. Dadurch existiert eine Tracing-Information $\theta_{c,e}: e_M \mapsto e$.

Um die *delete*-Operation auf das Dokumentenmodell zu überführen, muss ebenfalls eine *delete*-Operation erstellt werden. Diese hat die Form $\delta_d = delete(\theta_{c,e}. e_M)$.

Dadurch wird die entsprechende Struktur E_M aus dem Dokumentenmodell samt aller Unterstrukturen entfernt. Dahinter steht die Annahme, dass alle Unterstrukturen von e_M das Element *e* im expliziten Modell genauer beschreiben und daher ohne das Element *e* keine weitere Existenzberechtigung mehr haben. Ebenso wie alle Unterstrukturen von e_M gelöscht werden, trifft dies auch auf alle Unterelemente von *e* zu.

Move
Die Funktion *move* ist ein Spezialfall, der zur erhaltenen Synchronisation im Dokumentenmodell notwendig ist. Eine Verschiebung eines Elements *e* im expliziten Modell kann prinzipiell auch durch eine *delete*-Operation an der alten Stelle und einer Kombination von *create*- und *update*-Operationen an der neuen Stelle ausgeführt werden. Da *e* aus dem Dokumentenmodell extrahiert sein muss, existiert auch eine Tracing-Information der Form $\theta_c: e_M \mapsto e$. Führt man die *move*-Operation durch *delete* und eine Menge von *create-/update*-Operationen aus, so bedeutet dies, dass das ursprüngliche e_M und damit auch nicht abgebildete Attribute aus dem Dokumentmodell entfernt werden und auch durch die *create-/update*-Operationen nicht wieder hergestellt werden, also verloren gehen. Dies widerspricht dem Ziel der zu erhaltenden Synchronisation.

Daher wird eine Änderungsoperation $move(e, t, a, index)$ überführt in die komplexe Änderungsfunktion $\Delta_{move} = \delta_c \circ \delta_u$. Hierbei gilt:

$$\delta_d = delete(\theta_c.e_M)$$

Für den Fall, dass gilt

$$a \in t.e.A \wedge (a \in t.e.R \wedge a.r.cardinality \neq *)$$

und a somit keine Relation mit einer Kardinalität > 1 ist, ist δ_u definiert als

$$\delta_u = update(t, a, \theta_c.e_M)$$

Ansonsten ist δ_u definiert als

$$\delta_u = insert(t, a, \theta_c.e_M, index)$$

7.4.4 Einfluss von synthetischen Attributen auf die Überführung

Einen Einfluss auf die Überführung von *insert* und *delete*-Operationen, haben synthetische Attribute wie `_index`. In diesem Fall muss nicht nur das konkrete Element, welches eingefügt oder gelöscht wird betrachtet werden, sondern auch alle Elemente, die durch das synthetische Attribut beeinflusst werden.

Beispiel

Nimmt man eine Zuweisung Struktur der Form „*Schritt* " + `_index` für einen Schritt des Hauptszenarios an. In diesem Fall würde bspw. der erste Schritt das Prefix „*Schritt 1*" bekommen.

Fügt man nun vor diesem einen weiteren Schritt ein, muss auch der zuvor schon enthaltene Schritt des Hauptszenarios synchronisiert werden, da sich der Wert für `_index` ändert. Ebenso verhält es sich beim Löschen eines Elements, welches in der Transformation ein synthetische Attribut enthält.

Für Transformationsbeschreibungen, die synthetische Attribute enthalten, müssen bei der Berechnung von Δ_E ebenfalls *update*-Operationen erzeugt werden, wenn sich eine Element, dem eine solche Transformationsbeschreibung zugeordnet ist, ändert.

7.4.5 Änderung der Synchronisationsrichtung

Bisher ist davon ausgegangen worden, dass die Synchronisation immer vom Dokumentenmodell in Richtung des expliziten Modells durchgeführt wird. Prinzipiell macht die Synchronisation hier jedoch keine Einschränkung. Unabhängig von der Richtung der Synchronisation müssen jedoch entsprechende Tracing-Informationen vorliegen um die Überführung der komplexen Änderungsoperationen auf das jeweils andere Modell zu ermöglichen.

Der Grund warum die Richtung vom expliziten Modell zum Dokumentenmodell bislang keine Erwähnung fand ist, dass die Abbildung durch die Transformation in diese Richtung in den meisten Fällen total ist, da alle Elemente und Attribute des spezifischen Modells in das Dokument übernommen werden sollen. Da in diesem Fall keine zu erhaltenen Attribute, die nicht abgebildet sind, existieren, kann in diese Richtung eine komplette Transformation durchgeführt werden, die das selbe Ergebnis wie eine Synchronisation liefert.

7.5 Zusammenfassung

Dieses Kapitel hat gezeigt, wie eine erhaltene Synchronisation auf Basis von bidirektionalen deklarativen Transformationsbeschreibungen durchgeführt werden kann. Hierfür wurde die Methode des Round-Trip Engineerings auf Dokumente und explizite Modelle angewendet. Auf Basis der von Hettel, Lewley und Raymond beschriebenen formalen Definition von inkrementellen Synchronisationen auf Basis von Änderungsoperationen wurden eigene Änderungsoperationen definiert, die für das Dokumentenmodell relevant sind. Anschließend wurde vorgestellt wie die Tracing-Informationen während der Hintransformation gesammelt werden können um anschließend für die Synchronisation zu dienen. Der Beitrag dieses Kapitels zum gesamten Prozess sind vor allem die Regeln zur Überführung der Änderungen am expliziten Modell in Änderungen auf Basis des Dokumentenmodells. Diese nehmen, im Gegensatz zu den bisherigen Lösungsansätzen, Rücksicht auf die Konsolidierung und Dekonsolidierung, die bei Instanzen des Dokumentenmodells vorliegen.

Mit Hilfe der in diesem Kapitel vorgestellten Methoden schließt sich der Prozess. Zusammen mit den Methoden zur Extraktion der expliziten Modelle und der Überführung von expliziten Modellen in implizite Modell kann nun eine vollständige Synchronisierung zwischen den im Modell vorhandenen impliziten Modellen und den extrahierten expliziten Modellen vorgenommen werden. Als Einschränkung ist hierbei zu beachten, dass das vorgestellte Verfahren davon ausgeht, dass jeweils nur ein Modell geändert wird, bevor die Synchronisierung durchgeführt wird

8 Verwandte Arbeiten

Um einen Überblick zu bekommen, in welchem Umfeld diese Arbeit einzuordnen ist und welche Forschungsergebnisse den aktuellen Stand der Technik bilden, zeigt dieses Kapitel verwandte Arbeiten, die sich mit einem oder mehreren Aspekten der Arbeit beschäftigen. Das Kapitel ist thematisch gegliedert um eine schnelle Übersicht zu erlauben.

8.1 Strukturierte Dokumente

Mao, Rosenfeld und Kanungo teilen die Strukturierung von Dokumenten in zwei Arten ein: Das eigentliche Layout (*physical layout*), also die Anordnung der Inhalte eines Dokuments im geometrischen Raum und die logische Struktur (*logical layout*), also die Einteilung der Inhalte in Elemente wie Überschriften und Paragraphen, die auf dem Layout basiert [74].

8.1.1 Layoutanalyse von Dokumenten

Der Prozess in der vorliegenden Arbeit beschäftigt sich nur mit der logischen Struktur von Dokumenten. Jedoch sind auch Arbeiten im Bereich der Layoutanalyse ein angrenzender Bereich. Diese können z.B. genutzt werden um ein unstrukturiertes Dokument in eine auf das kanonische Dokumentenmodell passende Form zu bringen. Sie sollen im Folgenden jedoch nur kurz angesprochen werden.

Diese Arbeiten kann man generell in zwei Bereiche unterteilen: Die Verarbeitung von Bildern, wie sie z.B. durch das Einscannen von Dokumenten entstehen und die Verarbeitung von layout-basierten Dokumentformaten, wie etwa das PDF-Format [36].

Ein Beispiel für die Verarbeitung von Bildern zeigen Lee, Choy und Cho. Sie wenden Methoden zur Bildsegmentierung an um aus Bildern ein strukturiertes Dokument auf Basis von SGML/XML zu erstellen [75]. Durch die Eigenschaft, ein SGML/XML-Dokument zu erstellen, besteht eine prinzipielle Möglichkeit die Ergebnisse ihrer Methode auch für den vorgestellten Prozess nutzbar zu machen, wenn das entstehende-Dokument in das kanonische Dokumentenmodell überführt wird.

Nojoumian und Lethbridge beschreiben eine Methode um PDF-Dokumente in logische Strukturen zu zerlegen, kommen aber zu dem Schluss, dass die interne Struktur von PDF-Dateien zu viel Spielraum für eine sichere Interpretation bietet [41]. Daher vertrauen auch Nojoumian und Lethbridge auf Tags, die jedoch bei einem PDF-Dokument extra hinzugefügt werden müssen, da sie stadardmäßig nicht enthalten sind.

8.1.2 Logische Strukturierung von Dokumenten

Die Notwendigkeit die Struktur von Dokumenten in einer allgemeingültigen Form zu beschreiben, die nicht für ein spezielles Dateiformat oder ein bestimmtes Programm festgelegt ist, findet sich erstmals in der Definition von SGML [76–78]. Ziel der Definition von SGML war es, eine allgemeingültige Beschreibungssprache für die Inhalte und Strukturen von Dokumenten zu schaffen, die unabhängig vom Layout ist. Im Unterschied zum kanonischen Dokumentenmodell liefert SGML ein Framework um eigene Beschreibungssprachen zu definieren. Diese werden mit Hilfe von Typdefinitionen erzeugt, die wie eine Grammatik die zu benutzenden Elemente des SGML-Dokuments beschreiben. SGML ist heute weitgehend von XML [79], [80] abgelöst, welches als eine Untermenge von SGML angesehen werden kann. Da das kanonische Dokumentenmodell konkrete Elemente vorgibt, ist es eher als Anwendung von SGML zu sehen, so wie auch HTML [81]. Der Unterschied zwischen HTML und dem kanonischen Dokumentenmodell ist zum einen im Anwendungsbereich zu sehen und zum anderen in der Ausrichtung des kanonischen Dokumentenmodells als Meta-Artefakt. Wie beschrieben ist das Dokumentenmodell durch verschiedene Auszeichnungssprachen inspiriert worden.

Eine besondere Rolle beim Umgang mit Daten in Dokumenten spielen Tabellen, da sie Informationen durch ihre ordnende Struktur gut für Menschen visualisieren [82]. Zanibbi, Blostein und Cordy [83] geben einen umfassenden Überblick über Methoden zur Beschreibung, Extraktion und Analyse von Tabellen. Das kanonische Dokumentenmodell definiert Tabellen lediglich in einer einfachen Form als zusammengesetzte Strukturelemente. Die Methoden zur Behandlung von Tabellen sind für diese Arbeit nicht direkt relevant, können aber z.B. benutzt werden um tabellenartig angeordnete Elemente zu erkennen und so die Intention des Autors besser zu verstehen.

8.1.3 Strukturen im Rahmen des Information Retrievals

Eine große Rolle spielt die Struktur von Dokumenten auch für das Information Retrieval. Macleod zerlegt Dokumente in einzelne Strukturen und nutzt SGML als definierende Basis [84]. Sein Ziel ist es Anfragen an ein Dokument möglich zu machen um für die Suche nach Informationen den Kontext einzuengen und somit die Suche auf relevante Bereiche zu beschränken. Im Gegensatz zum kanonischen Dokumentenmodell verbleibt er aber auf einem sehr abstrakten Level und betrachtet lediglich die oberste Struktur ohne weiter auf deren sekundäre Attribute einzugehen.

Eine vergleichbare Sicht auf strukturierte Elemente beschreiben Ogilvie und Callan, die sich für die logischen Strukturen eines Dokuments interessieren [85]. Logische Strukturen nach Ogilvie und Callan sind etwa Bereiche wie der Titel und der Body eines Dokuments. Sie beschreiben allerdings nicht die konkreten Strukturen eines Dokuments sondern verbleiben auf der logischen Strukturierungsebene.

Clark hingegen interessiert sich für die konkreten Strukturen in einem Dokument um darauf aufbauend zu definieren, welche Attribute für einen Information Retrieval Prozess in Frage kommen [86]. Allerdings teilt er die konkreten Strukturen in Klassen ein, was wiederum die Abstraktheit erhöht. Ein konkretes Dokumentenmodell stellt auch er nicht vor.

8.2 Transformationssprachen

Alle Beispiele in dieser Arbeit sind mit einer selbst entwickelten Transformationssprache (TransformationCore) entwickelt. TransformationCore steht stellvertretend für die Menge der deklarativen Sprachen, auf deren Basis die vorgestellten Methoden umgesetzt werden können. Im Folgenden werden die am meisten verbreiteten Sprachen vorgestellt. Da die Sprache selbst nicht im Mittelpunkt der Arbeit steht, sondern die mit ihrer Hilfe umgesetzten Methoden, ist eine klare Abgrenzung in einigen Fällen weder möglich noch notwendig.

Im Rahmen des MDA Konzepts der Object Management Group (OMG) ist auch Query/Views/Transformation (QVT) als Standardsprache spezifiziert worden [34], [87], [88]. Bei der Spezifikation von QVT stand die Integration in das MOF-Konzept im Vordergrund. Dies bedeutete, dass die Syntax von QVT selbst durch ein MOF-basiertes Metamodell spezifiziert ist. Ebenso können als Quelle und Ziel alle MOF-basierten Modelle dienen. QVT ist aufgeteilt auf drei Sprachdialekte: *Core*, *Relations* und *Operationals Mapping*. Während die Dialekte *Core* und *Relations* vollständig deklarativ sind, ist der Dialekt *Operationals Mappings* ein hybrider Ansatz, der sowohl deklarative als auch imperative Sprachelemente enthält.

Die *Atlas Transformation Language (ATL)* ist als Teil der Atlas Model Management Architecture [89] als hybride Sprache entwickelt worden, wobei die verwendeten Konzepte stark von QVT inspiriert sind [90]. ATL findet vor allem im Eclipse Umfeld viel Beachtung, da sie direkt mit dem Eclipse Modelling Framework [17] zusammenarbeitet. Eine zweite Eigenschaft, die ATL von QVT abhebt, ist die Architektur des gesamten ATL-Systems. ATL Transformationsbeschreibungen (hier Programme genannt) werden zuerst in Bytecode für eine virtuelle Maschine gewandelt, die für Model-Transformationen entwickelt wurde. Dieser Ansatz bietet gute Möglichkeiten den Prozess der Transformation unbeeinflusst von den Transformationsbeschreibungen und den umliegenden Technologien zu verändern oder zu erweitern. Jedoch ist dies aufgrund der Komplexität einer virtuellen Maschine ein sehr aufwändiger Prozess.

Eine andere Art von Transformationsbeschreibungen hat Andy Schürr mit den Triple-Graph-Grammatiken definiert [32], [91], [92]. Triple-Graph-Grammatiken (TGG) sind Graph-Grammatiken, die aufgrund ihrer definierten Eigenschaften bidirektional sind. Sie lassen sich gut auf Modelle im Rahmen der MDA übertragen, da auch diese MOF-basierten Modelle als Graphen aufgefasst werden können. TGGs bestehen aus drei Teilgraphen, wobei ein Teilgraph das Quellmodell und ein Teil das Zielmodell beschreibt. Der dritte Teilgraph, der sog. Korrespondenzgraph, legt die Beziehungen zwischen den Elementen der beiden anderen Teilgraphen fest. Für die Anwendung zur Model-To-Model Transformation werden die durch den Quell-Teilgraphen beschriebenen Muster durch Pattern Matching im Quellmodell gesucht. Für gefundene Elemente wird das über den Korrespondenzgraphen zugehörige Muster für das Zielmodell ermittelt. Aufgrund dieses Musters wird der Zielgraph, also das Zielmodell, angepasst um die Transformation durchzuführen. Zwar sind Triple-Graph-Grammatiken in ihrer Theorie bidirektional, jedoch zeigen Giese und Wagner, dass eine bidirektionale Transformation mit TGGs ohne zusätzliche Informationen nur schwer zuverlässig durchführbar ist [93].

Greenyer und Kindler zeigen, dass die Ähnlichkeit von QVT-Relations und Triple-Graph-Grammatiken so groß ist, dass prinzipiell eine direkte Umwandlung von QVT-R in TGGs möglich ist [94].

8.3 Extraktion von Modellen aus Dokumenten

Die Extraktion von Modellen aus Dokumenten zur Weiterverwendung findet sich im Software Engineering vor allem im Bereich des Requirements Engineerings. Werkzeuge wie DOORS[2], Reqtify[3] oder Polarion[4] bieten den Import von Anforderungsspezifikationen im Word-Format an. Jedoch geschieht dieser meist durch festgelegte, nicht-heuristische Methoden. Dies bedeutet, dass Dokumente, um von den entsprechenden Werkzeugen interpretiert werden zu können, exakt die festgelegten Strukturen verwenden müssen. Dies ist ein klarer Unterschied zu der hier vorgestellten Methode, die durch einen heuristischen Anteil versucht möglichst viele bei der Bearbeitung eines Dokuments auftretende Fehler abzufangen.

Ähnlich, aber generischer arbeiten Wrapper Generatoren, die auf Basis eine gegebenen Struktur automatisiert Extraktionsmechanismen für die Extraktion ähnlicher Strukturen erstellen [95–99]. Auch hier tritt wieder das gleiche Problem wie bei den Anforderungsmanagementwerkzeugen auf, das die generierten Wrapper nicht fehlertolerant genug gegenüber Änderungen in der Quelle sind.

Die meisten Ansätze zur Extraktion von verwertbaren Elementen aus Dokumenten benutzten Methoden des Natural Language Processing (NLP) um aus natürlich-sprachlichen Dokumenten Informationen zu extrahieren. Die Methoden hierbei analysieren üblicherweise die textuellen Inhalte eines Dokuments um daraus definierte Strukturen wie Anforderungen [100–103] oder UML-Modelle [104] zu erstellen. Diese Ansätze des NLP gehen von reinem Text aus, der zunächst noch aufbereitet werden muss. Die in dieser Arbeit vorgestellte Extraktionsmethode unterscheidet sich dadurch, dass hier von einem späteren Dokumentenstatus ausgegangen wird, der bereits Modelle enthält.

---

[2] http://www.ibm.com/software/products/de/de/ratidoor/
[3] http://www.geensoft.com/en/article/reqtify
[4] http://www.polarion.com/products/requirements/index.php

Hingegen nicht relevant für die Extraktion ist der textuelle Inhalt der Attribute des extrahierten Modells.

Rauf stellt eine Methode vor, mit der aus Dokumenten logische Strukturen extrahiert werden können [105], [106]. Logische Strukturen nach seiner Definition sind z.B. Use Cases. Der Ansatz und die Anwendung zwischen der von Rauf vorgestellten Methode und der in dieser Arbeit gezeigten sind in vielen Aspekten ähnlich, jedoch lassen sich auch wesentliche Unterschiede feststellen. Zum einen betrachtet Rauf die im Dokument vorkommenden Strukturen als gegeben. Zwar finden Ähnlichkeitsmetriken Anwendung, die Tippfehler und kleinere Abweichungen vom vorgegebenen Template kompensieren können, jedoch werden Abweichungen durch die Bearbeitung von Dokumenten nicht berücksichtigt. Zum anderen ist keine Rücktransformation der extrahierten Strukturen vorgesehen, so dass die Erhaltung von nicht abgebildeten Attributen keine Rolle spielt.

8.4 Methoden zum Round-Trip Engineering

Das Round-Trip Engineering und die damit verbundene Synchronisation von Modellen spielt in der Forschung im Bereich der Metamodellierung und der Model-Transformation eine große Rolle, so dass hierzu viele verwandte Arbeiten zu finden sind.

Klassischerweise findet man Ansätze zum Round-Trip Engineering im Bereich der Codegenerierung [107], [108]. Da die Beziehung zwischen Quellcode und Modellen in der Regel durch eine totale Abbildung und eine klar definierte Semantik gegeben ist, sind diese Verfahren für die vorgestellte Methode nicht anwendbar.

Xiong et.al. präsentieren einen Ansatz zur automatischen Synchronisation von Modellen, basierend auf der Transformationsvorschrift. Ihr Ansatz ist es die ATL zugrunde liegende virtuelle Maschine so anzupassen, das automatisch sowohl das Zielmodell als auch das Quellmodell um Informationen zur Synchronisation erweitert werden [109]. Der Unterschied zu dieser Arbeit ist, dass beim hier vorgestellten Ansatz zur Synchronisation die beiden beteiligten Modelle unverändert bleiben.

Eine einfache Art der Synchronisation definieren Paesschen, Meuter und Hondt, indem sie argumentieren, dass alle verwendeten Modelle nur andere Sichten auf den exakt gleichen Sachverhalt bieten [110]. In diesem Fall findet eine Synchronisation der einzelnen Modelle untereinander automatisch statt, da in jedem Fall das Gesamtmodell verändert wird. Dieser Ansatz funktioniert nicht, wenn verschiedene Modelle unterschiedliche Inhalte transportieren, die nicht in jedem Modell enthalten sind, wie dies beim Dokumentenmodell und den expliziten Modellen der Fall ist. Stevens [71] argumentiert, dass die Darstellung unterschiedlicher Daten sogar der eigentliche Grund ist verschiedene Modellarten zu benutzen.

Ähnlich wie Paesschen, Meuter und Hondt geht Pilarski vor, die aus dem Quell- und dem Zielmodell ein vereinigtes Modell erstellt, welches als Schnittstelle zwischen den beiden Modellen dient [111], [112]. In diesem Fall findet eine Transformation nicht mehr zwischen Quell- und Zielmodell sondern immer zwischen Quell- und Zwischenmodell und Zwischen- und Zielmodell statt. Da das vereinigte Modell alle Eigenschaften der beiden Modelle besitzt, kann dadurch auch eine Synchronisation ermöglicht werden. Auch dieser Ansatz funktioniert nur zufriedenstellend, wenn eine große Übereinstimmung der beiden Modelle vorliegt, da das Zwischenmodell sonst zu groß und nicht mehr benutzbar wird.

Viele Verfahren zur Synchronisation von Modellen setzen auf das Sammeln von Tracing-Informationen, wie dies auch beim in dieser Arbeit vorgestellten Verfahren durchgeführt wird.

Cicchetti, Ruscio und Erano zeigen eine Methode, die keine bijektiven Abbildungen zwischen Quell- und Zielmodell benötigen [113]. Das Bearbeiten von nicht abgebildeten Elementen in den Modellen ist erlaubt und wird nicht durch die Synchronisation gestört. Um dies zu ermöglichen, setzen sie einen Reasoner für first-order logic ein, der eine Menge von möglichen Quellmodellen zu einem geänderten Zielmodell liefert. Ein Problem dieses Ansatzes ist, dass nicht sichergestellt wird, dass alle diese Quellmodelle durch erneute Transformation zum Zielmodell führen, aus dem sie hervorgegangen sind. Dieses Verfahren ist für einen automatisierten Einsatz nicht geeignet.

Hette, Lawley und Raymond definieren ein formales Modell für das Round-Trip Engineering bei Modellen [70], auf dem auch viele Ideen aus Kapitel 7 basieren. Zwar erlaubt ihr Ansatz auch die Synchronisation mit partiellen Abbildungen, jedoch bezieht sich dies nur auf fest umrissene Elemente. Die Zerlegung eines Attributs des einen Modells in mehrere Elemente des anderen und die Tatsache, dass ein Element des Dokumentenmodells Teile von mehreren Elementen des spezifischen Modells enthalten kann, findet aber auch hier keine Berücksichtigung.

Viele Ansätze basieren auf Triple-Graph-Grammatiken, da diese in ihrer theoretischen Basis schon die Fähigkeit zur bidirektionalen Transformation besitzen. Da diese Arbeit deklarative Sprachen anstatt Triple-Graph-Grammatiken benutzt, sind diese Verfahren nicht direkt relevant.

Giese und Wagner beschreiben die inkrementelle Synchronisation zwischen Modellen mittels Triple-Graph-Grammatiken. Ein Problem, welches sich durch die inkrementelle Synchronisation in den Griff bekommen lässt, ist die Komplexität des Pattern Matching [93]. Dies setzt allerdings voraus, dass die Abbildung zwischen beiden Modellen total ist um den inkrementellen Aspekt zu ermöglichen. Dies ist eine Einschränkung, die dieses Verfahren für die vorliegende Arbeit nicht einsetzbar macht.

Die grundlegendste Arbeit zu diesem Thema stammt von Ehrig et.al. Sie beschreiben einen Mechanismus zur informationserhaltenen bidirektionalen Transformation mittels Triple-Graph-Grammatiken [114]. Sie weisen formal nach, dass die Rücktransformationen informationserhaltend sind. Auch in diesem Fall ist jedoch die Unterstützung für konsolidierte und dekonsolidierte Modelle nicht vorhanden.

9 Zusammenfassung und Ausblick

9.1 Zusammenfassung der Ergebnisse

Die vorliegende Arbeit beschreibt die Möglichkeit, die Funktion von Dokumenten im Rahmen eines modellbasierte Software Engineering Prozesses zu verändern. Dokumente dienen nicht länger der reinen Visualisierung von Modellen, sondern bieten lediglich eine andere Repräsentation von Modellen an und damit die Möglichkeit, diese Modelle zu verändern und weiter zu verwenden. Dokumente werden damit zu gleichberechtigten Partnern im Rahmen der modellbasierten Methoden der MDA. Um diesen Wechsel des Stellenwerts von Dokumenten zu ermöglichen, wurde in der Arbeit ein kanonisches Dokumentenmodell definiert, welches Dokumente zunächst in den modellbasierten Prozess integriert. Das kanonische Dokumentenmodell dient dabei als technologieneutrales PIM, im Sinne der Model Driven Architecture.

Um Modelle in Dokumente in einen MDA-Kreislauf zu integrieren, müssen die in den Dokumenten vorliegenden impliziten Modelle zunächst in explizite Modelle transformiert werden, die durch ein Meta-Artefakt beschrieben werden. Hierfür wurde eine Methode gezeigt, mit der diese Extraktion der Modell möglich ist. Um die nicht exakt vorhersehbaren Strukturen eine bearbeiteten Dokuments dennoch auf Basis einer allgemeinen Transformationsbeschreibung verarbeiten zu können, wurde ebenfalls gezeigt, wie die Anwendung von Heuristiken zu einer verbesserten Extraktion der enthaltenen Modelle führen kann.

Auf Basis von verschiedenen Arten von Editoren wurde gezeigt, wie eine Überführung der in diesen Editoren erzeugten Modelle in Instanzen des Dokumentenmodells erfolgen kann. In diesem Zusammenhang wurde auch demonstriert, dass beim Anwenden einer deklarativen Sprache zur Model-To-Model Transformation deren bidirektiven Eigenschaften ausgenutzt werden können, um sowohl die Transformation von expliziten in implizite Modelle als auch die andere Richtung zu ermöglichen.

Schließlich wurde besprochen, wie eine Synchronisierung unter Anwendung der von Hettel, Lawley und Raymond formal definierten, inkrementellen Synchronisation durchgeführt werden kann. Hier wurde vor allem die Überführung der Änderungsmenge des expliziten Dokuments in Änderungen des Dokuments betrachtet und die Herausforderungen, die sich bei der Modell(de)konsolidierung im Dokumentenmodell ergeben, wenn eine erhaltene Synchronisation stattfinden soll.

Diese Methoden sind alle zusammen in einem Prozess zur Synchronisation von Modellen mit schwach strukturierten, natürlich-sprachlichen Dokumenten zusammengefasst.

Diese Arbeit legt damit den Grundstein, Dokumente zukünftig in strukturierter Art in einen modellbasierten Prozess zu integrieren. Dabei wird auch ermöglicht, Modelle zuerst in einer Textverarbeitung zu erstellen und erst später in einem spezialisierten Editor zu verfeinern, ohne dass zusätzliche Informationen des Dokument bei nicht veränderten Elementen verloren gehen.

9.2 Kritische Würdigung

Die Anwendung der vorgestellten Methoden auf Anforderungsdokumente und Protokolle im Rahmen von e performance hat gezeigt, dass die Ergebnisse einen echten Nutzen im Rahmen eines modellbasierten Prozesses bieten.

Die in diese gezeigten Arbeit haben sich nur mit schwach-strukturierten Dokumente auseinander gesetzt. Es ist jedoch nicht unüblich statt eines Word-Dokuments etwa ein PDF gleichen Inhalts zu verwenden. Prinzipiell kann auch dieses Dokument mit den beschriebenen Mitteln des Prozesses verwendet werden, wenn eine Überführung des Dokuments in das Dokumentenmodell gelingt. Wie bereits bei den verwandten Arbeiten besprochen, ist dies eine große Herausforderung, die nicht in allen Fällen möglich ist.

Bilder spielen bei der Extraktion von Modellen im Rahmen dieser Arbeit keine Rolle. Jedoch können auch Bilder Modellinformationen enthalten, da sie das Ergebnis einer graphischen Modellierung wie UML-Klassendiagrammen bilden. Um diese Modelle zu extrahieren, müssten Methoden der Bilderkennung von -verarbeitung angewandt werden, die jedoch nicht im Fokus dieser Arbeit standen. Der Prozess ist insofern für eine Erweiterung in diese Richtung vorbereitet, als dass Bilder im Dokumentenmodell enthalten sind.

Das Dokumentenmodell ist zwar für alle betrachteten Fälle ausreichend, jedoch ist nicht garantiert, dass dies für die Zukunft so bleibt. In diese Fall kann das Dokumentenmodell prinzipiell erweitert werden, jedoch sind die daraus abzuleitenden Einflüsse auf die einzelnen Verfahren zu beachten.

Trotz dem Einsatz heuristische Methoden war es nicht möglich alle in einem Dokument enthaltenen Modelle in allen Fällen korrekt zu extrahieren. Auch ist die Anwendbarkeit für nicht schematisch generierte implizite Modelle eher gering, da hier eine Wiederverwendung der Transformationsvorschriften nicht gegeben ist. In diesem Fall profitiert man nicht von den Methoden im Vergleich zu der manuellen Überführung des Dokuments in Modelle.

Eine weitere Einschränkung des Ansatzes ist, dass keine Interpretation während der Extraktion stattfindet. Die Werte im Modell semantisch zu verwenden und evtl. noch zu verfeinern liegt in der Aufgabe des Editors oder dessen Benutzers.

9.3 Ausblick

Der vorgestellte Prozess legt den Grundstein für eine modellbasierte Verarbeitung von Dokumenten und denen in ihnen enthaltenen Modellen. Er kann daher in Zukunft als Basis für die Dokumentverarbeitung dienen. Dabei ist eine Stärke der Verfahren, dass auch im Nachhinein Modelle aus Dokumenten extrahiert werden können, die nicht schon aus einem Editor in das Dokument überführt wurden. Das Beispiel von e performance hat gezeigt, dass es möglich ist, Modelle zuerst implizit im Dokument zu erstellen. Perspektivisch kann durch diesen Ansatz etwa die Konsistenzprüfung von Dokumenten unterstützt werden, in dem mit den hier vorgestellten Methoden Datenpunkte hierfür aus dem Dokument extrahiert werden.

Ein weiterer Punkt für die Zukunft kann die Erweiterung der Ein- und Ausgabeformate sein, die in das Dokumentenmodell überführt oder aus diesem erstellt werden können.

Durch die Untersuchung des Einflusses von Bearbeitungen auf die Strukturen eines Dokuments und die Angabe von heuristischen Lösungsstrategien, wurde ein Beitrag dazu geleistet, den Aufbau und den Inhalt von Dokumenten besser zu verstehen. Dies kann helfen in Zukunft robustere Extraktionsmechanismen zu erstellen, die auch auf Veränderungen durch Bearbeitung reagieren können.

Die Erweiterung des Mechanismus zur inkrementellen Synchronisation kann dazu führen, dass informationserhaltene Synchronisationen zukünftig auch zusammengesetzte Abbildungen von Attribute einen höhren Stellenwert einräumen. Dies ist insbesondere bei der Arbeit mit Dokumeten wichtig.

A. TranformationCore-Listings

Dieser Anhang zeigt die zur Transformation benutzten Beschreibungen i TransformationCore. Pfeile nach recht (->) beschreiben die Erzeugung von neuen Strukturen im Ziel basierend auf den gefundenen Strukturen. Eine Anweisung der Art `UseCase - > DocumentParagraph` bedeutet etwa, dass für eine gefundene Struktur der Klasse `UseCase` im Quell-Modellartefakt eine Instanz der Klasse `DocumentParagraph` im Ziel erstellt werden soll.

Pfeile nach links (<-) geben eine Zuweisung an. Eine Anweisung der Form `level <- 2` weist dem Attribut level der zuletzt erstellen Klasse im Zielmodellartefakt den Wert 2 zu. Steht auf der rechten Seite ebenfalls eine Attributbezeichnung, so bezieht dieser sich auf die zuletzt gefundene Struktur der Quelle.

Use Case nach Dokument Transformation

```
sourceModel "UseCase.ecore"
targetModel "DocumentModel.ecore"
transform "usecaseset.xmi" to "document.xmi"

pattern row ( left , right ) -> DocumentTableRow {
      cells <- DocumentTableCell {
            subContent <- DocumentParagraph {
                  pieces <- DocumentTextPiece {
                        text <- left
                  }
            }
      }
      cells <- DocumentTableCell {
            subContent <- DocumentParagraph {
                  pieces <- DocumentTextPiece {
                        text <- right
                  }
            }
      }
}
pattern row2 ( left , x ) -> DocumentTableRow {
      cells <- DocumentTableCell {
            subContent <- DocumentParagraph {
                  pieces <- DocumentTextPiece {
                        text <- left
                  }
            }
      }
      cells <- DocumentTableCell {
            subContent <- x
```

```
        }
}

UseCaseSet -> Document {
      content <- DocumentHeading {
            level <- 2
            text <- "Use Case Beschreibungen"
            subContent <- #useCases
      }
      content <- DocumentParagraph {}
}

UseCase -> DocumentParagraph {}

UseCase -> DocumentTable {
      rows <- row ( "Use Case Nr." , id )
      rows <- row ( "Erstellt" , created )
      rows <- row ( "Letzte Änderung" , lastmodified
)
      rows <- row ( "Titel" , title )
      rows <- row ( "Erläuterung" , description )
      rows <- row ( "Status" , status )
      rows <- row ( "Priorität" , priority )
      rows <- row ( "Ersteller" , creator )
      rows <- row ( "Letzter Bearbeiter" , editor )
      rows <- row ( "Durchgeschaut von" , reviewer )
      rows <- row ( "Systemgrenzen (Scope)" , scope
)
      rows <- row ( "Ebene" , level )
      rows <- row2 ( "Auslöser" , #triggers )
      rows <- row2 ( "Vorbedingungen" , #preconditi-
ons )
      rows <- row2 ( "Minimalgarantie" , #mini-
malGuarantee )
      rows <- row2 ( "Erfolgsgarantie" , #success-
Guarantee )
      rows <- row ( "Hauptakteur" , mainActor.name )
      rows <- row2 ( "Hauptszenario" , #mainScenario
)
      rows <- DocumentTableRow {
            cells <- DocumentTableCell {
                  subContent <- DocumentParagraph {
                        pieces <- DocumentTextPiece
{
                              text <- "Stakeholder"
                        }
                  }
            }
```

```
                    cells <- DocumentTableCell {
                        subContent <- DocumentEnumeration
{
                            enumerationType <- UNORDERED
                            enumerationItems <- #stake-
holders
                        }
                    }
                }
            rows <- DocumentTableRow {
                cells <- DocumentTableCell {
                    subContent <- DocumentParagraph {
                        pieces <- DocumentTextPiece
{
                            text <- "Erweiterun-
gen"
                        }
                    }
                }
                cells <- #mainScenario [ extensions ]
            }
            rows <- row ( "Performance" , performance )
}

Condition -> DocumentParagraph {
    pieces <- DocumentTextPiece {
        text <- condition
    }
}

Actor -> DocumentTextPiece {
    text <- name
}

Scenario -> DocumentEnumeration {
    enumerationItems <- #steps
}

Scenario [ extensions ] -> DocumentTableCell {
    subContent <- #steps . extendedBy [ extensions
]
}

Step -> DocumentEnumerationItem {
    content <- DocumentParagraph {
        pieces <- DocumentTextPiece {
            text <- actor . name
            bold <- true
```

```
            }
            pieces <- DocumentTextPiece {
                text <- " "
            }
            pieces <- DocumentTextPiece {
                text <- action
            }
        }
}
Stakeholder -> DocumentEnumerationItem {
      content <- DocumentParagraph {
            pieces <- DocumentTextPiece {
                bold <- true
                text <- name
            }
            pieces <- ParagraphBreak {
                breakType <- LINE_BREAK
            }
            pieces <- DocumentTextPiece {
                text <- stake
            }
      }
}
Extension [ extensions ] -> DocumentParagraph {
      pieces <- DocumentTextPiece {
            text <- _parent . _index1
      }
      pieces <- DocumentTextPiece {
            text <- _indexAlpha
      }
      pieces <- DocumentTextPiece {
            text <- ": "
      }
      pieces <- DocumentTextPiece {
            bold <- true
            text <- "WENN "
      }
      pieces <- DocumentTextPiece {
            text <- condition . condition
      }
      _parent. subContent <- #extensionScenario
}
```

Transformationsvorschrift für OnlinePoker

```
sourceModel
"/Users/sebastianmeyer/Documents/workspace/indigo/de
.unihannover.se.sm.TransformationModels/instances/Us
eCase.ecore"
targetModel
"/Users/sebastianmeyer/git/de.unihannover.se.sm.Tran
sformationLangu-
age/testdata/input/transformations/DocumentModel.eco
re"
transform "usecaseset.xmi" to "document.xmi"

pattern row ( left , right ) -> DocumentTableRow {
      cells <- DocumentTableCell {
            subContent <- DocumentParagraph {
                  pieces <- DocumentTextPiece {
                        text <- left
                  }
            }
      }
      cells <- DocumentTableCell {
            subContent <- DocumentParagraph {
                  pieces <- DocumentTextPiece {
                        text <- right
                  }
            }
      }
}
pattern row2 ( left , x ) -> DocumentTableRow {
      cells <- DocumentTableCell {
            subContent <- DocumentParagraph {
                  pieces <- DocumentTextPiece {
                        text <- left
                  }
            }
      }
      cells <- DocumentTableCell {
            subContent <- x
      }
}

UseCaseSet -> Document {
      content <- DocumentHeading {
            level <- 2
            text <- "Use Case Beschreibungen"
            subContent <- #useCases
      }
      content <- DocumentParagraph {}
```

```
}

UseCase -> DocumentParagraph {}

UseCase -> DocumentTable {
      rows <- row ( "Use Case ID" , id )
      rows <- row ( "Title" , title )
      rows <- row ( "Description" , description )
      rows <- row ( "Created By" , creator )
      rows <- row ( "Edited By" , editor )
      rows <- row ( "Revised By" , reviewer )
      rows <- row ( "Scope" , scope )
      rows <- row2 ( "Trigger" , #triggers )
      rows <- row2 ( "Precondition" , #preconditions )
      rows <- row2 ( "Minimal Guarantee" , #minimalGuarantee )
      rows <- row2 ( "Success Guarantee" , #successGuarantee )
      rows <- row ( "Main Actor" , mainActor.name )
      rows <- row2 ( "Main Scenario" , #mainScenario )
      rows <- DocumentTableRow {
            cells <- DocumentTableCell {
                  subContent <- DocumentParagraph {
                        pieces <- DocumentTextPiece {
                              text <- "Stakeholder"
                        }
                  }
            }
            cells <- DocumentTableCell {
                  subContent <- DocumentEnumeration {
                        enumerationType <- UNORDERED
                        enumerationItems <- #stakeholders
                  }
            }
      }
}

Condition -> DocumentParagraph {
      pieces <- DocumentTextPiece {
            text <- condition
      }
}

Actor -> DocumentTextPiece {
```

```
        text <- name
}

Scenario -> DocumentEnumeration {
      enumerationItems <- #steps
}

Step -> DocumentEnumerationItem {
      content <- DocumentParagraph {
            pieces <- DocumentTextPiece {
                  text <- actor . name
            }
            pieces <- DocumentTextPiece {
                  text <- " "
            }
            pieces <- DocumentTextPiece {
                  text <- action
            }
      }
}

Stakeholder -> DocumentEnumerationItem {
      content <- DocumentParagraph {
            pieces <- DocumentTextPiece {
                  bold <- true
                  text <- name
            }
            pieces <- ParagraphBreak {
                  breakType <- LINE_BREAK
            }
            pieces <- DocumentTextPiece {
                  text <- stake
            }
      }
}
```

B. Ergebnisse der Extraktion

Dieses Kapitel stellt die Ergebnisse der Extraktion da, wie sie für das Experiment in Kapitel 6.5 benutzt wurden. Die Zahlenwerte geben jeweils die absolute Anzahl an Vorkommen an.

Aufgeteilt nach Attributen - Vor Anpassung

	Korrekt	nicht korrekt	Klasse 1	Klasse 2	Klasse 3	Klasse 4	false positive	false negative	Klasse X
Use Case Nr.	136	13	9	0	0	4	0	0	0
Erstellt	0	0	0	0	0	0	0	0	0
Letzte Änderung	0	2	2	0	0	0	0	0	0
Titel	134	13	9	0	0	4	0	0	0
Erläuterung	43	0	0	0	0	0	0	0	0
Status	35	0	0	0	0	0	0	0	0
Priorität	35	11	0	0	0	0	11	0	0
Ersteller	31	6	6	0	0	0	0	0	0
Letzter Bearbeiter	20	17	17	0	0	0	0	0	0
Durchgeschaut von	20	11	11	0	0	0	0	0	0
Systemgrenze (Scope)	29	81	15	0	0	0	66	0	0
Ebene	149	0	0	0	0	0	0	0	0
Auslöser	127	13	7	0	0	6	0	0	0
Vorbedingungen	105	30	22	0	0	6	0	0	2
Minimalgarantie	131	8	8	0	0	0	0	0	0
Erfolgsgarantie	141	8	8	0	0	0	0	0	0
Hauptakteur	149	0	0	0	0	0	0	0	0
Hauptszenario	90	59	0	0	0	9	27	12	11
Stakeholder	85	62	13	0	0	3	26	15	5
Erweiterungen	34	95	0	0	0	26	11	0	58
Performance	18	11	0	0	0	0	11	0	0
gesamt	1512	440	127	0	0	58	152	27	76
	1952								

Erfolgsmaß Extrakt.:		0,77459016 4
Erfolgsmaß Heuristiken:	Precision	0,90865384 6
	Recall	0,98245614 0,84039559
	F	4

Aufgeteilt nach Attributen - Nach Anpassung

	Korrekt	nicht korrekt	Klasse 1	Klasse 2	Klasse 3	Klasse 4	false positive	false negative	Klasse X
Use Case Nr.	149	0	0	0	0	0	0	0	0
Erstellt	0	0	0	0	0	0	0	0	0
Letzte Änderung	0	0	0	0	0	0	0	0	0
Titel	149	0	0	0	0	0	0	0	0
Erläuterung	43	0	0	0	0	0	0	0	0
Status	35	0	0	0	0	0	0	0	0
Priorität	46	0	0	0	0	0	0	0	0
Ersteller	37	0	0	0	0	0	0	0	0
Letzter Bearbeiter	37	0	0	0	0	0	0	0	0
Durchgeschaut von	31	0	0	0	0	0	0	0	0
Systemgrenze (Scope)	40	70	0	0	0	0	70	0	0
Ebene	149	0	0	0	0	0	0	0	0
Auslöser	134	0	0	0	0	0	0	0	0
Vorbedingungen	133	2	0	0	0	0	0	0	2
Minimalgarantie	139	0	0	0	0	0	0	0	0
Erfolgsgarantie	149	0	0	0	0	0	0	0	0
Hauptakteur	149	0	0	0	0	0	0	0	0
Hauptszenario	106	43	0	0	0	0	20	12	11
Stakeholder	97	50	0	0	0	0	30	15	5
Erweiterungen	61	68	0	0	0	0	10	0	58
Performance	29	0	0	0	0	0	0	0	0
	1713	233	0	0	0	0	130	27	76
	1946								

Erfolgsmaß Extrakt.:		0,880267215
Erfolgsmaß Heuristiken:	Precision	0,929462832

| Recall | 0,984482759 |
| F | 0,877517812 |

Aufgeteilt nach Dokumenten – vor Anpassung

#		Korrekt	nicht korrekt	Klasse 1	Klasse 2	Klasse 3	Klasse 4	Klasse X	false positive	false negative
1	WS0607_Amoja	14	34	16	0	0	8	0	0	10
2	ws0607_cybertec	27	9	0	0	0	5	4	0	0
3	ws0607_drehkreuzritter	13	11	4	0	0	1	2	0	4
4	ws0607_gruppe-a	14	6	0	0	0	0	4	0	2
5	ws0607-soa-me-int	64	24	0	0	0	0	16	0	8
6	ws0607_soame-client	54	18	6	0	0	0	6	0	6
7	ws0708_fvexml	20	28	13	0	0	4	4	3	4
8	ws0708_gqmedit	132	77	33	0	0	0	33	0	11
9	ws0708-keysignorg2	60	24	6	0	0	0	0	12	6
10	ws0607_swquant	28	12	4	0	0	4	0	0	4
11	ws0708-umlpaint1	84	18	0	0	0	0	0	12	6
12	ws0809_vass	102	2	0	0	0	2	0	0	0
13	ws0809_absolut	128	8	0	0	0	8	0	0	0
14	ws0809_coursemanager	126	14	0	0	0	14	0	0	0
15	ws0809_meteo	43	41	18	0	0	12	11	0	0
16	ws0809_paperpack	89	1	0	0	0	0	1	0	0
17	ws0919_nummer5	72	36	18	0	0	0	18	0	0
18	ws0910_kurtskerle	81	27	9	0	0	0	9	0	9
19	ws1011_uima	90	9	0	0	0	0	9	0	0
20	ws1011_flowa	60	12	0	0	0	0	6	0	6
21	ws1112_loungeinfob	121	11	0	0	0	0	11	0	0
22	ws1112_gbmb	90	18	0	0	0	0	18	0	0

Aufgeteilt nach Dokumenten – nach Anpassung

#		Korrekt	nicht korrekt	Klasse 1	Klasse 2	Klasse 3	Klasse 4	Klasse X	false positive	false negative
1	WS0607_Amoja	34	14	0	0	0	0	4	0	10
2	ws0607_cybertec	33	3	0	0	0	0	3	0	0
3	ws0607_drehkreuzritter	18	6	0	0	0	0	2	0	4
4	ws0607_gruppe-a	14	6	0	0	0	0	4	0	2
5	ws0607-soa-me-int	64	24	0	0	0	0	16	0	8
6	ws0607_soame-client	60	12	0	0	0	0	6	0	6
7	ws0708_fvexml	37	11	0	0	0	0	4	3	4
8	ws0708_gqmedit	198	11	0	0	0	0	0	0	11
9	ws0708-keysignorg2	66	18	0	0	0	0	0	12	6
10	ws0607_swquant	28	12	0	0	0	0	8	0	4
11	ws0708-umlpaint1	84	18	0	0	0	0	0	12	6
12	ws0809_vass	104	0	0	0	0	0	0	0	0
13	ws0809_absolut	136	0	0	0	0	0	0	0	0
14	ws0809_coursemanager	140	0	0	0	0	0	0	0	0
15	ws0809_meteo	67	11	0	0	0	0	11	0	0
16	ws0809_paperpack	89	1	0	0	0	0	1	0	0
17	ws0919_nummer5	90	18	0	0	0	0	18	0	0
18	ws0910_kurtskerle	90	18	0	0	0	0	9	0	9
19	ws1011_uima	90	9	0	0	0	0	9	0	0
20	ws1011_flowa	60	12	0	0	0	0	6	0	6
21	ws1112_loungeinfob	121	11	0	0	0	0	11	0	0
22	ws1112_gbmb	90	18	0	0	0	0	18	0	0

C. Literatur

[1] J. Rumbaugh, I. Jacobson, and G. Booch, *Unified Modeling Language Reference Manual, The (2nd Edition)*, 2nd Editio. Amsterdam: Addison-Wesley Longman, 2004, p. 475.

[2] E. Knauss, D. Lübke, and S. Meyer, "Feedback-driven requirements engineering: The Heuristic Requirements Assistant," in *2009 IEEE 31st International Conference on Software Engineering*, 2009, pp. 587–590.

[3] IABG, "V-Modell XT (Version 1.2)," 2006.

[4] B. W. Boehm, "A spiral model of software development and enhancement," *Computer*, vol. 21, no. 5, pp. 61–72, May 1988.

[5] I. Sommerville, *Software Engineering*, 8. aktuali. Pearson Studium, 2007.

[6] OMG, "UML Profile Systems Modeling Language (SysML) Specification." 2008.

[7] J. V. Leeuwen, Ed., *Formal Models and Semantics (Handbook of Theoretical Computer Science, Vol. B)*. Elsevier Science, 1990, p. 1273.

[8] J. E. Hopcroft and J. D. Ullman, *Einführung in die Automatentheorie, Formale Sprachen und Komplexitätstheorie*, 3. Auflage. Addison-Wesley, 1994, p. 480.

[9] H. Stachowiak, *Allgemeine Modelltheorie*. Wien: Springer, 1973, p. 494.

[10] J. Ludewig, "Models in software engineering – An introduction," *Software and Systems Modeling*, vol. 2, no. 1, pp. 5–14, 2003.

[11] E. Seidewitz, "What models mean," *IEEE Software*, vol. 20, no. 5, pp. 26–32, Sep. 2003.

[12] J. Bezivin and O. Gerbe, "Towards a precise definition of the OMG/MDA framework," in *Proceedings 16th Annual International Conference on Automated Software Engineering (ASE 2001)*, 2001, pp. 273–280.

[13] Object Managment Group, "MDA Guide Version 1.0.1," 2003.

[14] Object Managment Group, "MOF Core Specification 2.0," Apr-2006. [Online]. Available: http://www.omg.org/spec/MOF/2.0/.

[15] OMG, "XML Metadata Interchange, version 1.2," 2002.

[16] T. Stahl and M. Völter, *Modellgetriebene Softwareentwicklung*, 1. Auflage. Heidelberg: Dpunkt.verlag, 2005, p. 410.

[17] D. Steinberg, F. Budinsky, M. Paternostro, and E. Merks, *EMF: Eclipse Modeling Framework (2nd Edition)*, 2nd ed. Addison-Wesley Professional, 2008.

[18] M. Völter, "Metamodellierung," 2004.

[19] D. Song, K. He, P. Liang, and W. Liu, "A formal language for model transformation specification," in *Proceedings of the 7th International Conference on Enterprise Information Systems (ICEIS)*, 2005, pp. 429–433.

[20] Omg, "UML Infrastructure v2.2." OMG, 2009.

[21] J. Miller and J. Mukerji, "MDA Guide Version 1.0," 2003.

[22] L. Tratt, "Model transformations and tool integration," *Software & Systems Modeling*, vol. 4, no. 2, pp. 112–122, Nov. 2004.

[23] A. Kleppe, J. Warmer, and W. Bast, *MDA Explained: The Model Driven Architecture^{TM}: Practice and Promise*, REV and Re. Amsterdam: Addison-Wesley Professional, 2003, p. 192.

[24] T. Mens and P. Van Gorp, "A Taxonomy of Model Transformation," *Electronic Notes in Theoretical Computer Science*, vol. 152, pp. 125–142, Mar. 2006.

[25] I. Kurtev, "Technological spaces: An initial appraisal," in *International Conference on Cooperative Information Systems (CoopIS), DOA'2002 Federated Conferences, Industrial Track*, 2002, pp. 1–6.

[26] E. Visser, "A survey of rewriting strategies in program transformation systems," *Electronic Notes in Theoretical Computer Science*, vol. 57, no. WRS 2001, 1st International Workshop on Reduction Strategies in Rewriting and Programming, pp. 109–143, 2001.

[27] K. Czarnecki and S. Helsen, "Feature-based survey of model transformation approaches," *IBM Systems Journal*, vol. 45, no. 3, pp. 621–645, 2006.

[28] D. Batory, "Feature models, grammars, and propositional formulas," *Software Product Lines*, pp. 7–20, 2005.

[29] J. Sprinkle, A. Agrawal, T. Levendovszky, and G. Karsai, "Domain model translation using graph transformations," in *10th IEEE International Conference and Workshop on the Engineering of Computer-Based Systems, 2003. Proceedings.*, 2003, pp. 159–168.

[30] O. M. Group, "Object Constraint Language," 2010.

[31] D. Akehurst and K. Stuart, "A relational approach to defining transformations in a metamodel," in *«UML» 2002 — The Unified Modeling Language*, J.-M. Jézéquel, H. Hussmann, and S. Cook, Eds. Heidelberg: Springer Berlin, 2002, pp. 155–178.

[32] A. Schürr, "Specification of Graph Translators with Triple Graph Grammars," *Lecture Notes in Computer Science*, vol. 903, no. Graph-Theoretic Concepts in Computer Science, pp. 151–163, 1995.

[33] F. Jouault, F. Allilaire, J. Bézivin, and I. Kurtev, "ATL: A model transformation tool," *Science of Computer Programming*, vol. 72, no. 1–2, pp. 31–39, Jun. 2008.

[34] I. Kurtev, "State of the art of QVT: A model transformation language standard," *Applications of Graph Transformations with Industrial*, no. ii, pp. 377–393, 2008.

[35] R. S. Scowen, "Extended BNF — A generic base standard," in *Software Engineering Standards Symposium*, 1993, vol. 3, no. 1.

[36]　Adobe Systems Incorporated, "PDF Reference, fifth Edition." [Online]. Available: http://partners.adobe.com/public/developer/en/pdf/PDFReference16.pdf. [Accessed: 16-Jul-2012].

[37]　J.-R. Abrial, "Steam-boiler control specification problem," in *Formal Methods for Industrial Applications*, vol. 1165, J.-R. Abrial, E. Börger, and H. Langmaack, Eds. Heidelberg: Springer-Verlag, 1996, pp. 500–509.

[38]　F. Houdek and B. Peach, "Das Türsteuergerät - eine Beispielspezifikation," Kaiserslautern, 2002.

[39]　K. Schneider, "LIDs: A Light-Weight Approach to Experience Elicitation and Reuse," in *Product Focused Software Process Improvement*, vol. 1840, F. Bomarius and M. Oivo, Eds. Springer Berlin / Heidelberg, 2000, pp. 187–203.

[40]　S. Meyer, A. Averbakh, T. Ronneberger, and K. Schneider, "Experiences from Establishing Knowledge Management in a Joint Research Project," in *Product-Focused Software Process Improvement*, 2012, vol. 7343, pp. 233–247.

[41]　M. Nojoumian and T. C. Lethbridge, "Extracting Document Structure to Facilitate a Knowledge Base Creation for The UML Superstructure Specification," *Fourth International Conference on Information Technology ITNG07*, pp. 393–400, 2007.

[42]　J. E. Hellbusch, *Barrierefreies Webdesign*. Heidelberg: Dpunkt.Verlag GmbH, 2004, p. 395.

[43]　A. V. Aho, M. S. Lam, R. Sethi, and J. D. Ullman, *Compilers: Principles, Techniques, and Tools*, 2nd Editio. Amsterdam: Addison-Wesley Longman, 2006, p. 1009.

[44]　M. Mernik, J. Heering, and A. M. Sloane, "When and how to develop domain-specific languages," *ACM Computing Surveys*, vol. 37, no. 4, pp. 316–344, Dec. 2005.

[45]　T. Kosar, P. E. Martínez López, P. a. Barrientos, and M. Mernik, "A preliminary study on various implementation approaches of domain-specific language," *Information and Software Technology*, vol. 50, no. 5, pp. 390–405, Apr. 2008.

[46] A. V. Deursen and P. Klint, "Little languages: little maintenance?," *Journal of Software Maintenance: Research and Practice*, vol. 10, no. 2, pp. 75–92, Mar. 1998.

[47] T. Kosar, N. Oliveira, M. Mernik, V. Pereira, M. Crepinsek, C. Da, and R. Henriques, "Comparing general-purpose and domain-specific languages: An empirical study," *Computer Science and Information Systems*, vol. 7, no. 2, pp. 247–264, 2010.

[48] C. A. R. Hoare, "An axiomatic basis for computer programming," *Communications of the ACM*, vol. 12, no. 10, pp. 576–580, Oct. 1969.

[49] G. C. Murphy, M. Kersten, and L. Findlater, "How are Java software developers using the Elipse IDE?," *IEEE Software*, vol. 23, no. 4, pp. 76–83, Jul. 2006.

[50] P. Louridas, "Static code analysis," *IEEE Software*, vol. 23, no. 4, pp. 58–61, Jul. 2006.

[51] A. Levenshtein, "Binary Codes Capable of Correcting Deletions, Insertions and Reversals," *Soviet Physics Doklady*, vol. 10, no. vol. 10, no. 8, pp. 707–710, 1966.

[52] R. a. Wagner and M. J. Fischer, "The String-to-String Correction Problem," *Journal of the ACM*, vol. 21, no. 1, pp. 168–173, Jan. 1974.

[53] E. Gamma, R. Helm, R. Johnson, and J. Vlissides, *Design Patterns. Elements of Reusable Object-Oriented Software*. Addison-Wesley Longman, Amsterdam; Auflage: 1st ed., Reprint., 1994.

[54] J. Warmer and A. Kleppe, *The Object Constraint Language: Precise Modeling With UML*. Addison-Wesley Professional, 1998.

[55] S. Russell and P. Norvig, *Artificial Intelligence: A Modern Approach (2nd Edition)*. Englewood Cliffs, New Jersey: Prentice Hall, 1995, p. 1132.

[56] D. L. Olson and D. Delen, *Advanced Data Mining Techniques*. Heidelberg: Springer, 2008, p. 180.

[57] A. Cockburn, *Writing effective use cases*, vol. 26, no. 1. Boston: Addison-Wesley, 2001, p. 94.

[58]   J. Corbin and A. Strauss, "Open Coding," in *Basics of Qualitative Research: Techniques and Procedures for Developing Grounded Theory*, J. Corbin and A. Strauss, Eds. Thousand Oaks, CA: Sage Publications, 1998, pp. 101–121.

[59]   G. Kondrak, "N-Gram Similarity and Distance," *Lecture Notes in Computer Science*, vol. 3772, no. String Processing and Information Retrieval, pp. 115–126, 2005.

[60]   T. Pedersen, "A decision tree of bigrams is an accurate predictor of word sense," in *Second meeting of the North American Chapter of the Association for Computational Linguistics on Language technologies 2001 - NAACL '01*, 2001, pp. 1–8.

[61]   C. Wohlin, P. Runeson, M. Höst, M. C. Ohlsson, B. Regnell, and A. Wesslén, *Experimentation in software engineering: an introduction*, vol. 15, no. 1. Kluwer Academic Publishers, 2000, p. 228.

[62]   M. L. Mitchell and J. M. Jolley, *Research Design Explained*. Thomson Learning, 2003, p. 688.

[63]   E. Knauss, C. El Boustani, and T. Flohr, "Investigating the Impact of Software Requirements Specification Quality on Project Success," in *Proceedings of the 10th International Conference on Product Focused Software Process Improvement (PROFES '09)*, 2009, pp. 28–42.

[64]   S. Robertson and J. C. Robertson, *Mastering the Requirements Process (2nd Edition)*. Addison-Wesley Professional, 2006.

[65]   IEEE, "IEEE Recommended Practice for Software Requirements Specifications," Piscataway/New Jersey, 1998.

[66]   S. Herold, H. Klus, Y. Welsch, A. Rausch, K. Krogmann, H. Koziolek, R. Mirandola, M. Meisinger, and C. Pfaller, "The Common Component Modeling Example," *Lecture Notes in Computer Science*, vol. 5153, no. The Common Component Modeling Example, p. 41, 2008.

[67]   P. Kellokoski, "Round-trip Engineering," University of Tampere, 2000.

[68]   S. Demeyer and S. Tichelaar, "Why Unified Is not Universal UML Shortcomings for Coping with Round-Trip Engineering A Round-Trip Engineering Scenario," *Lecture Notes in Computer Science*, vol. 1723,

no. «UML»'99 — THE UNIFIED MODELING LANGUAGE, pp. 630–644, 1999.

[69] S. Sendall and J. Küster, "Taming model round-trip engineering," in *Proceedings of Workshop Best Practices for Model-Driven Software Development*, 2004, p. 13.

[70] T. Hettel, M. Lawley, and K. Raymond, "Model Synchronisation: Definitions for Round-Trip Engineering," pp. 31–45, 2008.

[71] P. Stevens, "Bidirectional Model Transformations in QVT: Semantic Issues and Open Questions," *Lecture Notes in Computer Science*, vol. 4735, no. Model Driven Engineering Languages and Systems, pp. 1–15, 2007.

[72] M. Alanen and I. Porres, "Difference and union of models," *Lecture Notes in Computer Science*, vol. 2863, no. «UML» 2003 - The Unified Modelling Languags and Applications, pp. 2–17, 2003.

[73] Y. Lin, J. Gray, and F. Jouault, "DSMDiff: a differentiation tool for domain-specific models," *European Journal of Information ...*, 2007.

[74] S. Mao, A. Rosenfeld, and T. Kanungo, "Document structure analysis algorithms: a literature survey," in *Proceedings of SPIE 5010*, 2003, vol. 5010, pp. 197–207.

[75] K.-H. Lee, Y. C. Choy, and S.-B. Cho, "Logical Structure Analysis and Generation for Structured Documents: A Syntactic Approach," *IEEE Trans on Knowl and Data Eng*, vol. 15, no. 5, pp. 1277–1294, 2003.

[76] E. Akpotsui, V. Quint, and C. Roisin, "Type modelling for document transformation in structured editing systems," *Mathematical and Computer Modelling*, vol. 25, no. 4, pp. 1–19, Feb. 1997.

[77] E. Maler and J. E. Andaloussi, *Developing SGML DTDs: from text to model to markup*, 1st ed. Prentice Hall PTR, 1995, p. 560.

[78] C. F. Goldfarb, *The SGML Handbook*, Annotated. Oxford University Press, USA, 1991, p. 688.

[79] T. Bray, J. Paol, C. M. Sperberg-McQueen, E. Maler, and F. Yergeau, "Extensible Markup Language (XML) 1.0 (Fourth Edition)," 2006.

[80] H. Lobin, *Informationsmodellierung in XML und SGML (German Edition)*. Heidelberg: Springer, 2001, p. 234.

[81] S. Mintert, *XHTML, CSS und Co . Die W3C-Spezifikationen für das Web-Publishing*, 1. Auflage. Addison-Wesley, 2003, p. 884.

[82] S. LEWANDOWSKY and I. SPENCE, "The Perception of Statistical Graphs," *Sociological Methods & Research*, vol. 18, no. 2–3, pp. 200–242, Nov. 1989.

[83] R. Zanibbi, D. Blostein, and J. Cordy, "A survey of table recognition," *Document Analysis and Recognition*, vol. 7, no. 1, pp. 1–16, Mar. 2004.

[84] I. A. Macleod, "Storage and retrieval of structured documents," *Information Processing & Management*, vol. 26, no. 2, pp. 197–208, Jan. 1990.

[85] P. Ogilvie and J. Callan, "Language Models and Structured Document Retrieval," in *INEX 2002 Workshop Proceedings*, 2002, pp. 18–23.

[86] M. Clark, "Structured text retrieval by means of affordances and genre," in *FDIA '07 Proceedings of the 1st BCS IRSG conference on Future Directions in Information Access*, 2007, pp. 16–22.

[87] OMG, "MOF 2.0 Query/Views/Transformations RFP. OMG document ad/2002-04-10," 2002.

[88] OMG, "MOF QVT Final Adopted Specification. OMG document ptc/05-11-01," 2005.

[89] J. Bézivin, F. Jouault, P. Rosenthal, and P. Valduriez, "Modeling in the Large and Modeling in the Small," in *Proceedings of the European MDA Workshops: Foundations and Applications*, 2005, pp. 33–46.

[90] F. Jouault, F. Allilaire, J. Bézivin, I. Kurtev, and P. Valduriez, "ATL: a QVT-like transformation language," in *Companion to the 21st ACM SIGPLAN conference on Object-oriented programming systems, languages, and applications - OOPSLA '06*, 2006, pp. 719–720.

[91] M. Lauder, A. Anjorin, G. Varr, and A. Schürr, "Model Transformation with Triple Graph Grammars," *Model Transformations in Practice Satellite Workshop of MODELS*, pp. 1–16, 2005.

[92]   F. Klar, M. Lauder, A. Königs, and A. Schürr, "Extended Triple Graph Grammars with Efficient and Compatible Graph Translators," in *Graph Transformations and ModelDriven Engineering*, vol. 5765, G. Engels, C. Lewerentz, W. Schäfer, A. Schürr, and B. Westfechtel, Eds. Springer Verlag, 2010, pp. 141–174.

[93]   H. Giese and R. Wagner, "Incremental Model Synchronization with Triple Graph Grammars," *Model Driven Engineering Languages and Systems*, vol. 4199, pp. 543–557, 2006.

[94]   J. Greenyer and E. Kindler, "Comparing relational model transformation technologies: implementing Query/View/Transformation with Triple Graph Grammars," *Software & Systems Modeling*, vol. 9, no. 1, pp. 21–46, Jul. 2009.

[95]   J. Myllymaki, "Effective Web data extraction with standard XML technologies," *Computer Networks*, vol. 39, no. 5, pp. 635–644, Aug. 2002.

[96]   A. Pan, J. Raposo, M. Álvarez, J. Hidalgo, and Á. Viña, "Semi-Automatic Wrapper Generation for Commercial Web Sources," *IFIP Conference Proceedings*, vol. 21, pp. 265 – 283, 2002.

[97]   S. Kuhlins and R. Tredwell, "Toolkits for generating wrappers," *Objects, Components, Architectures, Services, and Applications for a Networked World*, pp. 184–198, 2003.

[98]   B. Schmitt, M. Christoffel, and J. Schneider, "ExWrap: semi-automatic wrapper generation by example," in *Proceedings of the 25th annual international ACM SIGIR conference on Research and development in information retrieval - SIGIR '02*, 2002, pp. 452–452.

[99]   N. Ashish and C. A. Knoblock, "Semi-automatic wrapper generation for Internet information sources," in *Proceedings of CoopIS 97: 2nd IFCIS Conference on Cooperative Information Systems*, 2002, pp. 160–169.

[100] E. Knauss, S. Houmb, K. Schneider, S. Islam, and J. Jürjens, "Supporting requirements engineers in recognising security issues," *Requirements Engineering: Foundation for Software Quality*, pp. 4–18, 2011.

[101] L. Kof and B. Penzenstadler, "From Requirements to Models: Feedback Generation as a Result of Formalization," in *Proceedings of the CAiSE*, 2011, pp. 93–107.

[102]   L. Kof, "Text Analysis for Requirements Engineering," Technische Universität München, München, 2005.

[103]   F. Fabbrini, M. Fusani, S. Gnesi, and G. Lami, "An automatic quality evaluation for natural language requirements," in *Proceedings of the Seventh International Workshop on Requirements Engineering: Foundation for Software Quality REFSQ*, 2001, vol. 1, pp. 4–5.

[104]   K. Li, R. Dewar, and R. Pooley, "Object-oriented analysis using natural language processing," in *Linguistic Analysis*, 2005.

[105]   R. Rauf, "A Framework for Logical Structure Extraction from Software Requirements Documents," University of Waterloo, 2010.

[106]   R. Rauf, M. Antkiewicz, and K. Czarnecki, "Logical Structure Extraction from Software Requirements Documents," in *Requirements Engineering, 19th IEEE International Conference*, 2011, vol. 10, pp. 101–110.

[107]   F. Ciccozzi, A. Cicchetti, and M. Sjodin, "Towards a Round-Trip Support for Model-Driven Engineering of Embedded Systems," in *Proceedings of the 2011 37th EUROMICRO Conference on Software Engineering and Advanced Applications*, 2011, pp. 200–208.

[108]   F. Ciccozzi, A. Cicchetti, and M. Sjödin, "Round-trip support for extra-functional property management in model-driven engineering of embedded systems," *Information and Software Technology*, no. 0, p. -, 2012.

[109]   Y. Xiong, D. Liu, Z. Hu, H. Zhao, M. Takeichi, and H. Mei, "Towards automatic model synchronization from model transformations," in *Proceedings of the twenty-second IEEE/ACM international conference on Automated software engineering - ASE '07*, 2007, pp. 164–173.

[110]   E. V. Paesschen, W. D. Meuter, and M. D. Hondt, "SelfSync : A Dynamic Round-Trip Engineering," *Lecture Notes in Computer Science*, vol. 3713, no. Model Driven Languages and Systems, pp. 633–647, 2005.

[111]   J. Pilarski, "Konzept und Implementierung von Transformationen zwischen Use Case Diagrammen und tabellarischen Darstellungen," Leibniz Universität Hannover, Fachgebiet Software Engineering, 2007.

[112] J. Pilarski and E. Knauss, "Transformationen zwischen UML-Use-Case-Diagrammen und tabellarischen Darstellungen," in *Proceedings des Workshop Domänenspezifische Modellierungssprachen im Rahmen der GI Modellierung*, 2008.

[113] A. Cicchetti, D. Ruscio, and R. Eramo, "Towards Propagation of Changes by Model Approximations," in *2006 10th IEEE International Enterprise Distributed Object Computing Conference Workshops (EDOCW'06)*, 2006, pp. 24–24.

[114] H. Ehrig, K. Ehrig, C. Ermel, F. Hermann, and G. Taentzer, "Information Preserving Bidirectional Model Transformations," *Lecture Notes in Computer Science*, vol. 4422, no. Fundamental Approaches to Software Engineering, pp. 72–86, 2007.

www.ingramcontent.com/pod-product-compliance
Lightning Source LLC
Chambersburg PA
CBHW031944170526
45157CB00002B/377